Lou Andreas-Salomé
Friedrich Nietzsche in seinen Werken

SEVERUS Verlag

Andreas-Salomé, Lou: Friedrich Nietzsche in seinen Werken. 2013
Neuauflage der Ausgabe von 1894
ISBN: 978-3-86347-668-7

Umschlaggestaltung: SEVERUS Verlag

Bibliografische Information der Deutschen Nationalbibliothek: Die Deutsche Nationalbibliothek
verzeichnet diese Publikation in der Deutschen Nationalbibliografie; detaillierte bibliografische
Daten sind im Internet über https://dnb.de abrufbar.

Der SEVERUS Verlag ist ein Imprint der Bedey & Thoms Media GmbH,
Hermannstal 119k, 22119 Hamburg

SEVERUS Verlag, 2013
http://www.severus-verlag.de
Gedruckt in Deutschland
Der SEVERUS Verlag übernimmt keine juristische Verantwortung oder irgendeine Haftung für
evtl. fehlerhafte Angaben und deren Folgen.

Lou Andreas-Salomé

Friedrich Nietzsche in seinen Werken

SEVERUS

FRIEDRICH NIETZSCHE.

FRIEDRICH NIETZSCHE

IN SEINEN

WERKEN.

VON

LOU ANDREAS-SALOMÉ.

MIT 2 BILDERN UND 3 FACSIMILIRTEN BRIEFEN NIETZSCHES.

MOTTO:
NIETZSCHES WAHLSPRUCH:
»Increscunt animi, virescit volnere virtus.«
Furius Antias bei Gellius.

IN TREUEM GEDENKEN GEWIDMET

EINEM UNGENANNTEN.

INHALTS-VERZEICHNISS.

Friedrich Nietzsche, ehemals Professor
jetzt fugitivus errans.

Ein Brief Friedrich Nietzsches zum Vorwort.

Meine liebe Lou, Ihr Gedanken über das Heraustreten der philosophischen Systeme aus Personal-Acten ihrer Urheber ist recht ein Gedanke aus dem „Geschwistergehirn": ich selber habe in Basel in diesem Sinne Geschichte der alten Philosophie erzählt und sagte gern meinen Zuhörern: „dies System ist wiederlegt und todt — aber die Person dahinter ist unwiderlegbar, die Person ist gar nicht todt zu machen" — zum Beispiel Plato.

Inzwischen hat der Prof. Riedel hier, der Präsident des Deutschen Musik-Vereins, für meine „heroische Musik" (ich meine Ihr „Lebens-Gebet") sich gefangen — er will es drucken haben, und es ist nicht unmöglich, daß er es für seinen heroischen Chor (einen der ersten Deutschlands „der Riedelsche Verein" genannt) zurecht macht. Das wäre so ein kleines Mittel, auf dem wir beide zu- sammen zur Nachwelt gelangten — andere Wege noch vorbehalten. —

Was Ihr „Charakterbild meiner Seele" betrifft, welches wahr ist, wie die Sonne:
so finden wir meinen Vorschein aus der
fröhlichen Wissenschaft nr. p. 10, mit der Über-
schrift „Bitte". Errathen Sie, meine liebe
Lou, um was ich bitte?

Gestern Nachmittag war ich glücklich;
der Himmel war blau, die Luft
mild und rein, ich war im Rosen-
thal, wohin mich Carmen-Musik
lockte. Da saß ich 3 Stunden, trank
den zweiten Cognac dieses Jahres, zur
Erinnerung an den ersten (Ha! wie
schmeckte er schlecht!) und dachte in aller
Unschuld und Bosheit darüber nach, ob
ich nicht irgend welchen Anlaß zur Ver-
rücktheit hätte. Ich sagte mir schließlich
Nein. Dann begann die Carmen. Mir
ist, als ob ich ginge für eine halbe Stunde
unter in Thränen und Klopfen des
Herzens. — Wenn Sie aber dies lesen,
werden Sie schließlich sagen: ja! und
eine Note zu „Charakterbild meiner
Seele" machen. —

Kommen Sie doch recht, recht bald nach
Leipzig! Warum denn erst am 2 October?
Adieu, meine liebe Lou! Ihr F. N.

I. ABSCHNITT.

SEIN WESEN.

»Mihi ipsi scripsi!« ruft Friedrich Nietzsche in seinen Briefen wiederholt nach Vollendung eines Werkes aus. Und gewiss hat es etwas zu bedeuten, wenn der erste lebende Stilist dies von sich selber sagt, er, dem es, wie keinem Zweiten, gelungen ist, für jeden seiner Gedanken, und noch für die feinste Schattirung darin, den erschöpfenden Ausdruck zu finden. Dem, der Nietzsches Schriften zu lesen weiss, ist es denn auch ein verrätherisches Wort: es deutet die Verborgenheit an, in welcher alle seine Gedanken stehen, die lebendige Hülle, die sie vielgestaltig umkleidet, es deutet an, dass er im Grunde nur für sich dachte, für sich schrieb, weil er nur sich selbst beschrieb, sein eignes Selbst in Gedanken umsetzte.

Die »Bitte« in der »Fröhlichen Wissenschaft«, auf welche in dem vorstehend facsimilirten Briefe Bezug genommen ist, lautet:

>»Ich kenne mancher Menschen Sinn
>Und weiss nicht, wer ich selber bin!
>Mein Auge ist mir viel zu nah —
>Ich bin nicht, was ich seh und sah.
>Ich wollte mir schon besser nützen,
>Könnt' ich mir selber ferner sitzen.
>Zwar nicht so ferne wie mein Feind!
>Zu fern sitzt schon der nächste Freund —
>Doch zwischen dem und mir die Mitte!
>Errathet ihr, um was ich bitte?«

(Scherz, List und Rache 25.)

Wenn es überhaupt die Aufgabe des Biographen ist, den Denker durch den Menschen zu erläutern, so gilt dies in ungewöhnlich hohem Masse für Nietzsche, denn bei keinem Andern fallen äusseres Geisteswerk und inneres Lebensbild so völlig in Eins zusammen. Auf ihn trifft es ganz besonders zu, was er in dem vorangestellten Briefe von den Philosophen überhaupt ausspricht: dass man ihre Systeme auf die Personalacten ihrer Urheber hin prüfen solle. Später hat er der gleichen Auffassung in den Worten Ausdruck gegeben: »Allmählig hat sich mir herausgestellt, was jede grosse Philosophie bisher war: nämlich das Selbstbekenntniss ihres Urhebers und eine Art ungewollter und unvermerkter mémoires.« (Jenseits von Gut und Böse 6.)

Dies war denn auch der leitende Gedanke in meinem in dem vorstehenden Briefe erwähnten Entwurf zu einer Charakteristik Nietzsches, den ich ihm im October 1882 vorlas und mit ihm durchsprach. Die Arbeit enthielt im Umriss den ersten Theil des vorliegenden Buches und einzelne Abschnitte des zweiten Theiles, — der Inhalt des dritten, das eigentliche »System Nietzsche« war damals noch nicht geboren. Im Laufe der Jahre erweiterte sich, im Anschlusse an die rasch aufeinander folgenden Werke, jene Charakteristik immer mehr, und Einzelnes daraus ist bereits in besonderen Aufsätzen veröffentlicht worden.*)

*) Eine zusammenfassende Charakteristik Nietzsches, in der zum ersten Male die drei Perioden seiner geistigen Entwicklung unterschieden und bestimmt charakterisirt sind, erschien in der Sonntags-Beilage der Vossischen Zeitung 1891, Nr. 2, 3 und 4. Ausserdem brachte die »Freie Bühne« eingehendere Ausführungen einzelner Punkte unter dem Titel »Zum Bilde Friedrich Nietzsches, Jahrg. II (1891), Heft 3, 4 und 5, Jahrg. III (1892), Heft 3 und 5; das Magazin für Literatur 1892, October, »Ein Apokalyptiker«; Der Zeitgeist 1893, Nr. 20, »Ideal und Askese«.

Es handelte sich für mich ausschliesslich darum, die Hauptzüge von Nietzsches geistiger Eigenart zu schildern, aus denen allein seine Philosophie und ihre Entwicklung begriffen werden können. Zu diesem Zwecke beschränkte ich mich freiwillig sowohl nach der Seite der rein theoretischen Betrachtungsweise, als auch hinsichtlich der rein persönlichen Lebensbeschreibung. Beides durfte nicht zu weit geführt werden, wenn die Grundlinien seines Wesens deutlich hervortreten sollten. Wer Nietzsche auf seine Bedeutung als Theoretiker hin prüfen wollte, auf das, was etwa die zünftige Philosophie aus ihm zu lernen vermöchte, der würde sich enttäuscht abwenden, ohne zum Kern seiner Bedeutung vorzudringen. Denn der Werth seiner Gedanken liegt nicht in ihrer theoretischen Originalität, nicht in dem, was dialektisch begründet oder widerlegt werden kann, sondern durchaus in der intimen Gewalt, mit welcher hier eine Persönlichkeit zur Persönlichkeit redet, — in dem, was nach seinem eigenen Ausdruck wohl zu widerlegen, aber doch nicht »todtzumachen« ist. Wer andererseits von Nietzsches äusserem Erleben ausgehen wollte, um sein Inneres zu erfassen, der würde ebenfalls nur eine leere Schale in der Hand behalten, aus welcher der Geist entwichen ist. Denn man kann von Nietzsche sagen, dass er nach aussen hin eigentlich nichts erlebte:*) all sein Erleben war ein so tief innerliches, dass es sich nur im Gespräch, von Mund zu Mund, und in den Gedanken seiner Werke kundthat. Die Summe von Monologen, aus denen im Wesent-

---

*) »Was das Leben —, die sogenannten »Erlebnisse« angeht, — wer von uns hat dafür auch nur Ernst genug? Oder Zeit genug? Bei solchen Sachen waren wir, fürchte ich, nie recht »bei der Sache«, wir haben eben unser Herz nicht dort — und nicht einmal unser Ohr!« (Zur Genealogie der Moral, Vorrede III.)

lichen seine vielbändigen Aphorismensammlungen bestehen, bilden ein einziges grosses Memoirenwerk, dem
sein Geistesbild zu Grunde liegt. Dieses Bild ist es, das
ich hier zu zeichnen versuche: das Gedanken-Erlebniss
in seiner Bedeutung für Nietzsches Geisteswesen — das
Selbstbekenntniss in seiner Philosophie.

Obgleich Nietzsche seit einigen Jahren häufiger
genannt wird als irgend ein anderer Denker, obgleich
viele Federn damit beschäftigt sind, theils Jünger für ihn
zu werben, theils gegen ihn zu polemisiren, so ist er
doch in den Grundzügen seiner geistigen Individualität
nahezu unbekannt geblieben. Denn seitdem die kleine,
zerstreute Schaar seiner Leser, die er stets besass, und
die ihn wahrhaft zu lesen verstand, zu einer grossen
Schaar von Anhängern angewachsen ist, seitdem weite Kreise
sich seiner bemächtigt haben, ist ihm das Schicksal wider-
fahren, welches jedem Aphoristiker droht; einzelne seiner
Ideen, aus dem Zusammenhang gelöst und dadurch be-
liebig deutbar, sind zu Stich- und Schlagworten ganzer
Richtungen gemacht worden, erklingen im Kampf von
Meinungen, im Streit von Parteien, denen er selbst völlig
fern stand. Wohl verdankt er diesem Umstand seinen
raschen Ruhm, den plötzlichen Lärm um seinen stillen
Namen, — aber im Besten, durchaus Einzigartigen und
Unvergleichlichen, das er zu geben hat, ist er dadurch
vielleicht übersehen worden und unbeachtet geblieben, —
ja in eine vielleicht noch tiefere Verborgenheit zurück-
getreten als vorher. Viele feiern ihn zwar noch laut, mit
der ganzen Naivetät gläubiger Kritiklosigkeit, doch gerade
sie gemahnen unwillkürlich an sein bitteres Wort: Der
Enttäuschte spricht: »Ich horchte auf Widerhall, und ich
hörte nur Lob —« (Jenseits von Gut und Böse 99). Kaum
Einer von ihnen ist ihm wahrhaft nachgegangen, — fernab

von den Andern und ihrem Tagesstreit und allein in der Ergriffenheit seines eigenen Innern; kaum Einer hat diesen einsamen, schwer ergründlichen, heimlichen und auch unheimlichen Geist begleitet, der Ungeheures zu tragen wähnte und an einem ungeheuren Wahn zusammenbrach.

Daher ist es, als stände er da inmitten derer, die ihn am meisten preisen, wie ein Fremdling und Einsiedler, dessen Fuss sich in ihren Kreis nur verirrte, und von dessen verhüllter Gestalt Keiner den Mantel gehoben, — ja, als stände er da mit der Klage seines »Zarathustra« auf den Lippen:

> »Sie reden Alle von mir, wenn sie Abends »ums Feuer sitzen, aber Niemand — denkt an »mich! Dies ist die neue Stille, die ich lernte: ihr »Lärm um mich breitet einen Mantel um meine »Gedanken.«

Friedrich Wilhelm Nietzsche ist am 15. October 1844 als der einzige Sohn eines Predigers in Röcken bei Lützen geboren, von wo sein Vater später nach Naumburg versetzt wurde. Seine Schulbildung empfing er in der nahegelegenen Schulpforta und ging dann als Student der classischen Philologie an die Universität Bonn, wo damals der berühmte Philologe Ritschl lehrte. Er studirte fast ausschliesslich unter Ritschl, verkehrte auch persönlich viel mit ihm und folgte ihm im Herbst 1865 nach Leipzig. In seine Leipziger Studienzeit fällt Nietzsches erste persönliche Beziehung zu Richard Wagner, den er 1868 im Hause von dessen Schwester, der Frau Prof. Brockhaus, kennen lernte, nachdem er sich schon früher mit seinen Werken vertraut gemacht. Noch vor seiner Promotion berief 1869 die Universität Basel den 24jährigen Nietzsche auf den Lehrstuhl des Philologen Kiessling, der von dort an das Johanneum in Hamburg ging. Nietzsche erhielt

erst eine ausserordentliche, kurz darauf eine ordentliche
Professur für classische Philologie, und die Universität
Leipzig verlieh ihm den Doctorgrad ohne vorhergehende
Promotion. Neben seinen Universitätscollegien übernahm
er den Unterricht des Griechischen in der dritten (höchsten)
Classe des Baseler Pädagogiums, — einer Mittelanstalt
zwischen Gymnasium und Universität, — an welcher noch
andere Universitätsprofessoren, wie der Culturhistoriker
Jacob Burckhardt und der Philologe Mähly, lehrten. Hier
gewann er grossen Einfluss auf seine Schüler; sein seltnes
Talent, junge Geister an sich zu fesseln und entwickelnd,
anregend auf sie zu wirken, kam zu voller Geltung.
Burckhardt sagte damals von ihm: einen solchen Lehrer
habe Basel noch niemals besessen. Burckhardt gehörte
zum engsten Freundeskreise Nietzsches, zu dem noch der
Kirchenhistoriker Franz Overbeck und der Kantphilosoph
Heinrich Romundt zählten. Mit den beiden Letztern wohnte
Nietzsche zusammen in einem Hause, welches nach Veröffentlichung der »Unzeitgemässen Betrachtungen« in
der Baseler Gesellschaft den Beinamen: »Die Gifthütte«
erhielt. Gegen Schluss seines Baseler Aufenthalts lebte
Nietzsche eine Zeit lang mit seiner einzigen, fast gleich-
altrigen Schwester Elisabeth zusammen, die später seinen
Jugendfreund Bernhard Förster heiratete und mit diesem
nach Paraguay ging. 1870 machte Nietzsche den deutsch-
französischen Krieg als freiwilliger Krankenpfleger mit;
nicht lange darauf traten die ersten drohenden Anzeichen
eines Kopfleidens hervor, das sich in periodisch wieder-
kehrenden heftigen Schmerzen und Uebelkeiten äusserte.
Will man Nietzsches eigenen, mündlichen Aeusserungen
Glauben schenken, so war dieses Leiden erblicher Natur,
und ist sein Vater demselben erlegen. Neujahr 1876
fühlte er sich bereits so kopf- und augenkrank, dass er

sich im Pädagogium vertreten lassen musste, und von da ab verschlimmerte sich sein Zustand derartig, dass er mehrere Male dem Tode nahe war.

»Ein paar Mal den Pforten des Todes entwischt, aber fürchterlich gequält, — so lebe ich von Tag zu Tage; jeder Tag hat seine Krankengeschichte.« Mit diesen Worten schildert Nietzsche in einem Briefe an einen Freund die Leiden, unter welchen er ungefähr 15 Jahre zugebracht hat.

Umsonst verlebte er den Winter 1876—1877 in dem milden Klima von Sorrent, wo er sich in Gesellschaft einiger Freunde befand: von Rom war seine langjährige Freundin Malwida von Meysenbug (Verfasserin der bekannten »Memoiren einer Idealistin« und Anhängerin R. Wagners) zu ihm gekommen; von Westpreussen Dr. Paul Rée, mit dem ihn schon damals Freundschaft und Gleichheit der Bestrebungen verband. Dem kleinen gemeinschaftlichen Hauswesen hatte sich auch noch ein junger brustkranker Baseler, Namens Brenner, zugesellt, der jedoch bald darauf starb. Als auch der Aufenthalt im Süden ohne günstige Wirkung auf seine Schmerzen blieb, gab Nietzsche 1878 seine Lehrthätigkeit am Pädagogium und 1879 seine Professur an der Universität endgiltig auf. Seitdem führte er nur noch ein Einsiedlerleben, theils in Italien — meistens in Genua — theils im Schweizer Gebirge, namentlich in dem kleinen Engadiner Dorfe Sils-Maria, unweit des Maloja-Passes.

Sein äusserer Lebenslauf erscheint damit abgeschlossen und gleichsam beendet, während sein Denkerleben erst jetzt recht eigentlich beginnt: so dass uns der Denker Nietzsche, mit dem wir uns zu beschäftigen haben, erst am Ausgang dieser Lebensereignisse vollkommen deutlich entgegentritt. Trotzdem werden wir auf alle Schicksalswendungen und Erlebnisse, die hier nur kurz skizzirt worden sind, bei Gelegenheit der verschiedenen Perioden seiner Geistesentwicklung noch ausführlicher zurückkommen müssen. Sein Leben und Schaffen zerfällt in der Hauptsache in drei ineinander übergreifende Perioden, die je ein Jahrzehnt umfassen:

Zehn Jahre, 1869—1879, dauerte Nietzsches Lehrthätigkeit in Basel; diese philologische Wirksamkeit fällt der Zeit nach fast völlig zusammen mit dem Jahrzehnt seiner Jüngerschaft Wagner gegenüber und mit der Veröffentlichung derjenigen Werke, welche von der Metaphysik Schopenhauers beeinflusst sind: sie währte von 1868 bis 1878, in welchem Jahre er zum Zeichen seiner philosophischen Sinnesänderung Wagner sein positivistisches Erstlingswerk: »Menschliches, Allzumenschliches« übersandte.

Seit dem Anfang der Siebzigerjahre bestand seine Verbindung mit Paul Rée, die im Herbst 1882 ihren Abschluss fand, — gleichzeitig mit der Vollendung der »Fröhlichen Wissenschaft«, des letzten derjenigen Werke Nietzsches, die noch auf positivistischer Grundlage ruhen.

Im Herbst 1882 fasste Nietzsche den Entschluss, sich zehn Jahre lang aller schriftstellerischen Thätigkeit zu enthalten. In dieser Zeit tiefsten Schweigens wollte er seine neue, dem Mystischen sich zuwendende Philosophie auf ihre Richtigkeit prüfen und dann 1892 als ihr Verkündiger auftreten. Diesen Vorsatz hat er nicht ausgeführt, sondern gerade in den Achtzigerjahren eine fast ununterbrochene Productivität entfaltet und ist dann noch vor Ablauf des von ihm angesetzten Jahrzehntes verstummt: 1889 setzte ein gewaltsamer Ausbruch seines Kopfleidens plötzlich aller weiteren Geistesarbeit ein Ziel.

Der Zeitraum aber zwischen der Niederlegung seiner Baseler Professur und dem Aufhören aller geistigen Thätigkeit überhaupt umfasst wiederum ein Jahrzehnt, die Zeit von 1879—1889. Seitdem lebt Nietzsche als Kranker, nach einem vorübergehenden Aufenthalt in der Anstalt von Professor Binswanger in Jena, bei seiner Mutter in Naumburg.

Die beiden diesem Buche beigegebenen Bilder zeigen Nietzsche inmitten dieser letzten zehn Leidensjahre. Und gewiss ist dies die Zeit gewesen, in welcher seine Physiognomie, sein ganzes Aeussere, am charakteristischesten ausgeprägt erschien: die Zeit, in welcher der Gesammtausdruck seines Wesens bereits völlig vom tief bewegten Innenleben durchdrungen war, und selbst noch in dem bezeichnend blieb, was er zurückhielt und verbarg. Ich möchte sagen: dieses Verborgene, die Ahnung einer verschwiegenen Einsamkeit, — das war der erste, starke Eindruck, durch den Nietzsches Erscheinung fesselte. Dem flüchtigen Beschauer bot sie nichts Auffallendes; der mittelgrosse Mann in seiner überaus einfachen, aber auch überaus sorgfältigen Kleidung, mit den ruhigen Zügen und dem schlicht zurückgestrichenen braunen Haar konnte leicht übersehen werden. Die feinen, höchst ausdrucksvollen Mundlinien wurden durch einen vornübergekämmten grossen Schnurrbart fast völlig verdeckt; er hatte ein leises Lachen, eine geräuschlose Art zu sprechen und einen vorsichtigen, nachdenklichen Gang, wobei er sich ein wenig in den Schultern beugte; man konnte sich schwer diese Gestalt inmitten einer Menschenmenge vorstellen, — sie trug das Gepräge des Abseitsstehens, des Alleinstehens. Unvergleichlich schön und edel geformt, so dass sie den Blick unwillkürlich auf sich zogen, waren an Nietzsche die Hände, von denen er selbst glaubte, dass sie seinen Geist verriethen, — eine darauf zielende Bemerkung findet sich in »Jenseits von Gut und Böse« (288): »Es giebt Menschen, welche auf eine unvermeidliche Weise Geist haben, sie mögen sich drehen und wenden, wie sie wollen, und die Hände vor die verrätherischen Augen halten (— als ob die Hand kein Verräther wäre! —).«*)

Wahrhaft verrätherisch sprachen auch die Augen. Halbblind, besassen sie dennoch nichts vom Spähenden, Blinzelnden, ungewollt Zudringlichen vieler Kurzsichtigen; vielmehr sahen sie aus wie Hüter und Bewahrer eigener Schätze, stummer Geheimnisse, die kein unberufener Blick streifen sollte. Das mangelhafte Sehen gab seinen Zügen eine ganz besondere Art von Zauber dadurch, dass sie, anstatt wechselnde, äussere Eindrücke wiederzuspiegeln, nur das wiedergaben, was durch sein Inneres zog. In das Innere blickten diese Augen und zugleich, — weit über die nächsten Gegenstände hinweg, — in die Ferne, oder besser: in das Innere wie in eine Ferne. Denn im Grunde war seine ganze Denkerforschung nichts als ein Durchforschen der Menschenseele nach unentdeckten Welten, nach »ihren noch unausgetrunkenen Möglichkeiten« (Jenseits von Gut und Böse 45), die er sich rastlos schuf und umschuf. Wenn er sich einmal gab, wie er war, im Bann eines ihn erregenden Gesprächs zu Zweien, dann konnte in seine Augen ein ergreifendes Leuchten kommen und schwinden; — wenn er aber in finsterer Stimmung war, dann sprach die Einsamkeit düster, beinahe drohend aus ihnen, wie aus unheimlichen Tiefen, — aus jenen Tiefen, in denen er immer allein blieb, die er mit Niemandem theilen konnte, vor denen ihn selbst bisweilen Grauen erfasste, — und in die sein Geist zuletzt versank.

Einen ähnlichen Eindruck des Verborgenen und Verschwiegenen machte auch Nietzsches Benehmen. Im

---

*) Eine ähnliche Bedeutung legte er seinen selten kleinen und feinmodellirten Ohren bei, von denen er sagte, sie seien die wahren »Ohren für Unerhörtes«. (Zarathustra I 25.)

gewöhnlichen Leben war er von grosser Höflichkeit und einer fast weiblichen Milde, von einem stetigen, wohlwollenden Gleichmuth, — er hatte Freude an den vornehmen Formen im Umgang und hielt viel auf sie. Immer aber lag darin eine Freude an der Verkleidung, — Mantel und Maske für ein fast nie entblösstes Innenleben. Ich erinnere mich, dass, als ich Nietzsche zum ersten Male sprach, — es war an einem Frühlingstage in der Peterskirche zu Rom, — während der ersten Minuten das gesucht Formvolle an ihm mich frappirte und täuschte. Aber nicht lange täuschte es an diesem Einsamen, der seine Maske doch nur so ungewandt trug, wie Jemand, der aus Wüste und Gebirge kommt, den Rock der Allerweltsleute trägt; sehr bald tauchte die Frage auf, die er selbst in die Worte zusammengefasst hat: »Bei Allem, was ein Mensch sichtbar werden lässt, kann man fragen: was soll es verbergen? Wovon soll es den Blick ablenken? Welches Vorurtheil soll es erregen? Und dann noch: bis wie weit geht die Feinheit dieser Verstellung? Und worin vergreift er sich dabei?«

Dieser Zug stellt nur die Kehrseite der Einsamkeit dar, aus welcher Nietzsches Innenleben ganz herausbegriffen werden muss, — einer sich stetig steigernden Selbstvereinsamung und Selbstbeziehung auf sich.

In dem Maasse, als sie zunimmt, wird alles nach Aussen gewandte Sein zum Schein, — zum blossen täuschenden Schleier, den die Einsamkeitstiefe nur um sich webt, um zeitweilig für Menschenaugen erkennbare Oberfläche zu werden. »Tiefdenkende Menschen kommen sich im Verkehr mit Andern als Komödianten vor, weil sie sich da, um verstanden zu werden, immer erst eine Oberfläche anheucheln müssen.« (Menschliches, Allzumenschliches II 232). Ja, man kann selbst Nietzsches

Gedanken, sofern sie sich theoretisch aussprechen, noch mit zu dieser Oberfläche rechnen, hinter der, abgründig tief und stumm, das innere Erleben ruht, dem sie entstiegen sind. Sie gleichen einer »Haut, welche Etwas verräth, aber noch mehr verbirgt« (Jenseits von Gut und Böse 32); »denn«, sagt er »entweder verstecke man seine Meinungen, oder man verstecke sich hinter seine Meinungen« (Menschliches, Allzumenschliches II 338). Er findet eine schöne Bezeichnung für sich selbst, wenn er in diesem Sinne von den »Verborgenen unter den Mänteln des Lichts« redet (Jenseits von Gut und Böse 44), — von denen, die sich in ihre Gedankenklarheit verhüllen.

In jeder Periode seiner Geistesentwicklung finden wir daher Nietzsche in irgend einer Art und Form der Maskirung, und immer ist sie es, welche die jeweilige Entwicklungsstufe recht eigentlich charakterisirt. »Alles, was tief ist, liebt die Maske . . . . . . Jeder tiefe Geist braucht eine Maske: mehr noch, um jeden tiefen Geist wächst fortwährend eine Maske« (Jenseits von Gut und Böse 40).

»Wanderer, wer bist Du? — — — Ruhe Dich hier aus. — — — erhole Dich! — — — Was dient Dir zur Erholung? — — —« »Zur Erholung? Zur Erholung? Oh du Neugieriger, was sprichst du da! Aber gieb mir, ich bitte — —« »Was? Was? sprich es aus! — »Eine Maske mehr! Eine zweite Maske! . . . .« (Jenseits von Gut und Böse 278).

Und zwar wird es sich uns aufdrängen, dass in dem Grade, als seine Selbstvereinsamung und grüblerische Selbstbeziehung auf sich ausschliesslicher wird, auch die Bedeutung der jedesmaligen Verkleidung eine tiefere wird, und das wirkliche Wesen hinter seiner Aeusserungsform, das wirkliche Sein hinter dem vorgehaltenen Schein immer weniger sichtbar zurückweicht. Schon in »Der Wanderer und sein Schatten« (175) weist er auf die »Mediocrität als

Maske« hin. »Die Mediocrität ist die glücklichste Maske, die der überlegene Geist tragen kann, weil sie die grosse Menge, das heisst die Mediocren, nicht an Maskirung denken lässt —: und doch nimmt er sie gerade ihretwegen vor, — um sie nicht zu reizen, ja nicht selten aus Mitleid und Güte.« Von dieser Maske des Harmlosen an wechselt er sie bis zu der des Grauenhaften, die noch Grauenhafteres hinter sich verbirgt: »— bisweilen ist die Narrheit selbst die Maske für ein unseliges allzu gewisses Wissen.« (Jenseits von Gut und Böse 270), — und endlich bis zu einem täuschenden Lichtbild des göttlich Lachenden, das den Schmerz in Schönheit zu verklären strebt. So ist Nietzsche innerhalb seiner letzten philosophischen Mystik allmälig in jene letzte Einsamkeit versunken, in deren Stille wir ihm nicht mehr folgen können, die uns nur noch, wie Symbole und Wahrzeichen, seine lachenden Gedankenmasken und deren Deutung übrig lässt, während er für uns bereits zu dem geworden ist, als den er sich einmal in einem Briefe unterschreibt: »Der auf ewig Abhandengekommene.« (Brief vom 8. Juli 1881 aus Sils-Maria.)

Dieses innere Alleinsein, diese Einsamkeit ist in allen Wandlungen Nietzsches der unveränderliche Rahmen, aus welchem sein Bild uns anschaut. Mag er sich verkleidet haben, wie er will, — immer trägt er »die Einöde und den heiligen unbetretbaren Grenzbezirk mit sich, wohin er auch gehe«. (Der Wanderer und sein Schatten 337.) Und es drückt daher auch nur das Bedürfniss aus, dass das äussere Dasein seiner einsamen Innerlichkeit entsprechen möge, wenn er einem Freunde schreibt: (Am 31 October 1880 aus Italien.)

»Als Recept, sowie als natürliche Passion erscheint mir immer deutlicher die Einsamkeit und zwar die vollkommene, — und den Zustand, in dem wir unser Bestes schaffen können, muss man herstellen und viele Opfer dafür bringen können.«

Den zwingenden Anlass aber, sein inneres Alleinsein so vollkommen wie möglich zu einem äusseren zu machen, bot ihm erst sein körperliches Leiden, welches ihn von den Menschen forttrieb und selbst den Verkehr mit einzelnen seiner Freunde, — immer einen seltenen Verkehr zu Zweien, — nur mit grossen Unterbrechungen möglich machte.

Leiden und Einsamkeit, — das sind also die beiden grossen Schicksalszüge in Nietzsches Entwicklungsgeschichte, immer stärker ausgeprägt, je näher man dem Ende kommt. Und sie tragen bis an das Ende jenes wundersame Doppelgesicht, welches sie als ein äusserlich gegebenes Lebenslos, und zugleich als eine rein psychisch bedingte, eine gewollte innere Nothwendigkeit erscheinen lassen. Auch sein physisches Leiden, nicht minder als seine Verborgenheit und Einsamkeit, reflectirte und symbolisirte etwas Tiefinnerliches — und dies so unmittelbar, dass er es auch in seine äussere Schickung aufnahm wie einen ihm zugedachten ernsten Freund und Wegegenossen. So schreibt er einmal bei Gelegenheit einer Beileidsäusserung (Ende August 1881 aus Sils-Maria): »Es jammert mich immer zu hören, dass Sie leiden, dass Ihnen irgend etwas fehlt, dass Sie Jemanden verloren haben: während bei mir Leiden und Entbehrung zur Sache gehören und nicht, wie bei Ihnen, zum Unnöthigen und zur Unvernunft des Daseins.«

Hierauf beziehen sich die einzelnen, in seinen Werken zerstreuten Aphorismen über den Werth des Leidens für die Erkenntniss.

Er schildert den Einfluss der Stimmungen des Kranken und des Genesenden auf das Denken, er begleitet die feinsten Uebergänge solcher Stimmungen bis ins Geistigste hinauf. Eine periodisch wiederkehrende Erkrankung, wie die seinige es war, scheidet beständig eine Lebensperiode, und damit auch eine Gedankenperiode von der vorhergehenden. Sie gibt durch dieses Doppeldasein die Erfahrungen und das Bewusstsein zweier Wesenheiten. Sie lässt alle Dinge immer wieder auch dem Geiste neu werden, — »neu schmecken« nennt er es einmal höchst treffend, — und setzt ganz neue Augen auch noch für das Gewohnteste, Alltäglichste ein. Ein Jegliches erhält etwas von der Frische und dem lichten Thau der Morgenschönheit, weil eine Nacht es vom vorhergehenden Tage getrennt hat. So wird jede Genesung ihm zu einer Palingenesis seiner selbst und darin zugleich des Lebens um ihn, — und immer wieder ist der Schmerz »verschlungen in den Sieg«.

Deutet Nietzsche es schon selbst an, dass die Natur seines physischen Leidens sich gewissermassen in seinen Gedanken und Werken widerspiegle, so springt der enge Zusammenhang von Denken und Leiden noch auffälliger hervor, wenn man sein Schaffen und dessen Entwicklung als Ganzes betrachtet. Man steht nicht jenen allmäligen Veränderungen des Geisteslebens gegenüber, wie sie ein Jeder durchmacht, der seiner natürlichen Grösse entgegenwächst, — nicht den Wandlungen des Wachsthums: sondern einem jähen Wandel und Wechsel, einem fast rhythmischen Auf und Nieder von Geisteszuständen, die letzten Grundes nichts Anderem zu entspringen scheinen, als einem Erkranken an Gedanken und einem Genesen an Gedanken.

Nur aus der innersten Bedürftigkeit seiner ganzen Natur, nur aus dem quälendsten Heilungsverlangen heraus erschliessen sich ihm neue Erkenntnisse. Kaum aber ist

er völlig in ihnen aufgegangen, kaum hat er an ihnen
ausgeruht und sie seiner eignen Kraft assimilirt, — da
ergreift es ihn auch schon wieder wie ein neues Fieber,
etwas wie ein unruhig drängender Ueberschuss an innerer
Energie, der zuletzt seinen Stachel gegen ihn selbst kehrt
und ihn an sich selber erkranken lässt. »Das Zuviel von
Kraft erst ist der Beweis der Kraft«, sagt Nietzsche im
Vorwort zur Götzen-Dämmerung (s. 1); — in diesem Zuviel thut seine Kraft sich Schmerzen an, tobt sie sich
aus in leidvollen Kämpfen, reizt sich auf zu den Qualen
und Erschütterungen, an denen sein Geist fruchtbar
werden will.*) Mit der stolzen Behauptung: »Was mich
nicht umbringt, macht mich stärker!« (Götzen-Dämmerung,
Sprüche und Pfeile 8) geisselt er sich, — nicht bis zum
Umbringen, nicht bis zum Tode, aber eben bis zu jenen
Fiebern und Verwundungen, deren er bedarf. Dieses
Schmerzheischende zieht sich durch die ganze Entwicklungsgeschichte Nietzsches als die eigentliche Geistes-
quelle in ihr; er spricht es am treffendsten in den Worten
aus: »Geist ist das Leben, das selber ins Leben schneidet:
an der eignen Qual mehrt es sich das eigne Wissen, —
wusstet ihr das schon? Und des Geistes Glück ist dies:
gesalbt zu sein und durch Thränen geweiht zum Opferthier,
— wusstet ihr das schon? — — — Ihr kennt nur des
Geistes Funken: aber ihr seht den Amboss nicht, der er
ist, und nicht die Grausamkeit seines Hammers!« (Also
sprach Zarathustra II 33.) »Jene Spannung der Seele im

*) »Giebt es — eine Vorneigung für das Harte, Schauerliche.
Böse, Problematische des Daseins aus Wohlsein, aus überströmender Gesundheit, aus der Ueberfülle selbst? — — — Giebt es vielleicht — eine Frage für Irrenärzte — Neurosen der Gesundheit?«
(Versuch einer Selbstkritik zur neuen Ausgabe der »Geburt der Tragödie
aus dem Geiste der Musik« IV u. IX.)

Unglück, — — — ihre Schauer im Anblick des grossen Zugrundegehens, ihre Erfindsamkeit und Tapferkeit im Tragen, Ausharren, Ausdeuten, Ausnützen des Unglücks, und was ihr nur je von Tiefe, Geheimniss, Maske, Geist, List, Grösse geschenkt worden ist: — ist es nicht ihr unter Leiden, unter der Zucht des grossen Leidens geschenkt worden?« (Jenseits von Gut und Böse 225.)

Und immer wieder tritt Zweierlei an diesem Vorgang besonders auffällig hervor: Einmal der enge Zusammenhang von Gedankenleben und Seelenleben in seinem Wesen, die Abhängigkeit seines Geistes von den Bedürfnissen und Erregungen seines Innern. Dann aber die Eigenthümlichkeit, dass aus dieser so engen Zusammengehörigkeit sich immer von Neuem Leiden ergeben müssen; jedesmal bedarf es einer hohen Gluth der Seele, wo es zu höchster Klarheit, zu hellem Licht der Erkenntniss kommen soll, — aber nie darf diese Gluth in wohlthuender Wärme ausströmen, sondern muss verwunden mit sengenden Feuern und brennenden Flammen: auch hier gehört, — wie er es in dem oben angeführten Briefe ausdrückt, — »das Leiden zur Sache«.

Wie Nietzsches körperliches Leiden der Anlass zu seiner äusseren Vereinsamung wurde, so muss auch in seinem psychischen Leidenszustand einer der tiefsten Gründe gesucht werden für seinen scharf zugespitzten Individualismus, für die strenge Betonung des »Einzelnen« als des »Einsamen« in Nietzsches besonderem Sinn. Die Geschichte des »Einzelnen« ist durchaus eine Leidensgeschichte und nicht irgend welchem allgemeinen Individualismus zu vergleichen, — ihr Inhalt lautet viel weniger: »Selbstgenügsamkeit« als: »Selbsterduldung«. Betrachtet man das leidensvolle Auf und Nieder seiner Geisteswandlungen, dann liest man die Geschichte eben so vieler

Selbstverwundungen, und es verbirgt einen langen, schmerzlichen Heldenkampf mit sich selbst, wenn Nietzsche über
seine Philosophie die kühnen Worte setzt: »Dieser
Denker braucht Niemanden, der ihn widerlegt: er genügt
sich dazu selber!« (Der Wanderer und sein Schatten 249.)

Seine ausserordentliche Fähigkeit, sich immer wieder
in die härteste Selbstüberwindung einzuleben, in jeder
neuen Erkenntniss immer wieder heimisch zu werden,
scheint nur da zu sein, um die Trennung vom Neu-
errungenen jedesmal um so erschütternder zu gestalten.
»Ich komme! brich Deine Hütte ab und wandre mir entgegen!« gebietet ihm der Geist, und mit trotziger Hand
macht er sich selbst obdachlos und sucht von
Neuem das Dunkel, das Abenteuer und die Wüste auf
mit der Klage auf den Lippen: »Ich muss den Fuss
weiter heben, diesen müden, verwundeten Fuss: und weil
ich muss, so habe ich oft für das Schönste, das mich
nicht halten konnte, einen grimmigen Rückblick, — weil
es mich nicht halten konnte!« (Fröhliche Wissenschaft 309.)
Sobald ihm in einer Anschauungsweise wahrhaft wohl
geworden ist, erfüllt sich an ihm selbst sein Wort: »Wer
sein Ideal erreicht, kommt eben damit über dasselbe
hinaus.« (Jenseits von Gut und Böse 73.)*)

Der Meinungswechsel, der Wandlungsdrang
stecken daher der Philosophie Nietzsches tief im Herzen,
sie sind durchaus bestimmend für die Art seines Erkennens.
Nicht umsonst nennt er sich im Schlusslied von »Jenseits
von Gut und Böse« einen: »Ringer, der zu oft sich selbst

---

*) Vgl. auch »Die fröhliche Wissenschaft« 253, »Eines Tages
erreichen wir unser Ziel — und weisen nunmehr mit Stolz darauf
hin, was für lange Reisen wir dazu gemacht haben. Wir kamen aber
dadurch so weit, dass wir an jeder Stelle wähnten, zu Hause zu
sein.«

bezwungen, — Zu oft si̯ch gegen eigne Kraft gestemmt,
— Durch eignen Sieg verwundet und gehemmt.«

Im Heroismus der Bereitwilligkeit, die eigne Ueberzeugung preiszugeben, nimmt dieser Drang in seinem
Innern geradezu die Stelle der Ueberzeugungstreue*)
ein. »Wir würden uns für unsere Meinungen nicht verbrennen lassen:« heisst es in Der Wanderer und sein
Schatten (333), »wir sind ihrer nicht so sicher. Aber vielleicht dafür, dass wir unsere Meinungen haben dürfen
und ändern dürfen.« Und in der Morgenröthe (370) spricht
sich diese Gesinnung in den schönen Worten aus: »Nie
etwas zurückhalten oder Dir verschweigen, was gegen
Deinen Gedanken gedacht werden kann. Gelobe es
Dir! Es gehört zur ersten Redlichkeit des Denkens. Du
musst jeden Tag auch Deinen Feldzug gegen Dich selber
führen. Ein Sieg und eine eroberte Schanze sind nicht
mehr Deine Angelegenheit, sondern die der Wahrheit, —
aber auch Deine Niederlage ist nicht mehr Deine Angelegenheit!« Darüber steht als Titel: »Inwiefern der Denker
seinen Feind liebt.« Aber diese Feindesliebe entspringt
der dunklen Ahnung, dass im Feind ein künftiger Genosse
verborgen sein könne, und dass nur des Unterliegenden
neue Siege harren: sie entspringt der Ahnung, dass für
ihn der stets gleiche, schmerzliche Seelenprocess der
Selbstverwandlung unumgängliche Bedingung aller Schaffenskraft sei. »Der Geist ist es, der uns rettet, dass wir
nicht ganz verglühen und verkohlen. — — Vom Feuer
erlöst, schreiten wir dann, durch den Geist getrieben, von
Meinung zu Meinung, — — als edle Verräther aller
Dinge.« (Menschliches, Allzumenschliches, I 637.) »— wir

---

*) Daher nennt er die Ueberzeugungen Feinde der Wahr-
heit: »Ueberzeugungen sind gefährlichere Feinde der Wahrheit als
Lügen.« (Menschliches, Allzumenschliches, I 483).

müssen Verräther werden, Untreue üben, unsere Ideale
immer wieder preisgeben. (Menschliches, Allzumenschliches,
I 629.) Dieser Einsame musste gleichsam sich selber
vervielfältigen, in eine Mehrheit von Denkern zerfallen,
in dem Masse, als er sich in sich selber abschloss; —
nur so vermochte er geistig zu leben. Der Selbstverwun-
dungstrieb war nur eine Art seines Selbsterhaltungs-
triebes: nur indem er sich immer wieder in Leiden
stürzte, entlief er seinen Leiden. »Unverwundbar bin ich
allein an meiner Ferse! — — — — — Und nur wo
Gräber sind, gibt es Auferstehungen! — — — Also sang
Zarathustra;« (II 46) — Er, zu dem das Leben einst
»dies Geheimniss redete«: »Siehe, sprach es, ich bin das,
was sich immer selber überwinden muss« (II 49). *)

Ueber nichts hat wohl Nietzsche so oft und so
tief nachgedacht, wie über dieses sein eignes Wesens-
räthsel, und über nichts können wir uns daher aus seinen
Werken so gut unterrichten wie gerade hierüber: im
Grunde waren ihm alle seine Erkenntnissräthsel nichts anderes. Je tiefer er sich selbst erkannte, desto rückhaltsloser

---

*) Durch diesen Trieb entwickelte er sich mehr, als er es selbst
wahr haben wollte, zu jenem »Don Juan der Erkenntniss«, den er
(Morgenröthe 327) folgendermassen schildert: »Er hat Geist, Kitzel
und Genuss an Jagd und Intriguen der Erkenntniss — bis an die
höchsten und fernsten Sterne der Erkenntniss hinauf! — bis ihm
zuletzt Nichts mehr zu erjagen übrig bleibt, als das absolut Wehe-
thuende der Erkenntniss, gleich dem Trinker, der am Ende Absinth
und Scheidewasser trinkt. So gelüstet es ihn am Ende nach der
Hölle, — es ist die letzte Erkenntniss, die ihn verführt. Vielleicht,
dass auch sie ihn enttäuscht, wie alles Erkannte! Und dann müsste
er in alle Ewigkeit stehen bleiben, an die Enttäuschung festgenagelt
und selber zum steinernen Gast geworden, mit einem Verlangen
nach einer Abendmahlzeit der Erkenntniss, die ihm nie mehr zu
Theil wird! — denn die ganze Welt der Dinge hat diesem Hungrigen
keinen Bissen mehr zu reichen.«

wurde seine ganze Philosophie zu einer ungeheuren Widerspiegelung seines Selbstbildes, — und desto naiver legte
er es dem Allbilde als solchem unter. Wie unter den
Philosophen abstracte Systematiker ihre eignen Begriffe
zu einer Weltgesetzlichkeit verallgemeinert haben, so verallgemeinert Nietzsche seine Seele zur Weltseele. Aber
um sein Bild zu zeichnen, bedarf es nicht erst der
Zurückführung seiner sämmtlichen Theorien auf ihn selbst,
wie es in den folgenden Theilen geschieht. Ein gewisses
Verständniss dafür ist auch schon hier möglich, wo
Nietzsche lediglich in Bezug auf seine geistige Veranlagung
betrachtet wird. Der Reichthum derselben ist zu mannig-
faltig, als dass er in einer bestimmten Ordnung erhalten
werden könnte; die Lebendigkeit und der Machtwillen
jedes einzelnen Talentes und Geistestriebes führen nothwendig zu einer nie beschwichtigten Nebenbuhlerschaft
aller Talente. In Nietzsche lebten in stetem Unfrieden,
nebeneinander und sich gegenseitig tyrannisirend, ein
Musiker von hoher Begabung, ein Denker von freigeiste-
rischer Richtung, ein religiöses Genie und ein geborener
Dichter. Nietzsche selbst versuchte, daraus die Besonderheit seiner geistigen Individualität zu erklären, und erging
sich häufig in eingehenden Gesprächen darüber.

Er unterschied zwei grosse Hauptgruppen von Charak-
teren: solche, deren verschiedene Regungen und Triebe
in Harmonie zueinander stehen, eine gesunde Einheit
bilden, und solche, deren Triebe und Regungen sich
gegenseitig hemmen und befehden. Die erste Gruppe
verglich er, — innerhalb des einzelnen Individuums, —
mit dem Zustande der Menschheit zur Zeit des Heerden-
wesens, vor aller staatlichen Gliederung: wie dort der
Einzelne seine Individualität und sein Machtgefühl nur
besitzt im geschlossenen Ganzen der Heerde, so hier die

einzelnen Triebe im Ganzen der geschlossenen Persönlichkeit, deren Inbegriff sie bilden. Die Naturen der zweiten
Gruppe dagegen leben in ihrem Innern, wie die Menschen
bei einem Kriege Aller gegen Alle leben würden; — die
Persönlichkeit selbst löst sich gewissermassen in eine
Unsumme von eigenmächtigen Triebpersönlichkeiten auf,
in eine Subject-Vielheit. Dieser Zustand wird nur überwunden, wenn von aussen her eine höhere Macht, eine
stärkere Autorität geschaffen werden kann, die über Alle zu
herrschen weiss: gleich einem Gesetz staatlicher Gliederung,
für das es nur unterworfene Gewalten gibt. Denn was
in den zuerst geschilderten Naturen ganz instinctmässig
vor sich geht — die Einordnung des Einzelnen ins
Ganze, — das muss hier erst erobert und den tyrannischen Einzelgelüsten abgezwungen werden als eine unerbittlich feste Rangordnung der Triebe untereinander.*)

Man sieht, hier ist der Punkt, an welchem Nietzsche
die Möglichkeit einer Selbstbehauptung als Ganzes
durch das Leiden alles Einzelnen aufgegangen ist.
Hier liegt wie in einer Knospe eingeschlossen die ursprüngliche Bedeutung seiner späteren Decadenz-Lehre mit
dem Grundgedanken: es giebt die Möglichkeit eines höchsten
Vermögens und Schaffens durch ein beständiges Erdulden
und Verwunden. Mit einem Wort: hier ging ihm die
Bedeutung des Heroïsmus als Ideal auf. Die eigene
qualvolle Unvollkommenheit riss ihn dem Ideal und dessen
Tyrannei entgegen: »Unsere Mängel sind die Augen,
mit denen wir das Ideal sehen.« (Menschliches, Allzumenschliches, II 86).

---

*) »Die Instincte bekämpfen müssen — das ist die Formel für
décadence: so lange das Leben aufsteigt, ist Glück gleich Instinct«,
sagt er (Götzen-Dämmerung, Das Problem des Sokrates 11), und
unterscheidet so den Dekadenten von der geborenen Herrennatur.

»Was macht heroïsch? zugleich seinem höchsten Leide und seiner höchsten Hoffnung entgegengehen« sagt er (Fröhliche Wissenschaft 268). Und ich füge dem noch drei Aphorismen bei, die er mir einmal niederschrieb, und die mir seine Auffassung mit besonderer Schärfe zu verdeutlichen scheinen:

»Der Gegensatz des heroischen Ideals ist das Ideal der harmonischen Allentwicklung, — ein schöner Gegensatz und ein sehr wünschenswerther! Aber nur ein Ideal für grundgute Menschen. (Zum Beispiel: Goethe).« *)

Weiter: »Heroïsmus — das ist die Gesinnung eines Menschen, der ein Ziel erstrebt, gegen welches gerechnet er gar nicht mehr in Betracht kommt. Heroïsmus ist der gute Wille zum absoluten Selbst-Untergang.«

Und als drittes: »Menschen, die nach Grösse streben, sind gewöhnlich böse Menschen; es ist ihre einzige Art, sich zu ertragen.« Das Wort »böse« will hier ebenso wie oben das Wort »gut« weder im Sinn des landläufigen Urtheils noch überhaupt im Sinne eines Urtheils genommen werden, sondern blos als Bezeichnung eines Thatbestandes: und als eine solche bezeichnet es für Nietzsche stets den »innern Krieg« in einer Menschenseele, — dasselbe, was er später »Anarchie in den Instincten« nennt. In seiner letzten Schaffensperiode hat sich ihm, auf dem Wege einer bestimmten Gedankenentwicklung, das Bild dieses Seelenzustandes bis zum Culturbilde der Menschheit ausgedehnt; die Losungsworte heissen da: Innenkrieg =

---

*) Nietzsche fasst hier, nebenbei bemerkt, Goethe durchaus anders auf als einige Jahre später (in der Götzen-Dämmerung). Hier sieht er noch in ihm den Antipoden seiner eigenen, unharmonischen Natur — später hingegen einen ihm tief verwandten Geist, der nicht harmonisch war, sondern sich durch Ausgestaltung und Hingabe seiner selbst zum Harmonischen umschuf.

Décadence, und Sieg = Selbstuntergang der Menschheit zur Erschaffung einer Uebermenschheit. Ursprünglich aber handelt es sich für ihn um sein eigenes Seelenbild.

Er unterscheidet nämlich die harmonische oder einheitliche und die heroische oder vielspältige Naturanlage als die beiden Typen des handelnden und des erkennenden Menschen, mit anderen Worten: den Typus seines Wesens-Gegensatzes und seinen eigenen.

Zum handelnden Menschen wird ihm der Ungetheilte und Unzersetzte, der Instinct-Mensch, die Herrennatur. Wenn dieser seiner natürlichen Entwicklung folgt, muss sein Wesen sich immer selbstsicherer und fester zuspitzen und seine gedrängte Kraft in gesunden Thaten sich entladen. Die Hemmnisse, welche die Aussenwelt ihm möglicherweise entgegenstellt, enthalten zugleich eine Anregung und Förderung dafür: denn nichts ist ihm naturgemässer, als der tapfere Kampf nach aussen hin, in nichts erweist sich seine ungebrochene Gesundheit so sehr als in seiner Kriegstüchtigkeit. Mag sein Intellect klein oder gross sein: in jedem Fall steht er im Dienst dieser frischen Wesenskraft und dessen, was ihr wohl thut und noth thut, — er hat sich ihr in seinen Zielen nicht entgegengesetzt, er hat sie nicht zersetzt, er folgt nicht eignen Wegen.

Ganz anders der erkennende Mensch. Anstatt nach einem festen Zusammenschluss seiner Triebe zu suchen, der sie schützt und erhält, lässt er sie so weit als irgend möglich auseinanderlaufen; je breiter das Gebiet, das sie zu umfassen lernen, desto besser, je mehr der Dinge, bis zu denen sie ihre Fühlhörner ausstrecken, und die sie betasten, sehen, hören, riechen, desto tüchtiger sind sie ihm für seine Zwecke, — für die Zwecke des Erkennens. Denn ihm ist nunmehr »das Leben ein Mittel der Erkenntniss« (Fröhliche Wissenschaft 324) und er ruft seinen

Genossen zu (Fröhliche Wissenschaft 319): »Wir selber wollen unsere Experimente und Versuchsthiere sein!« So gibt er sich selbst freiwillig als Einheit auf, — je polyphoner sein Subject, desto lieber ist es ihm:

»Scharf und milde, grob und fein,
»Vertraut und seltsam, schmutzig und rein,
»Der Narren und Weisen Stelldichein:
»Dies Alles bin ich, will ich sein,
»Taube zugleich, Schlange und Schwein!«

(Fröhliche Wissenschaft, Scherz, List und Rache 11.)

Denn wir Erkennenden, sagt er, müssen dankbar sein »gegen Gott, Teufel, Schaf und Wurm in uns, — — — — mit Vorder- und Hinterseelen, denen Keiner leicht in die letzten Absichten sieht, mit Vorder- und Hintergründen, welche kein Fuss zu Ende laufen dürfte, — — wir die geborenen, geschworenen, eifersüchtigen Freunde der Einsamkeit — —«. (Jenseits von Gut und Böse 44.) Der Erkennende hat die Seele, welche »die längste Leiter hat und am tiefsten hinunter kann, — — — die umfänglichste Seele, welche am weitesten in sich laufen und irren und schweifen kann; — — — die sich selber fliehende, die sich selber im weitesten Kreise einholt; die weiseste Seele, welcher die Narrheit am süssesten zuredet: — — — die sich selber liebendste, in der alle Dinge ihr Strömen und Wiederströmen und Ebbe und Fluth haben — — —.« (Also sprach Zarathustra III 82.) Mit solcher Seele wird man zum »Tausendfuss und Tausend-Fühlhorn« (Jenseits von Gut und Böse 205), immer im Begriff, sich selbst zu entlaufen, um sich bis in fremdes Wesen hinein zu erstrecken: »Wenn man erst sich selber gefunden hat, muss man verstehen, sich von Zeit zu Zeit zu verlieren — und dann wieder zu finden: vorausgesetzt, dass man ein Denker ist. Diesem

ist es nämlich nachtheilig, immer an Eine Person gebun-
den zu sein.« (Der Wanderer und sein Schatten 306.) Das
Gleiche besagen die Verse (Fröhliche Wissenschaft, Scherz,
List und Rache 33):

> »Verhasst ist mir's schon, selber mich zu führen!
> Ich liebe es, gleich Wald- und Meeresthieren,
> Mich für ein gutes Weilchen zu verlieren,
> In holder Irrniss grüblerisch zu hocken.
> Von ferne her mich endlich heimzulocken,
> Mich seiber zu mir selber — zu verführen «

Das Verschen ist überschrieben »Der Einsame«, d. h.
der von den Anforderungen und Kämpfen der Aussenwelt möglichst Abgeschiedene; denn kriegstüchtig nach
aussen hin wird ein solches Innenleben in dem Masse
immer weniger, je vollkommener es benommen und bewegt ist von den Kriegen, Siegen, Niederlagen und Eroberungen innerhalb seiner eignen Triebe. In der Einsamkeit seiner geistigen Selbstversenkung und Selbst-
erweiterung sucht es vielmehr eine Hülle, die es schonend
behüte vor den lauten und verwundenden Lebensereig-
nissen draussen, — steht es doch schon ohnedies in
Kampf und Wunden; gilt doch von diesem Erkennenden
die Schilderung: »— — das ist ein Mensch, der beständig
ausserordentliche Dinge erlebt, sieht, hört, argwöhnt, hofft,
träumt; der von seinen eigenen Gedanken wie von
Aussen her, — — als von seiner Art Ereignissen
und Blitzschlägen getroffen wird.« (Jenseits von Gut
und Böse 292.)

Denn die kriegerische Stellung der Triebe zu einander
in seinem Innern ist damit nicht aufgehoben, sondern
eher gesteigert: »Wer aber die Grundtriebe des Menschen
darauf hin ansieht, wie weit sie gerade hier als inspirirende
Genien (oder Dämonen und Kobolde —) ihr Spiel getrieben haben mögen, wird finden, — — — — — dass

jeder Einzelne von ihnen gerade sich gar zu gerne als letzten Zweck des Daseins und als berechtigten Herrn aller übrigen Triebe darstellen möchte. Denn jeder Trieb ist herrschsüchtig und als solcher versucht er zu philosophiren« (Jenseits von Gut und Böse 6).

Daher grade legt die Erkenntniss des Erkennenden ein »entscheidendes Zeugniss dafür ab, wer er ist, — das heisst, in welcher Rangordnung die innersten Triebe seiner Natur zu einander gestellt sind« (ebendaselbst).

Trotzdem aber wird durch das Erkennen in diesem Innen-Krieg eine Verwandlung vollzogen, die demselben eine neue Bedeutung gibt, — eine rettende und erlösende Bedeutung: in der Erkenntniss ist ein allen Trieben gemeinsames Ziel gegeben, eine Richtung, der ein jeder von ihnen insofern zustrebt, als sie alle das Nämliche erobern wollen. Die Zersplitterung des Beliebens, die Tyrannei der Willkür ist damit gebrochen. Die Triebe halten an ihrer »Subjects-Vielheit« fest, aber sie unterstellen dieselbe einer höheren Macht, die ihnen als Dienern und Werkzeugen befiehlt; sie bleiben wild und kriegerisch, aber sie werden in ihrem Kriegs-Ziel unvermerkt zu Helden, die zu kämpfen und zu bluten berufen sind; — das heroische Ideal ist inmitten ihrer Selbstsucht aufgerichtet und zeigt den für sie einzig möglichen Weg zur Grösse. So ist die Gefahr der Anarchie beseitigt zu Gunsten eines sichern »Gesellschaftsbaues der Triebe und Affecte«.

Ich erinnere mich eines mündlichen Ausspruches von Nietzsche, der sehr bezeichnend diese Freude des Erkennenden an der umfassenden Breite und Tiefe seiner Natur ausdrückt, — die Lust, die daraus entspringt, dass er sein Leben nunmehr als ein »Experiment des Erkennenden« (Fröhliche Wissenschaft 324) auffassen darf:

»Einer alten, wetterfesten Burg gleiche ich, die viele versteckte Keller und Unterkeller hat; in meine eignen verborgensten Dunkelgänge bin ich noch nicht ganz hinabgekrochen, in meine unterirdischen Kammern bin ich noch nicht gekommen. Sollte mit ihnen nicht alles unterbaut sein? sollte ich nicht aus meiner Tiefe zu allen Oberflächen der Erde hinaufklettern können? sollten wir nicht auf jedem Dunkelgang zu uns selber wiederkehren?«

Dasselbe Gefühl gibt auch in der »Fröhlichen Wissenschaft« (249) der Aphorismus wieder, der die Ueberschrift trägt: »Der Seufzer des Erkennenden«: »Oh über meine Habsucht! In dieser Seele wohnt keine Selbstlosigkeit, — vielmehr ein Alles begehrendes Selbst, welches durch viele Individuen wie durch seine Augen sehen und wie mit seinen Händen greifen möchte, — ein auch die ganze Vergangenheit noch zurückholendes Selbst, welches nichts verlieren will, was ihm überhaupt gehören könnte! Oh über diese Flamme meiner Habsucht! Oh dass ich in hundert Wesen wiedergeboren würde!«

Auf diese Weise wird das Umfassende und Verschlungene der unharmonischen, der »stillosen« Natur zu einem gewaltigen Vorzug: »Wollten und wagten wir eine Architektur nach unserer Seelen-Art, — — — — so müsste das Labyrinth unser Vorbild sein!« (Morgenröthe 169.) — aber kein Labyrinth, in welchem die Seele sich selbst verliert, sondern aus dessen Wirrnis sie zur Erkenntniss hindurchdringt. »Man muss noch Chaos in sich haben, um einen tanzenden Stern gebären zu können«, — dieses Wort Zarathustras (I 15) gilt von ihr, die zum Sternendasein, zum Licht geboren ist als zu ihrem eigensten Wesensgenius, ihrer eigensten Verklärung. Nietzsche hat dies unter dem Namen: »Eine lichte Art von Schatten« geschildert (Der Wanderer und sein Schatten 258): »Dicht neben den ganz nächtigen Menschen befindet sich fast regelmässig, wie an sie angebunden, eine Lichtseele. Sie ist gleichsam der negative Schatten, den jene werfen.«

Diese Lichtseele ist um so strahlender, je mächtiger und nächtiger, also je tyrannischer und gefährlicher die Natur ist, welche sich gleichsam in ihr verbrennen lässt, — alle ihre Neigungen als Brennstoff in diese heilige Gluth wirft. Die Art, in welcher dies geschieht, wechselt mit dem Erkenntnissstandpunkt des Erkennenden: Nietzsches Auffassung dessen, was »Erkenntniss« ist, ist in seinen verschiedenen Geistesperioden eine verschiedene, und dementsprechend verschiebt sich auch jedesmal das, was er die »innere Rangordnung der Triebe« nennt, innerhalb des wogenden Kampfes in dieser reichen Genie-Natur. Man kann sagen, dass aus den wechselnden Bildern solcher Verschiebungen sich die Geschichte seiner Entwicklung im Wesentlichen zusammensetzt, bis in seiner letzten Schaffensperiode sein ganzes Innenleben sich in philosophischen Theorien widerspiegelt: bis ihm Dunkelseele und Lichtseele zu Repräsentanten des Menschlichen und Uebermenschlichen werden.

Der geschilderte Seelenprocess selbst aber bleibt durch alle Wandlungen hindurch in seinen Grundzügen der nämliche. »Hat man Charakter, so hat man auch sein typisches Erlebniss, das immer wiederkommt,« sagt Nietzsche (Jenseits von Gut und Böse 70). Nun, dieses ist sein typisches Erlebniss, das immer wiederkommt, an dem er sich immer wieder aufrichtete, über sich selbst erhob, — an dem er auch endlich sich in sich selbst überschlug und zu Grunde ging.

Und daran musste er wohl zu Grunde gehen. Denn in dem gleichen Process, der ihm stets von neuem Heilung und Erhebung sicherte, lag auch schon das pathologische

Moment dieser Art von Geistesentwicklung verborgen. Auf den ersten Blick fällt es nicht auf. Man sollte vielmehr meinen, in einer Kraft, die sich selber so zu heilen weiss, müsse mindestens ebensoviel Gesundheit stecken wie in dem ruhigen Frieden einer harmonischen Kräfteentfaltung. Ja, sogar eine weit grössere Gesundheit: denn sie ist im Stande, selbst an dem, was Wunden schlägt und Fieber erzeugt, sich noch zu befestigen und zu beweisen; sie ist im Stande, Krankheit und Kampf zu einem Stimulans für Leben und Erkennen umzuwandeln, zu einem Sporn und Hellsehen für ihre Zwecke, — sie umfasst also schadlos Kampf und Krankheit. Auf solche Weise wollte Nietzsche, namentlich zuletzt, namentlich als er am krankhaftesten war, seine Leidensgeschichte aufgefasst wissen: als eine Genesungsgeschichte. Allerdings vermochte diese gewaltige Natur es, sich mitten aus Schmerzen und Widerstreit heraus in ihrem Erkenntnissideal selbst zu heilen und zusammenzufassen. Aber, nach erlangter Genesung, bedurfte sie wiederum ebenso nothwendig der Leiden und Kämpfe, der Fieber und Wunden. Sie, die sich selbst Heilung geschafft, ruft jene wieder hervor; sie wendet sich gegen sich selbst, schäumt gleichsam über, um sich in neue Krankheitszustände zu ergiessen. Ueber jedem erreichten Erkenntnissziel, jedem erlangten Genesungsglück stehen immer wieder die Worte: »Wer sein Ideal erreicht, kommt eben damit über dasselbe hinaus«, denn: »sein Ueberglück ward ihm zum Ungemach« (Fröhliche Wissenschaft, Scherz, List und Rache 47), und er fühlt sich: »verwundet von seinem Glücke«* (Also sprach Zarathustra II 2). »Sich Schmerzen machen. Rücksichts-

---

*) Vgl. auch Jenseits von Gut und Böse 224: »wir — — — sind erst dort in unsrer Seligkeit, wo wir auch am meisten — in Gefahr sind.«

losigkeit des Denkens ist oft das Zeichen einer un-
friedlichen inneren Gesinnung, welche Betäubung begehrt.«
(Menschliches, Allzumenschliches I 581.

Die Gesundheit ist hier also nicht das Ueberlegene und
Ueberragende, welches das Pathologische, als ein Nebensäch-
liches, zu einem Werkzeug für sich umschafft, sondern beide
bedingen sich, ja enthalten sich gegenseitig, — beide zusammen stellen thatsächlich eine eigenthümliche Selbstspaltung innerhalb ein und desselben Geisteslebens dar.

Eine solche innere Spaltung liegt nämlich dem ganzen
geschilderten Seelenprocess zu Grunde. Anscheinend zwar
sollte in ihm die Vielspältigkeit, die Subjects-Vielheit der
unharmonisch veranlagten Natur, in einer höhern Einheit,
in einem richtunggebenden Ziel aufgehoben werden. Nun
vollzieht sich aber dieser Vorgang innerhalb der vielspältigen Seele in der Weise, dass ein einziger Trieb sich
alle übrigen unterordnet; mit anderen Worten: die Vielspältigkeit wird auf eine um so tiefer gehende Zweispaltung reducirt. So wenig wie die Gesundheit hier
überragend das Krankhafte mit umfasst, so wenig umfasst
und überragt der herrschende Trieb wahrhaft das gesammte
Innere, indem er es in den Dienst der Erkenntniss stellt:
der Erkennende blickt wohl mit seinen Geistesaugen auf
sich selbst wie auf eine zweite Wesenheit, aber er bleibt
doch in der eigenen Wesenheit gefangen; er ist nur im
Stande sie zu spalten, nicht über sie hinauszugreifen. Die
Macht der Erkenntniss also, weit davon entfernt, eine
einigende zu sein, ist vielmehr eine trennende, — aber
die Tiefe der Trennung erweckt den Schein, als läge das
Ziel aller Regungen ausser ihnen. In Folge dieser
Selbsttäuschung drängen alle Kräfte begeistert der Erkenntniss zu, als vermöchten sie damit sich selbst und
ihrem Zwiespalt zu entlaufen.

Man sollte allerdings glauben, es werde wenigster
eine Art von Zusammenschluss des Gesammtlebens dadurch erreicht, dass auf der einen Seite das Triebleben,
unter dem darauf gerichteten Erkenntnissblick, zu ungeheurer Bewusstheit gesteigert wird, — dass auf der anderen
das Denken durch die Welt der Stimmungen und Triebe
eine ungemeine Belebung erhält. Aber das Resultat ist
ein gerade entgegengesetztes, indem der Gedanke die
Unmittelbarkeit aller inneren Regungen zersetzt, die
Erregungen des Inneren hinwiederum die beherrschte
Strenge des Gedankens beständig lockern. So durch-
dringt thatsächlich die Spaltung des Ganzen alles Einzelne nur immer weiter und tiefer.

Was ist es nun, das trotzdem eine so hohe, geradezu
erlösend wirkende Befriedigung aus einer so durchsichtigen
Selbsttäuschung quellen lässt? Was ist es, das einen
Schein dazu befähigt, das ganze Sein, wenn auch unter
steten Erkrankungen und Verwundungen, zu beseligen und
zu verklären? Mit dieser Frage stehen wir vor dem eigentlichen Nietzsche-Problem; sie erst weist uns auf den geheimen
Zusammenhang des Gesunden und Pathologischen in ihm.

Indem nämlich die Vielheit unverbundener Einzel-
triebe sich in zwei einander gleichsam gegenüber stehende
Wesenheiten zerspaltet, von denen die Eine herrscht,
die Andere dient, — wird es dem Menschen ermöglicht,
zu sich selber nicht nur wie zu einem anderen, sondern
auch wie zu einem höhern Wesen zu empfinden. Indem
er einen Theil seiner selbst sich selber zum Opfer bringt,
ist er einer religiösen Exaltation nahe gekommen.
In den Erschütterungen seines Geistes, in denen er das
heroïsche Ideal eigener Preisgebung und Hingebung zu
verwirklichen wähnt, bringt er an sich selbst einen
religiösen Affect zum Ausbruch.

Von allen grossen Geistesanlagen Nietzsches gibt
es keine, die tiefer und unerbittlicher mit seinem geistigen
Gesammtorganismus verbunden gewesen wäre, als sein
religiöses Genie. Zu einer anderen Zeit, in einer andern
Culturperiode würde dasselbe diesem Predigerssohn sicherlich nicht gestattet haben, zum Denker zu werden. Unter
den Einflüssen unserer Zeit erhielt jedoch sein religiöser
Geist die Richtung aufs Erkennen und vermochte dasjenige, wonach es ihn instinctiv am drängendsten verlangte, wie nach dem natürlichen Ausdruck seiner Gesundheit, nur in krankhafter Weise zu befriedigen, —
das heisst, er vermochte es nur vermittelst einer Rück-
beziehung auf sich selbst anstatt auf eine ihn mit umfassende, ausser ihm liegende Lebensmacht. So erreichte er
das gerade Gegentheil des Angestrebten: nicht eine höhere
Einheit seines Wesens, sondern dessen innerste Zweitheilung, nicht den Zusammenschluss aller Regungen und
Triebe zu einem einheitlichen Individuum, sondern ihre
Spaltung zum »Dividuum«. Es war immerhin eine Gesundheit erreicht, — doch mit den Mitteln der Krankheit;
eine wirkliche Anbetung, doch mit den Mitteln der
Täuschung; eine wirkliche Selbstbehauptung und Selbst-
erhebung, doch mit den Mitteln der Selbstverwundung.
Deshalb liegen in dem gewaltigen religiösen Affect,
aus dem ganz allein bei Nietzsche alle Erkenntniss
hervorgeht, unlöslich in einen Knoten verschlungen:
eigne Aufopferung und eigne Apotheose, Grausamkeit der eignen Vernichtung und Wollust der eignen
Vergötterung, leidvolles Siechen und siegende Genesung,
glühender Rausch und kühle Bewusstheit. Man fühlt hier
die enge Verknüpfung der Gegensätze, die einander
unaufhörlich bedingen: man fühlt das Ueberschäumen
und freiwillige Hinabstürzen der aufs Höchste erregten

und gespannten Kräfte ins Chaotische, Dunkle, Schauerliche, und dann wieder aus diesem heraus ein Drängen
ins Lichte, Zarteste, — das Drängen eines Willens, der
sich »— — von der Noth der Fülle und Ueberfülle, vom
Leiden der in ihm gedrängten Gegensätze löst«,*) —- ein
Chaos, das den Gott gebären möchte, — gebären muss.

»Im Menschen ist Geschöpf und Schöpfer vereint:
im Menschen ist Stoff, Bruchstück, Ueberfluss, Lehm,
Koth, Unsinn, Chaos: aber im Menschen ist auch Schöpfer,
Bildner, Hammer-Härte, Zuschauer-Göttlichkeit und sieben-
ter Tag . . .«. (Jenseits von Gut und Böse 225.) Und hier
zeigt sich, dass unablässiges Leiden und unablässige
Selbstvergöttlichung sich gegenseitig bedingen, indem ein
jedes seinen eignen Gegensatz immer wieder neu erzeugt,
— wie es Nietzsche in der Geschichte des Königs Viç-
vamitra ausgedrückt findet, »der aus tausendjährigen
Selbstmarterungen ein solches Machtgefühl und Zutrauen
zu sich gewann, dass er es unternahm, einen neuen
Himmel zu bauen: — — — Jeder, der irgendwann
einmal einen »neuen Himmel« gebaut hat, fand die Macht
dazu erst in der eignen Hölle . . .« (Genealogie der
Moral III 10.) Eine andere Stelle, wo er dieser Sage
gedenkt, steht in der Morgenröthe (113) und folgt unmittelbar auf die Schilderung jener machtdurstigen Leidenden,
die als das würdigste Object ihrer Vergewaltigungslust
sich selbst auserlesen haben: »Der Triumph des Asketen
über sich selber, sein dabei nach Innen gewendetes Auge,
welches den Menschen zu einem Leidenden und zu einem
Zuschauenden zerspaltet sieht und fürderhin in die Aussenwelt nur hineinblickt, um aus ihr gleichsam Holz zum

---

*) »Versuch einer Selbstkritik«, in der neuen Ausgabe der
»Geburt der Tragödie aus dem Geiste der Musik« XI.

eigenen Scheiterhaufen zu sammeln, diese letzte Tragödie des Triebes nach Auszeichnung, bei der es nur noch Eine Person gibt, welche in sich selber verkohlt — —‹ Dieser Abschnitt, der die Beschreibung aller bisherigen Askese und ihrer Motive enthält, schliesst mit der Bemerkung: »— — ja, ist denn wirklich der Kreislauf im Streben nach Auszeichnung mit dem Asketen am letzten Ende angelangt und in sich abgerollt? Könnte dieser Kreis nicht noch einmal von Anfang an durchlaufen werden, mit der festgehaltenen Grundstimmung des Asketen und zugleich des mitleidenden Gottes?«

In »Menschliches, Allzumenschliches« (I 137) sagt er darüber: Es gibt einen Trotz gegen sich selbst, zu dessen sublimirtesten Aeusserungen manche Formen der Askese gehören. Gewisse Menschen haben nämlich ein so hohes Bedürfniss, ihre Gewalt und Herrschsucht auszuüben, dass sie — — — endlich darauf verfallen, gewisse Theile ihres eigenen Wesens — — — zu tyrannisiren. — — — Dieses Zerbrechen seiner selbst, dieser Spott über die eigene Natur, dieses spernere se sperni, aus dem die Religionen so viel gemacht haben, ist eigentlich ein sehr hoher Grad der Eitelkeit. — — — Der Mensch hat eine wahre Wollust darin, sich durch übertriebene Ansprüche zu vergewaltigen und dieses tyrannisch fordernde Etwas in seiner Seele nachher zu vergöttern.« — und 138: »— — Eigentlich liegt ihm also nur an der Entladung seiner Emotion; da fasst er wohl, um seine Spannung zu erleichtern, die Speere der Feinde zusammen und begräbt sie in seine Brust.« — und 142: »— — er geisselt seine Selbstvergötterung mit Selbstverachtung und Grausamkeit, er freut sich an dem wilden Aufruhre seiner Begierden, — — — er versteht es, seinem Affect, zum Beispiel dem der äussersten

Herrschsucht, einen Fallstrick zu legen, so dass er in
den der äussersten Erniedrigung übergeht und seine auf-
gehetzte Seele durch diesen Contrast aus allen Fugen
gerissen wird; — — — es ist im Grunde eine seltene Art
von Wollust, welche er begehrt, aber vielleicht jene
Wollust, in der alle anderen in einen Knoten zusammen-
geschlungen sind. Novalis, eine der Autoritäten in Fragen
der Heiligkeit durch Erfahrung und Instinct, spricht das
ganze Geheimniss einmal mit naiver Freude aus: »Es
ist wunderbar genug, dass nicht längst die Association
von Wollust, Religion und Grausamkeit die Menschen
aufmerksam auf ihre innige Verwandtschaft und gemein-
schaftliche Tendenz gemacht hat.«

In der That ist eine rechte Nietzsche-Studie in ihrer
Hauptsache eine religionspsychologische Studie, und
nur insoweit als das Gebiet der Religionspsychologie
bereits aufgehellt ist, fallen auch helle Streiflichter auf
die Bedeutung seines Wesens, seines Leidens und seiner
Selbst-Beseligung. Seine ganze Entwicklung ging gewissermassen davon aus, dass er den Glauben verlor, also von
der »Emotion über den Tod Gottes«, — dieser ungeheuren
Emotion, die bis in das letzte Werk hineinklingt, das
Nietzsche, schon auf der Schwelle des Wahnsinns ver-
fasste, — bis in den vierten Theil seines: »Also sprach
Zarathustra«. Die Möglichkeit, einen Ersatz*) »für

*) Siehe in der Fröhlichen Wissenschaft (Scherz, List und Rache 38)
über die menschliche Bestimmung als erfüllt in der Gottschöpfung
des Menschen:

   »Der Fromme spricht:
   »Gott liebt uns, weil er uns erschuf!«
   »Der Mensch schuf Gott!« sagt drauf ihr Feinen.
   Und soll nicht lieben, was er schuf?
   Soll's gar, weil er es schuf, verneinen?
   Das hinkt, das trägt des Teufels Huf.

den verlorenen Gott« in den verschiedensten
Formen der Selbstvergottung zu finden, das ist die
Geschichte seines Geistes, seiner Werke, seiner Erkrankung. Es ist die Geschichte des »religiösen Nach-
triebes im Denker«, der noch mächtig bleibt, auch
nachdem der Gott zerbrach, auf den er sich bezog, und
auf den Nietzsches Worte Anwendung finden können:
(Menschliches, Allzumenschliches I 223): »Die Sonne ist
schon hinunter gegangen, aber der Himmel unseres
Lebens glüht und leuchtet noch von ihr her, ob wir sie
schon nicht mehr sehen.« Man lese darüber den ergreifenden Gefühlsausbruch des »tollen Menschen« in der
»Fröhlichen Wissenschaft« (125). »Wohin ist Gott?« rief
er, »ich will es Euch sagen! Wir haben ihn getödtet!
— ihr und ich! Wir Alle sind seine Mörder! — — —
— — — Hören wir noch nichts vom Lärm der Todten-
gräber, welche Gott begraben? Riechen wir noch nichts
von der göttlichen Verwesung? — auch Götter verwesen!
Gott ist todt! Gott bleibt todt! Und wir haben ihn getödtet! Wie trösten wir uns, die Mörder aller Mörder?
Das Heiligste und Mächtigste, was die Welt bisher besass,
ist unter unseren Messern verblutet, — wer wischt dies
Blut von uns ab? Mit welchem Wasser könnten wir uns
reinigen? — — — — Ist nicht die Grösse dieser
That zu gross für uns? Müssen wir nicht selber
zu Göttern werden, um nur ihrer würdig zu erscheinen? Es gab nie eine grössere That, — und wer
nur immer nach uns geboren wird, gehört um dieser That
willen in eine höhere Geschichte, als alle Geschichte
bisher war!« — —

Die Antwort auf diesen Ausbruch von Qual und
Sehnsucht gab sich Nietzsche in seiner letzten Schaffensperiode mit den Worten Zarathustras (I Schluss): »Todt

sind alle Götter: nun wollen wir, dass der Uebermensch lebe!« — und sprach damit den innersten Seelengrund seiner Philosophie aus.

Die Gottsehnsucht wird in ihrer Qual zu einem Drang der Gott-Schöpfung, und dieser musste sich nothwendig in Selbstvergottung äussern. Mit richtigem Blick erkannte Nietzsche im religiösen Phänomen die ungeheure Auslebung des individuellsten Verlangens, den Willen zur höchsten Selbstbeseligung. Dieser Individualismus, der als Kern in allem Religiösen steckt, dieser »sublime Egoismus«, der in allem Religiösen frei und naiv ausströmt, indem er sich auf eine von aussen gegebene Lebens- oder Gottesmacht zu beziehen glaubt, wurde in ihm, dem »Erkennenden«, auf sich selbst zurückgeworfen. Und so gelangt er dazu, sich die ihm vom Verstande aufgedrungene Gottlosigkeit mit dem vermessenen Schlusse innerlich anzueignen: »Wenn es Götter gäbe, wie hielte ich's aus, kein Gott zu sein! Also gibt es keine Götter.« Diese Worte stehen im zweiten Theil des »Also sprach Zarathustra« (6); an sie lassen sich jene anderen anschliessen (55): »Und Anbetung wird noch in Deiner Eitelkeit sein!« In ihnen ist die ganze Gefahr ausgesprochen, die über dem »Einsamen« und »Einzelnen« schwebt, der sich spalten und verdoppeln muss. »Einer ist immer zu viel um mich. — — — Immer Einmal Eins — das gibt auf die Dauer Zwei!« (Also sprach Zarathustra I 76.)

Die Art, wie er sich zu dieser Zweiheit stellte, wie er sich gegen sie zur Wehre setzte oder ihr nachgab, und worin er sie jedesmal suchte, — das alles bedingt den Wandel seiner Erkenntniss, sowie die Eigenart seiner verschiedenen Geistesperioden — bis endlich seine Zweiheit ihm zu einer Hallucination und Vision, zu einer leibhaften Wesenheit wurde, die seinen Geist verdüsterte, seinen

Verstand erstickte. Er vermochte nicht sich länger gegen sich selbst zu wehren: Dieses war das dionysiche Drama vom »Schicksal der Seele« (Zur Genealogie der Moral. Vorrede XIII) in Nietzsche selbst. Die Einsamkeit des Innenlebens, in welcher der Geist über sich selbst hinausgelangen will, ist nirgends tiefer und schmerzvoller als zum Schluss. Man könnte sagen, die stärkste Mauer in dieser verhängnissvollen Selbstvermaurung sei ein zarter, glänzender, göttlicher Schein, der sie umgaukelt, eine Luftspiegelung, die ihm die eigenen Grenzen verwischt und verbirgt. Jeder Gang nach aussen führt immer wieder in die Tiefe dieses Selbst zurück, das sich schliesslich zu Gott und Welt, zu Himmel und Hölle werden muss — jeder Gang führt es einen Schritt weiter in seine letzte Tiefe und in seinen Untergang.

Diese Grundzüge von Nietzsches Eigenart enthalten die Ursachen des zugleich Raffinirten und Exaltirten, das auch dem Grossen und Bedeutenden in seiner Philosophie beigemischt ist gleich einer brennenden Würze. Am schärfsten wird es wohl von der unverdorbenen Zunge junger und gesunder Geister herausgeschmeckt werden, — oder auch von denen, die, im ruhigen Frieden glaubensvoller Anschauungen geborgen, niemals den ganzen furchtbaren Kampf und Brand eines religiös veranlagten Freigeistes am eignen Leibe erfahren haben. Aber es ist auch dasjenige, was Nietzsche in so hohem Masse zum Philosophen unserer Zeit hat werden lassen. Denn in ihm hat typische Gestalt gewonnen, was sie in ihrer Tiefe bewegt: jene »Anarchie in den Instincten« schöpferischer und religiöser Kräfte, die zu gewaltig nach Sättigung begehren, um sich mit den Brosamen begnügen zu können, welche vom Tisch der modernen Erkenntniss für sie abfallen. Dass sie sich nicht mit ihnen begnügen können,

aber ebensowenig ihre Stellung zur Erkenntniss preisgeben, — gleich unersättlich im leidenschaftlichen Verlangen wie unermüdlich im Darben und Entbehren, —
das ist der grosse und erschütternde Zug im Bilde der
Philosophie Nietzsches. Das ist es auch, was sie in
immer neuen Wendungen zum Ausdruck bringt: — eine
Reihe von gewaltigen Versuchen, dieses Problem moderner
Tragik, das Räthsel der modernen Sphinx zu lösen und
sie in den Abgrund zu stürzen.

Aber deshalb ist es eben der Mensch und nicht der
Theoretiker, auf den wir unsern Blick richten müssen,
um uns in den Werken Nietzsches zurechtzufinden, —
und deshalb wird auch der Gewinn, das Resultat unserer
Betrachtung nicht darin bestehen, dass uns ein neues
theoretisches Weltbild in seiner Wahrheit aufgeht, sondern
das Bild einer Menschenseele in ihrer Zusammensetzung
von Grösse und Krankhaftigkeit. Zunächst scheint die philosophische Bedeutung in Nietzsches Wandlungen dadurch
abgeschwächt zu werden, dass sich jedesmal genau derselbe innere Process abspielt. Aber sie wird vertieft und
verschärft, weil der Wechsel der Ansichten immer wieder
auf das Wesen übergreift. Nicht nur die äusseren Umriss-
linien einer Theorie sind jedesmal verändert, sondern die
ganze Stimmung, Luft, Beleuchtung wandelt sich mit
ihnen. Während wir Gedanken einander widerlegen hören,
sehen wir Welten versinken, neue Welten emporsteigen.
Gerade hierauf beruht die wahre Originalität des Nietzscheschen Geistes: durch das Medium seiner Natur, die Alles
auf sich und ihre intimsten Bedürfnisse bezieht, aber sich
auch an Alles hingebend verliert, erschliessen sich ihm
jene inneren Erlebnisse und Ergebnisse von Gedanken-
welten, die wir sonst nur mit dem Verstande streifen,
ohne sie jemals in ihren Tiefen auszuschöpfen und ohne

daher an ihnen schöpferisch zu werden. Theoretisch betrachtet, lehnt er sich häufig an fremde Muster und Meister an, aber das, worin diese ihre Reife, ihren Productionspunkt haben, wird ihm nur zum Anlass, daran zu eigner Productivität zu gelangen.*) Die geringste Berührung, die sein Geist empfand, genügte, um in ihm eine Fülle innern Lebens, — Gedanken-Erlebens, auszulösen. Er hat einmal gesagt: »Es gibt zwei Arten des Genie's: eins, welches vor allem zeugt und zeugen will, und ein andres, welches sich gern befruchten lässt und gebiert.« (Jenseits von Gut und Böse 248.) Zweifellos gehörte er der letzteren Art an. In Nietzsches geistiger Natur lag — ins Grosse gesteigert — etwas Weibliches;**) aber er ist darin in einem solchen Masse Genie, dass es fast gleichgiltig erscheint, woher er die erste Anregung empfängt. Wenn wir alles zusammenlesen, was sein Erdreich

---

*) Auch wenn man von denjenigen Denkern absieht, welche die verschiedenen Phasen von Nietzsches Entwicklung direct bestimmt haben, lassen sich viele seiner Gedanken schon bei früheren Philosophen nachweisen. Auf diese für die wahre Bedeutung Nietzsches durchaus unwesentliche Thatsache ist neuerdings mit dem grössten Lärm von Leuten hingewiesen worden, denen lediglich der Zufall das eine oder andere philosophische Buch in die Hände gespielt hat. In der vorliegenden Schrift ist absichtlich auf die Stellung Nietzsches in der Geschichte der Philosophie kein Bezug genommen, da dies eine eingehende systematische Prüfung seiner einzelnen Theorien auf ihren objectiven Werth zur Voraussetzung haben würde, was einer besonderen Arbeit vorbehalten bleiben muss.

**) Manchmal, wenn er dies besonders empfand, war er geneigt, das weibliche Genie als das eigentliche Genie zu nehmen. »Die Thiere denken anders über die Weiber, als die Menschen: ihnen gilt das Weibchen als das productive Wesen. — — — — — Die Schwangerschaft hat die Weiber milder, abwartender, furchtsamer, unterwerfungslustiger gemacht; und ebenso erzeugt die geistige Schwangerschaft den Charakter des Contemplativen, welcher dem weiblichen Charakter verwandt ist: — es sind die männlichen Mütter. —« (Die fröhliche Wissenschaft 72.)

befruchtet hat, dann haben wir einige unscheinbare Samen-
körner vor uns: wenn wir in seine Philosophie eintreten,
umrauscht uns ein Wald schattenspendender Bäume, um-
fängt uns die verschwenderische Vegetation einer wild-
grossen Natur. Seine Ueberlegenheit bestand darin, dass
er jedem Samenkorn, welches in sein Inneres fiel, ent-
gegenbrachte, was er selbst als das Kennzeichen des echten
Genies anführt: »den neuen, treibenden Fruchtboden mit
einer urwaldfrischen unausgenutzten Kraft.« (Der Wanderer
und sein Schatten 118.)

II. ABSCHNITT.

SEINE WANDLUNGEN.

Die erste Wandlung, die Nietzsche in seinem Geistesleben durchkämpfte, liegt weit zurück in der Dämmerung
seiner Kindheit oder doch wenigstens seiner Knabenjahre.

Es ist der Bruch mit dem christlichen Kirchenglauben.
In seinen Werken findet diese Trennung selten Erwäh-
nung. Trotzdem kann sie als der Ausgangspunkt seiner
Wandlungen angesehen werden, weil schon von ihr aus
ein charakteristisches Licht auf die Eigenart seiner Entwicklung fällt. Seine Aeusserungen über diesen Gegenstand, den ich besonders eingehend mit ihm besprochen
habe, betrafen hauptsächlich die Gründe, welche den
Glaubensbruch hervorrufen. Weitaus die meisten religiös
veranlagten Menschen werden erst durch intellectuelle
Gründe dahin gedrängt, sich in schmerzlichen Kämpfen
von ihren Glaubensvorstellungen loszusagen. Wo aber,
in selteneren Fällen, die erste Entfremdung vom Gemüthsleben selbst ausgeht, da ist der Process ein kampfloser
und schmerzloser; der Verstand zersetzt nur, was schon
vorher abgestorben, — eine Leiche war. In Nietzsches
Fall fand eine eigenthümliche Kreuzung dieser beiden
Möglichkeiten statt: weder waren es nur intellectuelle
Gründe, die ihn ursprünglich von den anerzogenen Vorstellungen frei machten, noch auch hatte der alte Glaube
aufgehört, den Bedürfnissen seines Gemüths zu entsprechen. Vielmehr betonte Nietzsche immer wieder, dass

das Christenthum des elterlichen Pfarrhauses seinem inneren Wesen »glatt und weich« angelegen habe — »gleich einer gesunden Haut«, und dass ihm die Erfüllung all seiner Gebote so leicht geworden sei wie das Befolgen einer eignen Neigung. Dieses gleichsam angeborene, unveräusserliche »Talent« zu aller Religion hielt er für eine der Ursachen der Sympathie, die ihm ernste Christen selbst dann noch entgegenbrachten, als er bereits durch eine tiefe Geisteskluft von ihnen getrennt war.

Der dunkle Instinct, der ihn hier zum ersten Mal aus lieb und theuer gewordnen Gedankenkreisen forttrieb, erwachte grade in diesem Heimathsgefühl, in diesem warmen »Zu Hause«, von dem sich Nietzsches Wesen darin umfangen fühlte. Um in machtvoller Entwicklung zu sich selbst zu gelangen, bedurfte sein Geist der seelischen Kämpfe, Schmerzen und Erschütterungen, — er bedurfte dessen, dass sein Gemüth sich die Trennung von diesem ruhigen Friedenszustand anthat, weil seine Schaffenskraft von der Emotion und Exaltation seines Innern abhängig war: hier tritt uns die Erscheinung des Schmerzheischenden in der »Decadenten-Natur« zum ersten Mal in Nietzsches Leben entgegen.

»Unter friedlichen Umständen fällt der kriegerische Mensch über sich selbst her,« (Jenseits von Gut und Böse 76) und verbannt sich selbst in eine Gedankenfremde, in der er von nun an zu einem ewigen Wandern ohne Rast und Ruhe bestimmt ist. Aber in dieser Rastlosigkeit lebt von nun an eine unersättliche Sehnsucht in Nietzsche, die nach dem verlorenen Paradies zurückstrebt, während seine Geistesentwicklung ihn zwingt, sich in grader Linie immer weiter davon zu entfernen.

Im Gespräch über die Wandlungen, die schon hinter ihm lagen, äusserte Nietzsche einmal halb im Scherz:

»Ja, so beginnt nun der Lauf und wird fortgesetzt, — bis wohin? wenn Alles durchlaufen ist, — wohin läuft man alsdann? Wenn alle Combinationsmöglichkeiten erschöpft wären, — was folgte dann noch? wie? müsste man nicht wieder beim Glauben anlangen? Vielleicht bei einem katholischen Glauben?« Und der Hintergedanke, der sich in dieser Aeusserung verbarg, trat in den ernst hinzugefügten Worten aus seinem Versteck:

»In jedem Fall könnte der Kreis wahrscheinlicher sein als der Stillstand.«

Eine in sich selbst zurücklaufende, niemals stillstehende Bewegung, — das ist in Wahrheit das Kennzeichen der ganzen Geistesart Nietzsches. Die Combinationsmöglichkeiten sind keineswegs unendlich, sind im Gegentheil sehr begrenzt, da der vorwärts treibende, selbstverwundende Drang, der die Gedanken nicht zur Ruhe kommen lässt, ganz und gar der innern Eigenart der Persönlichkeit entspringt: so weit auch die Gedanken zu schweifen scheinen, so bleiben sie doch stets an die gleichen Seelenvorgänge gebunden, die sie immer wieder zurück unter die herrschenden Bedürfnisse zwingen. Wir werden sehen, inwiefern Nietzsches Philosophie in der That einen Kreis beschreibt, und wie zum Schlusse der Mann in einigen seiner intimsten und verschwiegensten Gedankenerlebnisse sich wieder dem Knaben nähert, so dass von dem Gang seiner Philosophie die Worte gelten: »siehe einen Fluss, der in vielen Windungen zurück zur Quelle fliesst!« (Also sprach Zarathustra III 23.) Es ist kein Zufall, dass Nietzsche in seiner letzten Schaffensperiode zu seiner mystischen Lehre von einer ewigen Wiederkunft gelangte: das Bild des Kreises, — eines ewigen Wechsels in einer ewigen

Wiederholung, — steht wie ein wundersames Symbol und Geheimzeichen über der Eingangspforte zu seinen Werken.

Als sein erstes »litterarisches Kinderspiel« (Zur Genealogie der Moral, Vorrede VI) nennt Nietzsche einen Aufsatz aus seiner Knabenzeit, »über den Ursprung des Bösen«, worin er, »wie es billig ist«, Gott »zum Vater des Bösen« machte. Auch gesprächsweise erwähnte er diesen Aufsatz als Beweis dafür, dass er sich schon zu einer Zeit philosophischen Grübeleien hingegeben habe, wo er sich noch in dem philologischen Schulzwang der Schulpforte befand.

Wenn wir Nietzsche aus seiner Kindheit in seine Lehrjahre und dann in die lange Zeit seiner philologischen Thätigkeit folgen, dann erkennen wir auch hier deutlich, wie seine Entwicklung von Anfang an auch rein äusserlich unter dem Einfluss eines gewissen Selbstzwanges verläuft. Schon die strenge philologische Schulung musste einen solchen Zwang für den jungen Feuergeist enthalten, dessen reiche schöpferische Kräfte dabei leer ausgingen. Ganz besonders aber galt dies von der Richtung seines Lehrers Ritschl. Grade bei diesem wurde das Hauptaugenmerk, sowohl nach Seite der Methode wie nach Seite der Probleme, auf formale Beziehungen und äussere Zusammenhänge gerichtet, während die innere Bedeutung der Schriftwerke zurückstand. Für Nietzsches ganze Eigenart aber war es bezeichnend, dass er später seine Probleme ausschliesslich der Welt des Innern entnahm und geneigt war, das Logische dem Psychologischen unterzuordnen.

Und doch war es eben hier, in dieser strengen Zucht und auf diesem steinigen Boden, dass sein Geist so früh reife Frucht trug und Ausgezeichnetes leistete. Eine Reihe vortrefflicher philologischer Untersuchungen *) bezeichnet den Weg von seinen Studienjahren an bis zu der Baseler Professur. Es ist nicht unwahrscheinlich, dass eine zu frühe Entfesselung des ganzen Geistesreichthums Nietzsches durch das Studium der Philosophie oder der Künste ihn von vornherein zu jener Zügellosigkeit verführt hätte, der sich einige seiner letzten Werke nähern. So aber gab für seine »vielspältigen Triebe« die kühle Strenge philologischer Wissenschaft eine Zeit lang das einigende und zusammenhaltende Band ab, indem es für Manches, das in ihm schlummerte, zur Fessel wurde.

In welchem Grade jedoch Nitzsches unberücksichtigte starke Talente ihn quälten und störten, während er seinen Fachstudien nachging, das empfand er darum nicht minder als ein tiefes Leiden. Namentlich war es der Drang nach Musik, den er nicht abzuweisen vermochte, und oft musste er Tönen lauschen, während er Gedanken lauschen wollte. Wie eine tönende Klage begleiten jene ihn durch die Jahre hindurch, bis ihm sein Kopfleiden jede Ausübung der Musik unmöglich machte.

*) Die philologischen Arbeiten Nietzsches sind: Zur Geschichte der Theognideischen Spruchsammlung, im Rheinischen Museum, Bd. 22; Beiträge zur Kritik der griechischen Lyriker, I. Der Danae Klage von Simonides, im Rhein. Mus.. Bd. 23; De Laertii Diogenis Fontibus, im Rhein. Mus., Bd. 23 und 24; Analecta Laertiana, im Rhein. Mus., Bd. 25; Beiträge zur Quellenkunde und Kritik des Laertius Diogenes, Gratulationsschrift des Pädagogiums zu Basel. Basel 1870. — Certamen quod dicitur Homeri et Hesiodi e codice Florentino post H. Stephanum denuo ed. F. N., in den Acta societatis philologae Lipsiensis ed. Fr. Ritschl, Vol. I; dazu der florentinische Tractat über Homer und Hesiod, ihr Geschlecht und ihren Wettkampf, im Rhein. Mus , Bd. 25 und 28. Auch rührt das »Registerheft« zu den ersten 24 Bänden des Rheinischen Museums (1842—1869) von ihm her, das er nach Ritschls Disposition zusammenstellte.

Aber wie gross auch der Gegensatz war, den Nietzsches Philologenthum zu seinem spätern Philosophenthum bildete, so fehlt es doch nicht an zahlreichen vermittelnden Zügen, die von der einen Periode zu der andern überleiten.

Grade die Richtung Ritschls, welche diesen Gegensatz zu verschärfen scheint, kam in einer bestimmten Besonderheit Nietzsches Geistesart sogar entgegen, indem sie seinen Hang zum Produciren noch verstärkte und ausbildete. Es lag in ihr das Streben nach einer gewissen formell künstlerischen Abrundung und virtuosen Behandlung wissenschaftlicher Fragen, möglich gemacht durch strenge Begrenzung derselben und Concentrirung auf einen gegebenen Punkt. Bei Nietzsche stand nun das Bedürfniss, durch freiwillige und concentrirte Beschränkung einer Aufgabe, dieselbe in rein künstlerischer Weise zum Abschluss zu bringen, in engem Zusammenhang mit dem Grundtrieb seiner Natur, über das Selbstgeschaffene immer wieder hinauszugehen, es als ein endgültig Erledigtes, Vergangenes, von sich abzustossen. Für den Philologen ist ein solcher Wechsel der Aufgaben und Probleme von selbst gegeben, — den für Nietzsche charakteristischen Ausspruch: »Eine Sache, die sich aufgeklärt hat, hört auf, uns etwas anzugehen,« (Jenseits von Gut und Böse 80) — könnte ein Philologe gethan haben, denn für diesen wird thatsächlich ein aufgeklärtes Dunkel zu einer völlig erledigten Sache, die ihn nicht länger zu beschäftigen braucht. Aber es sind hiervon tief verschiedene Gründe, die Nietzsches häufigen Gedankenwechsel bedingen, und daher ist es in hohem Grade interessant zu sehen, wie sich hier die Gegensätze des Philologenthums und Philosophenthums dennoch zu berühren scheinen, und wie Nietzsche auch in dieser ihm fremdesten Verkleidung, — der nüchtern philologischen, — in dieser äussersten geistigen Selbstunterordnung, sein Selbst durchsetzte.

Der Philologe tritt einem Problem mit seiner Gesinnung, seinem innern Menschen, überhaupt nicht nahe, assimilirt es sich in keiner Weise und wird von ihm daher auch nur so lange festgehalten, als er zur Lösung der Aufgabe bedarf. Für Nietzsche dagegen bedeutete Beschäftigung mit einem Problem, bedeutete erkennen, vor allem andren: sich erschüttern lassen; und von einer Wahrheit sich überzeugen bedeutete ihm: von einem Erlebniss überwältigt werden, — »über den Haufen geworfen werden«, wie er es nannte. Er nahm einen Gedanken auf, wie man ein Schicksal auf sich nimmt, das den ganzen Menschen ergreift und in Bann schlägt: er lebte den Gedanken noch viel mehr, als er ihn dachte, aber er that es mit einer so leidenschaftlichen Inbrunst, einer so maasslosen Hingebung, dass er sich an ihm erschöpfte, — und, gleich einem Schicksal, das ausgelebt ist, fiel der Gedanke wieder von ihm ab. Erst in der Ernüchterung, wie sie naturgemäss einer jeden derartigen Erregung folgen musste, liess er seine überwundene Erkenntniss rein intellectuell auf sich wirken; erst dann ging er ihr mit still und klar nachprüfendem Verstande nach. Sein merkwürdiger Wandlungsdrang auf dem Gebiete philosophischer Erkenntniss war durch den ungeheuren Drang nach immer neuen Emotionen geistigster Art bedingt, und daher war für ihn vollkommene Klarheit stets nur die Begleiterscheinung von Ueberdruss und Erschöpfung.

Aber selbst in dieser Erschöpfung verlassen ihn seine Probleme nicht, der Ueberdruss gilt nur ihren Lösungen, durch welche die Quelle der Erschütterung

momentan verschüttet worden ist. Die gefundene Lösung
war deshalb für Nietzsche jedesmal ein Signal zu einem
Gesinnungswechsel, denn nur so liess sich das Problem
festhalten, die Lösung von neuem versuchen. Mit wahrem
Hass verfolgte er hinterher Alles, was ihn zu ihr getrieben, Alles, was ihm geholfen hatte, sie zu finden. Da
»eine Sache, die sich aufgeklärt hat, aufhört, uns etwas
anzugehen«, so wollte Nietzsche im Grunde nichts von
der endgiltigen Aufklärung eines Problems wissen, und
jenes Wort, das scheinbar die volle Befriedigung erfolg-
reichen Denkens zum Ausdruck bringt, bezeichnete für
ihn die Tragik seines Lebens: er wollte nicht, dass
die Probleme seiner Forschung jemals aufhören sollten,
ihn etwas anzugehen, er wollte, dass sie fortfahren
sollten, ihn im Tiefsten seiner Seele aufzuwühlen, und
daher war er gewissermaassen der Auflösung gram, die
ihm sein Problem raubte, daher warf er sich jedesmal auf sie mit der ganzen Feinheit und Ueberfeinheit
seiner Skepsis und zwang sie schadenfroh, — seines
eigenen Leids und des Schadens, den er sich damit zu-
fügte, froh! — ihm seine Probleme wieder herauszugeben.
Deshalb kann man von vorn herein mit einem gewissen
Recht von Nietzsche sagen: was innerhalb einer Denkrichtung, einer Betrachtungsweise diesen leidenschaftlichen Geist dauernd festhalten, was einen neuen Wandel
und Wechsel unmöglich machen soll, das muss im letzten
Grunde unaufklärbar für ihn bleiben, es muss der
Energie aller Lösungsversuche widerstehen, seinen Verstand an tödtlichen Räthseln aufreiben, — an Räthseln
gleichsam kreuzigen. Als endlich in der That auf diesem
Wege die Erschütterung seines Innern stärker geworden
war, als die durch sie gewaltsam gespornte Verstandeskraft, da erst gab es für ihn kein Entrinnen und kein

Entweichen mehr. Doch da verlor sich auch nothwendig das Ende in Dunkel, Schmerz und Geheimniss: in eine Besessenheit der Gedanken durch die Gefühlserregungen, die einem stürmischen Meere gleich über ihnen zusammenschlugen.

Wer Nietzsches Zickzack-Pfaden bis zuletzt folgt, der tritt dicht an diesen Punkt heran, wo er sich, im Grauen vor einer letzten Aufklärung und Problemlösung, endgiltig in die ewigen Räthsel der Mystik hinabstürzt. —

Die Geistesbegabung Nietzsches zeichnete sich aber noch durch zwei Eigenschaften aus, die in gleicher Weise dem Philologen wie später dem Philosophen zu statten kamen. Die erste war sein Talent für Subtilitäten, seine Genialität in der Behandlung feinster Dinge, die von einer zarten und sichern Hand angefasst sein wollen, um nicht verwischt und entstellt zu werden. Es ist dasselbe, was ihn später nach meinem Dafürhalten als Psychologen noch mehr fein als gross erscheinen lässt, — oder lieber: am grössten im Erfassen und Gestalten von Feinheiten. Höchst bezeichnend ist dafür der Ausdruck, den er einmal (Der Fall Wagner 3) von den Dingen gebraucht, wie sie sich dem Blick des Erkennenden darstellen: »Das Filigran der Dinge«.

In Verbindung mit diesem Zuge steht die Neigung, Verborgenem und Heimlichem nachzuspüren, Verstecktes ans Licht zu ziehen —; der Blick für das Dunkel, und die instinctiv ergänzende Anempfindung und Nachempfindung, wo dem Wissen Lücken bleiben. Ein grosser Theil von Nietzsches Genialität beruht hierauf. Es hängt dies aufs engste mit seiner hohen künstlerischen Kraft zusammen, in der sich der Blick für das Feine und Einzelne in wundervoller Weise zu einem grossen, freien Schauen des Zusammenhanges, des Gesammtbildes erweitert. Im

Dienste strengphilologischer Kritik hat er dieses Talent geübt, um aus den Texten das Verblasste und Vergessene gewissenhaft herauszulesen,*) — aber in diesem Bemühen ist er zugleich schon über seine rein gelehrten Studien hinausgeführt worden. Der Weg, auf dem dieses geschah, führt uns zu seiner bedeutendsten philologischen Arbeit, zu der Arbeit über die Quellen des Diogenes Laertius.

Denn die Beschäftigung mit dieser Schrift wurde für ihn der Anlass, dem Leben der alten griechischen Philosophen und seiner Beziehung zum Gesammtleben der Griechen nachzugehen. In seinen späteren Werken kommt er einmal darauf zu sprechen (Menschliches, Allzumenschliches I 261). Man sieht es, wie er über den Trümmern der Ueberlieferung gesessen und gegrübelt haben mag, in die Lücken, in die entstellten Theile die verlornen Gestalten hineindichtend, sie nachschaffend und entzückt wandelnd »unter Gebilden von mächtigstem und reinstem Typus«. Er schaut hinein in die Dämmerung jener Zeiten »wie in eine Bildner-Werkstätte solcher Typen«. Und es ergreift ihn wunderbar, sich vorzustellen, dass dort die Ansätze gelegen haben mögen zu einem noch höhern Philosophentypus, wie ihn vielleicht Plato »von der sokratischen Verzauberung frei geblieben« gefunden hätte. Dies Alles ist aber mehr als ein blosser Uebergang vom Philologen zum Philosophen. Was sich da in seinen sehnsüchtig schaffenden Gedanken verrieth, während er gezwungen war, trockene Kritik zu üben, legt schon den letzten

---

*) Er hat so gelesen, wie er es einmal »gut lesen« nennt: »— das heisst langsam, tief, vor- und rücksichtig, mit Hintergedanken, mit offen gelassenen Thüren, mit zarten Fingern und Augen lesen —«. (Einführende Vorrede zur neuen Ausgabe der Morgenröthe 11.)

und höchsten Punkt seines Ehrgeizes bloss; nicht umsonst ist es gewesen, dass Nietzsche in die Philosophie nicht auf dem Wege abstracter philosophischer Fachstudien eintrat, sondern auf dem einer tiefen Auffassung des philosophischen Lebens in seiner innersten Bedeutung. Und wenn wir das Ziel bezeichnen wollten, welchem durch alle Wandlungen hindurch die Kämpfe dieses unersättlichen Geistes galten, so vermöchten wir dafür kein bezeichnenderes Wort zu finden als das von der ersehnten Entdeckung »einer neuen, bis dahin unentdeckt gebliebenen Möglichkeit des philosophischen Lebens«. (Menschliches, Allzumenschliches I 261.)

So steht jene rein philologische Schrift dicht vor der ganzen Reihe der späteren Werke, — einer kleinen, in der Mauer halb verborgenen Pforte vergleichbar, die in ein umfangreiches Gebäude einführt. Wenn wir sie öffnen, streift unser Blick schon die lange Flucht der Innenräume, bis zum letzten, zum dunkelsten. Und wer hier auf der Schwelle stehen bleibt und hindurchblickt, der vermag der gewaltigen Kraft nicht ohne Staunen zu gedenken, die Stein um Stein zu einem Ganzen fügte: einer Kraft, die jeden Einzeltheil mit verschwenderischem Reichthum ausschmückte, ihn spielend zu so zahllosen Seitengängen und verborgenen Verstecken ausbaute, als beabsichtige sie ein Labyrinth, — und die dennoch mit eiserner Consequenz stets in gerader Grundlinie an ihrem Werke weiter schuf.

An seinen griechischen Studien ging aber Nietzsche nicht nur die Ahnung seines innerlichsten Strebens und die erste Fernsicht auf das Ziel seiner geheimen Sehnsucht auf, sondern sie wiesen ihm auch den Weg, auf dem er sich diesem Ziel nähern konnte. Denn sie waren es, die ihm das ganze Culturbild des alten Hellenenthums zeigten, die ihm jene Bilder einer versunkenen Kunst und Religion entrollten, in deren Anschauen er in durstigen Zügen »frisches volles Leben« trank. So stellt er seine philologische Gelehrsamkeit in den Dienst culturhistorischer, ästhetischer, geschichtsphilosophischer Forschung und überwindet ihren Formalismus.

Es verwandelt und vertieft sich für ihn damit die Bedeutung der Philologie, »die zwar weder eine Muse noch eine Grazie, aber eine Götterbotin ist; und wie die Musen zu den trüben, geplagten, böotischen Bauern niederstiegen, so kommt sie in eine Welt voll düsterer Farben und Bilder, voll von allertiefsten und unheilbarsten Schmerzen, und erzählt tröstend von den lichten Göttergestalten eines fernen, blauen, glücklichen Zauberlandes«.

Diese Worte sind der Antrittsvorlesung Nietzsches an der Baseler Universität »Homer und die Klassische Philologie« (24) entnommen, die (Basel 1869) nur für Freunde gedruckt worden ist. Zwei Jahre später erschien (Basel 1871) eine andere kleine Schrift derselben Geistesrichtung: »Sokrates und die griechische Tragödie«, welche indessen fast vollständig, mit nur äusserlichen Umstellungen des Gedankenzusammenhangs, in das 1872 veröffentlichte erste grössere philosophische Werk Nietzsches: »Die Geburt der Tragödie aus dem Geiste der Musik« (Leipzig, E. W. Fritsch, jetzt C. G. Naumann)[*] auf-

---

[*] Dieses Buch erregte bei seinem Erscheinen das lebhafteste Missfallen der philologischen Zunft; hatte der Verfasser es doch gewagt, seinen Ausführungen nicht nur die Lehren des verpönten Philosophen Arthur Schopenhauer, sondern auch die künstlerischen Anschauungen des damals noch ebenso geschmähten »Zukunftsmusikers« Richard Wagner zu Grunde zu legen. Ein junger philologischer Heisssporn, Ulrich v. Wilamowitz-Möllendorf, der jetzt zu den hervorragenden Vertretern der classischen Philologie in Deutschland gehört, machte sich in nicht besonders glücklicher und

genommen worden ist. In diesen beiden Arbeiten baute Nietzsche seine culturphilosophischen Ausführungen noch auf streng philologischer Grundlage auf; und sie alle haben dazu beigetragen, seinen Namen unter den philologischen Fachgenossen zu verbreiten. Dennoch bezeichnen sie schon den Weg, den er, von seinem ursprünglichen Fachstudium aus, durch Kunst und Geschichte hindurch, zurückgelegt hatte, um schliesslich in die geschlossene Weltanschauung einer bestimmten Philosophie einzutreten. Es war die Weltanschauung Richard Wagners, die Verknüpfung seines Kunststrebens mit Schopenhauers Metaphysik. Wenn wir das Werk aufschlagen, so befinden wir uns mitten im Bannkreis des Meisters von Bayreuth.

Durch ihn erst vollzog sich für Nietzsche die volle Verschmelzung von Philologenthum und Philosophenthum, wurde erst jenes Wort wahr, womit er seinen »Homer und die klassische Philologie« schliesst, indem er einen Ausspruch des Seneca umkehrt: »philosophia facta est

geschmackvoller Weise zum Sprachrohr zünftiger Einseitigkeit. Ohne der Eigenart des Nietzscheschen Buches irgendwie gerecht zu werden, griff er es in der Broschüre »Zukunftsphilologie! eine erwidrung auf F. N.'s »geburt der tragödie«, Berlin 1872, von einem beschränkt philologischen Standpunkte auf das heftigste an. Für den Angegriffenen traten in die Schranken derjenige, an den vor Allen das Buch gerichtet war, Richard Wagner, der Künstler, in einem in der »Norddeutschen Allgemeinen Zeitung« vom 23. Juni 1872 abgedruckten offenen Briefe an Friedrich Nietzsche, und Erwin Rohde, der bereits damals von seiner tiefen Kenntnis des griechischen Alterthums die vollgiltigsten Proben abgelegt hatte. In der ausgezeichnet geschriebenen Streitschrift: »Afterphilologie. Sendschreiben eines Philologen an Richard Wagner«, Leipzig 1872, stellte er sich auf den von dem Gegner gewählten Boden und wies die von diesem gemachten Einwände und Beschuldigungen zurück, worauf v. Wilamowitz dann noch mit einer Duplik, »Zukunftsphilologie! Zweites Stück, eine erwidrung auf die rettungsversuche für F. N.'s »geburt der tragödie«, Berlin 1873, antwortete.

quae philologia fuit,« »damit soll ausgesprochen sein, dass
alle und jede philologische Thätigkeit umschlossen und
eingehegt sein soll von einer philosophischen Weltanschauung, in der alles Einzelne und Vereinzelte als etwas
Verwerfliches verdampft und nur das Ganze und Einheitliche bestehen bleibt.«

Der Zauber, der Nietzsche auf Jahre hinaus zum
Jünger Wagners machte, erklärt sich namentlich daraus,
dass Wagner innerhalb des germanischen Lebens dasselbe Ideal einer Kunstcultur verwirklichen wollte, welches
Nietzsche innerhalb des griechischen Lebens als Ideal
aufgegangen war. Mit der Metaphysik Schopenhauers
trat im Grunde nichts anderes hinzu, als eine Steigerung
dieses Ideals ins Mystische, ins unergründlich Bedeutungs-
volle, — gleichsam ein Accent, den es durch die metaphysische Interpretation alles Kunsterlebens und
Kunsterkennens noch erhielt. Diesen Accent empfindet
man am deutlichsten, wenn man den »Sokrates und die
griechische Tragödie« vergleicht mit der Ergänzung und
Erweiterung, die derselbe in dem Hauptwerk: »Die Geburt
der Tragödie aus dem Geiste der Musik« erhalten hat.
In diesem Buche sucht Nietzsche alle Kunstentwicklung
auf die Bethätigung zweier entgegengesetzter »Kunsttriebe
der Natur« zurückzuführen, die er nach den beiden Kunstgottheiten der Griechen als das Dionysische und das
Apollinische bezeichnet. Unter ersterem versteht er das
orgiastische Element, wie es sich in den wonnevollen
Verzückungen, in der Mischung von Schmerz und Lust,
von Freude und Entsetzen, in der selbstvergessenen
Trunkenheit Dionysischer Feste auslebte. In ihnen sind
die gewöhnlichen Schranken und Grenzen des Daseins
vernichtet, scheint das Individuum wieder mit dem Natur-
ganzen zu verschmelzen; zerbrochen ist das Principium

individuationis; »der Weg zu den Müttern des Seins, zu dem innersten Kern der Dinge liegt offen« (86). Näher gebracht wird uns das Wesen dieses Triebes durch die physiologische Erscheinung des Rausches. Die ihm entsprechende Kunst ist die Musik. Den Gegensatz bildet der formenbildende Trieb, der in Apollo, dem Gott aller bildnerischen Kräfte, verkörpert ist. In ihm vereinigt sich maassvolle Begrenzung, Freiheit von allen wilderen Regungen und weisheitsvolle Ruhe. Er muss als der erhabene Ausdruck, als »die Vergöttlichung des Principii individuationis« (16) betrachtet werden, »dessen Gesetz das Individuum, d. h. die Einhaltung der Grenzen desselben, das Maass im hellenischen Sinne ist« (17). Die Macht des durch ihn symbolisirten Triebes offenbart sich physiologisch in dem schönen Schein der Welt des Traumes. Seine Kunst ist die plastische des Bildners.

In der Versöhnung und Verbindung dieser beiden sich anfänglich bekämpfenden Triebe erkennt Nietzsche Ursprung und Wesen der attischen Tragödie, die als die Frucht der Versöhnung der beiden widerstrebenden Kunstgottheiten ebenso sehr dionysisches als apollinisches Kunstwerk ist. Entstanden aus dem dithyrambischen Chor, der die Leiden des Gottes feierte, ist sie ursprünglich nur Chor, dessen Sänger durch die dionysische Erregung so verwandelt und verzaubert wurden, dass sie sich selbst als Diener des Gottes, als Satyrn, empfanden und als solche ihren Herrn und Meister. Dionysos schauten. Mit dieser Vision, die der Chor aus sich erzeugt, gelangt sein Zustand zu apollinischer Vollendung. Das Drama als »die apollinische Versinnlichung dionysischer Erkenntnisse und Wirkungen« ist vollständig. »Jene Chorpartien, mit denen die Tragödie durchflochten ist, sind also gewissermassen der Mutterschoss des eigentlichen Dramas« (41); sie sind das dionysische Element desselben, während der Dialog den apollinischen Bestandtheil bildet. In ihm sprechen von der Scene aus die Helden des Dramas als die apollinischen Erscheinungen, in denen sich der ursprüngliche tragische Held Dionysos objectivirt, als blosse Masken, hinter denen allen die Gottheit steckt.

Wir werden am Schlusse unseres Buches sehen, in welch eigenthümlicher Weise Nietzsche ganz zuletzt noch einmal auf diesen Gedanken zurückgriff, indem er seine verschiedenen Entwicklungsperioden und Gesinnungswandlungen so darzustellen versuchte, als seien sie nicht unmittelbare Aeusserungen seines Geistes gewesen, sondern gewissermaassen nur willkürlich vorgehaltene Masken, »apollinische Scheinbilder«, hinter denen sein dionysisches Selbst, göttlich überlegen, das ewig gleiche geblieben sei. Die Ursachen dieser Selbsttäuschung werden wir am Schlusse erkennen.

Die Bedeutung, die Nietzsche dem Dionysischen beimisst, ist charakteristisch für seine ganze Geistesart: als Philolog hat er mit seiner Deutung der Dionysoscultur einen neuen Zugang zur Welt der Alten gesucht; als Philosoph hat er diese Deutung zur Grundlage seiner ersten einheitlichen Weltanschauung gemacht; und über alle seine spätern Wandlungen hinweg taucht sie noch in seiner letzten Schaffensperiode wieder auf; verwandelt zwar, insofern ihr Zusammenhang mit der Metaphysik Schopenhauers und Wagners zerrissen ist: aber sich doch gleich geblieben in dem, worin schon damals seine eignen verborgenen Seelenregungen nach einem Ausdruck suchten; verwandelt erscheint sie zu Bildern und Symbolen seines letzten, einsamsten und innerlichsten Erlebens. Und der Grund dafür ist, dass Nietzsche im Rausch des Dionysischen etwas seiner

eignen Natur Homogenes herausfühlte: jene geheimnissvolle Wesenseinheit von Weh und Wonne, von Selbstverwundung und Selbstvergötterung, — jenes Uebermass
gesteigerten Gefühlslebens, in welchem alle Gegensätze
sich bedingen und verschlingen, und auf das wir immer
wieder zurückkommen werden.

Den schärfsten Contrast zum Dionysischen und der
aus ihm geborenen Kunstcultur bildet die Geistesrichtung des theoretischen, aller Intuition entfremdeten Menschen, die auf den Namen des Sokrates getauft wird. In
der »Geburt der Tragödie« sucht Nietzsche die Entwicklung dieser Geistesrichtung von Sokrates an durch die
Philosophie und Wissenschaft aller Jahrhunderte bis auf
unsere Zeit in grossen Zügen zu schildern. Mit Sokrates,
dessen Vernunftlehre sich gegen die ursprünglichen
hellenischen Instincte kehrte, um sie zu zügeln, — »schlägt
der griechische Geschmack zu Gunsten der Dialektik um«,
und es beginnt jener Triumphzug des Theoretischen, das
durch Vernunft-Einsicht die letzten Gründe des Seins zu
erforschen und dasselbe corrigiren zu können vermeint.
Diesem Optimismus hat erst Kants Kritik ein Ende bereitet,
indem sie auf die Grenzen des theoretischen Erkennens
hinwies und, wie Nietzsche später witzig bemerkt, die
Philosophie zu einer »Enthaltsamkeitslehre« reducirt, »die
gar nicht über die Schwelle hinwegkommt und sich pein-
lich das Recht zum Eintritt v e r w e i g e r t« (Jenseits von
Gut und Böse 204). Dadurch schaffte sie, nach Nietzsche,
Raum für die Regeneration der Philosophie durch Schopenhauer, der endlich einen Zugang zum unerforschten Sein
und zu dessen Umgestaltung auf dem Wege der intuitiven
Erkenntniss erschlossen habe.

In den Jahren 1873—1876 veröffentlichte Nietzsche
im Geist und Sinn seines vorhergehenden Werkes, unter

dem Gesammttitel: »Unzeitgemässe Betrachtungen«,
vier kleinere Schriften, — bestimmt: »gegen die Zeit,
und dadurch auf die Zeit und hoffentlich zu Gunsten
einer kommenden Zeit«, zu wirken. Die erste derselben,
die den Titel führte: »David Strauss, der Be-
kenner und der Schriftsteller«, bestand in
einer vernichtenden Kritik des damals überaus gefeierten
Buches »Der alte und der neue Glaube«, und einer
energischen Befehdung des einseitigen Intellectualismus
unserer modernen Bildung. Von dauernderem Interesse
ist die zweite höchst werthvolle Schrift: »Vom Nutzen
und Nachtheil der Historie für das Leben«,
deren Grundgedanke in Nietzsches letzten Werken, wenn
auch modificirt, aber darum nicht weniger deutlich wieder-
kehrt als seine Auffassung des Dionysischen. Das Wort
Historie bezeichnet hier den Begriff des Gedankenlebens,
ganz allgemein gefasst, im Gegensatz zum Instinctleben; —
Erkennen des Vergangenen, Wissen vom Gewesenen, im
Gegensatz zur vollen Lebenskraft des Gegenwärtigen und
Werdenden. Die Schrift behandelt die Frage: »Wie ist
das Wissen dem Leben unterthan zu machen?« und
präcisirt den Standpunkt des Verfassers in dem Satze:
»Nur soweit die Historie dem Leben dient, wollen wir
ihr dienen.« Sie dient ihm aber nur so lange, als gegenüber den zersetzenden, belastenden und überall ein-
dringenden Einflüssen des Gedanklichen die wichtigste
Seelenfunction im Menschen noch völlig intact geblieben
ist. »— — die plastische Kraft eines Menschen,
eines Volkes, einer Cultur, — — ich meine jene Kraft,
aus sich heraus eigenartig zu wachsen, Vergangenes und
Fremdes umzubilden und einzuverleiben, Wunden auszu-
heilen, Verlorenes zu ersetzen, zerbrochene Formen aus
sich nachzuformen« (10). Sonst entsteht in uns ein

Chaos fremder, uns nur zugeströmter Reichthümer, die wir nicht zu bewältigen, nicht zu assimiliren im Stande sind, und deren Mannigfaltigkeit daher das Einheitliche und Organische unserer Persönlichkeit schwer gefährdet. Wir werden dann zum passiven Schauplatz durcheinanderwogender Kämpfe, in denen sich die verschiedensten Gedanken, Stimmungen, Werthurtheile unaufhörlich befehden; wir leiden unter den Siegen der Einen wie unter den Niederlagen der Andern, ohne im Stande zu sein, unser Selbst zu ihrer Aller Herrn zu machen.

Hier findet sich zum ersten Mal eine Hindeutung auf Nietzsches so viel besprochenen D e c a d e n z b e g r i f f, der in seinen späteren Werken eine so grosse Rolle spielt. Nicht umsonst gemahnt uns diese erste Beschreibung der Decadenzgefahr an die von uns gegebene Schilderung seines eignen Seelenzustandes; — wir können hier schon den seelischen Ursprung derselben deutlich erkennen: es ist die geheime Qual, die es diesem leidenschaftlichen Geist verursachte, den steten Andrang überwältigender Erkenntnisse und Gedankenströmungen auszuhalten, — die Gewalt, mit der all sein Denken und Wissen auf sein Innenleben einwirkte, so dass die Fülle innerer einander widerstreitender Erlebnisse die geschlossenen Grenzen der Persönlichkeit zu sprengen drohte. Er sagt selbst im Vorwort (V) zu jener Schrift: »— Auch soll — — — nicht verschwiegen werden, dass ich die Erfahrungen, die mir jene quälenden Empfindungen erregten, meistens aus mir selbst und nur zur Vergleichung aus Anderen entnommen habe.« *) Was er in sich selbst vor

---

*) Vergleiche die einführende Vorrede zur Neuen Ausgabe des zweiten Bandes von Menschliches, Allzumenschliches, wo es IV heisst: »— was ich gegen die »historische Krankheit« gesagt habe, das sagte ich als Einer, der von ihr langsam, mühsam genesen lernte — — —.«

fand, das wurde ihm zur allgemeinen Gefahr des ganzen Zeitalters, — und steigerte sich später sogar zu einer Todesgefahr für das ganze Menschenthum, die ihn zum Erlöser und Erretter aufrief. Die Folge aber dieses Umstandes ist ein eigenthümlicher Doppelsinn, der durch die ganze Schrift hindurch geht und einem kundigen Nietzsche-Leser sofort auffällt: da nämlich dasjenige, was am herrschenden Zeitgeist seine Bedenken hervorrief, doch etwas wesentlich Anderes war als sein eigenes Seelenproblem, so wendet er sich ohne Unterschied gegen zwei voneinander völlig verschiedene Dinge: Einmal gegen die Verkümmerung eines vollen, reichen Seelenlebens durch den erkältenden und lähmenden Einfluss einseitiger Verstandesbildung: »Der moderne Mensch schleppt zuletzt eine ungeheure Menge von unverdaulichen Wissenssteinen mit sich herum, die dann bei Gelegenheit ordentlich im Leibe rumpeln, wie es im Märchen heisst« (36). »Im Inneren ruht dann wohl die Empfindung jener Schlange gleich, die ganze Kaninchen verschluckt hat und sich dann still gefasst in die Sonne legt und alle Bewegungen ausser den nothwendigsten vermeidet. — — Jeder, der vorübergeht, hat nur den einen Wunsch, dass eine solche »Bildung« nicht an Unverdaulichkeit zu Grunde gehe« (37). — Das andere Mal aber gerade gegen die allzu heftige, aufreizende und aufrührerische Einwirkung des Gedanklichen auf das psychische Leben, gegen den dadurch hervorgerufenen Kampf zusammenhangloser wilder Triebkräfte.

Es ist ein Unterschied wie zwischen Seelenstumpfsinn und Seelenwahnsinn. In Nietzsche selbst pflegten die abstractesten Gedanken sich in Gemüthsmächte umzusetzen, die ihn mit unmittelbarer und unberechenbarer Gewalt fortrissen. In dem von ihm gezeichneten Bilde unseres Zeitalters mussten sich ihm daher die beiden entgegengesetzten Wirkungen des Intellectuellen vermischen, und in Bezug auf die eine von ihnen, — auf die chaotische Entfesselung des Seelenlebens, — verschmolzen ihm in ähnlicher Weise zwei verschiedene Ursachen mit einander. Es handelt sich nämlich nicht nur um die rein intellectuellen Einflüsse, nicht nur um die Gefahr des Verstandesmässigen für das Instinctmässige, sondern auch um die uns vererbten und einverleibten Einflüsse längst verflossener Zeiten, die, einst einer intellectuellen Quelle entsprungen, jetzt nur in der Form von Trieben und Gefühlsschätzungen in uns leben.

Der geschlossenen Persönlichkeit droht also nicht nur die Gefahr, die von aussen kommt, sondern auch diejenige, die sie in sich trägt, die mit ihr geboren ist, — jene »Instinct-Widersprüchlichkeit«, die das Erbe aller Spätlinge ist, denn — Spätlinge sind Mischlinge.

Die Ueberwindung des Nachtheils, den die »Historie« in diesem Sinn, — erlernt oder erlebt, — bringen kann, liegt in der Hinwendung auf das Unhistorische. Unter dem Unhistorischen versteht Nietzsche die Rückkehr zum Unbewussten, zum Willen des Nichtwissens, zum Horizont-Abschliessenden, ohne das es kein Leben gibt. »Jedes Lebendige kann nur innerhalb eines Horizontes gesund, stark und fruchtbar werden« (11), — — »Das Unhistorische ist einer umhüllenden Atmosphäre ähnlich, in der sich Leben allein erzeugt«. — — Es ist wahr: erst dadurch, dass der Mensch denkend, überdenkend, vergleichend, trennend, zusammenschliessend jenes unhistorische Element einschränkt, erst dadurch dass innerhalb jener umschliessenden Dunstwolke ein heller, blitzender Lichtschein entsteht, also erst durch die Kraft, das Vergangene zum Leben zu gebrauchen und

aus dem Geschehenen wieder Geschichte zu machen,
wird der Mensch zum Menschen: aber in einem Ueber-
maasse von Historie hört der Mensch wieder auf« (12 f.).
Seine Kraft misst sich an dem Maass des Historischen,
das er verträgt und besiegt, — an der Kraft des Unhistorischen in ihm: »Je stärkere Wurzeln die innere
Natur eines Menschen hat, um so mehr wird er auch
von der Vergangenheit sich aneignen oder anzwingen;
und dächte man sich die mächtigste und ungeheuerste
Natur, so wäre sie daran zu erkennen, dass es für sie
gar keine Grenze des historischen Sinnes geben würde,
an der sie überwuchernd und schädlich zu wirken vermöchte; alles Vergangene, eigenes und fremdestes, würde
sie an sich heran, in sich hineinziehen und gleichsam zu
Blut umschaffen. Das was eine solche Natur nicht be-
zwingt, weiss sie zu vergessen; es ist nicht mehr da, der
Horizont ist geschlossen und ganz, und nichts vermag
daran zu erinnern, dass es noch jenseits desselben Menschen,
Leidenschaften, Lehren, Zwecke gibt.« (11) Ein solcher
Geist treibt Historie auf alle drei Weisen, auf die sie
überhaupt getrieben werden kann, ohne ihr nach irgend
einer der drei Richtungen hin zu verfallen: er schaut sie
an als Monumentalgeschichte, indem er seinen
Blick auf den grossen Gestalten der Vorzeit ruhen lässt
und sie auf sein Werk und sein Wollen bezieht, ohne
sich jedoch an sie zu verlieren: als begeisternde Vor-
gänger und Genossen. Er vertieft sich in antiquarische
Geschichte, indem er alles Vergangene durchwandert
wie die Stätte seines eignen Vorlebens, — wie Jemand
der die Stätte seiner eignen Kindheit betritt, an welcher
ihm auch das Geringste werthvoll und bedeutsam erscheint: — »— er versteht die Mauer, das gethürmte
Thor, die Rathsverordnung, das Volksfest wie ein aus-

gemaltes Tagebuch seiner Jugend und findet sich selbst
in diesem Allen, seine Kraft, seinen Fleiss, seine Lust,
sein Urtheil, seine Thorheit und Unart wieder. Hier liess
es sich leben, sagt er sich, denn es lässt sich leben,
hier wird es sich leben lassen, denn wir sind zäh und
nicht über Nacht umzubrechen. So blickt er, mit diesem
»Wir«, über das vergängliche wunderliche Einzelleben
hinweg und fühlt sich selbst als den Haus-, Geschlechts-
und Stadtgeist« (28). Er wird endlich drittens auch
kritisch auf die Geschichte blicken, um zum Aufbau
einer Zukunft eine Vergangenheit umzubrechen, und
hierzu bedarf er der grössten Lebenskraft, denn grösser
als die Gefahr, ein Schwärmer oder ein Sammler zu
werden, ist die, ein Verneinender zu bleiben. »Es ist
immer ein gefährlicher, nämlich für das Leben selbst
gefährlicher Process: — — — Denn da wir nun einmal
die Resultate früherer Geschlechter sind, — — — ist
(es) nicht möglich sich ganz von dieser Kette zu lösen.
— — Wir bringen es im besten Falle zu einem Wider-
streite der ererbten, angestammten Natur und unserer
Erkenntniss, — — — wir pflanzen eine neue Gewöhnung, einen neuen Instinct, eine zweite Natur an, so
dass die erste Natur abdorrt. Es ist ein Versuch, sich
gleichsam a posteriori eine Vergangenheit zu geben, aus
der man stammen möchte, im Gegensatz zu der, aus der
man stammt — — — —. Aber hier und da gelingt der
Sieg doch, und es gibt — — — — — einen merkwürdigen Trost: nämlich zu wissen, dass auch jene erste
Natur irgend wann einmal eine zweite Natur war und
dass jede siegende zweite Natur zu einer ersten wird«
(33 f.). — Man kann diese drei Betrachtungsweisen
der Historie in gewissem Sinne auf drei Perioden von
Nietzsches eigener Entwicklung anwenden, indem man

mit der antiquarischen, die dem Philologen zukommt, den Anfang macht, darauf die monumentale Auffassung folgen lässt, die ihn veranlasst, als Jünger zu Füssen grosser Meister zu sitzen, und endlich seine spätere positivistische Periode als die kritische bezeichnet. Nachdem aber Nietzsche auch diese letztere überwunden hatte, verschmolzen ihm alle drei Standpunkte zu einem einzigen, auf dem, wie sich zeigen wird, die in dieser Schrift enthaltenen Gedanken in geheimnissvoller und ergreifender Weise wiederkehren sollten, in der extremen und paradoxen Zuspitzung des Satzes: das Historische sei unterthan dem individuellen Leben, dessen ständige Bedingung das Unhistorische ist. — Die starke Natur, die er als zugleich historisch und unhistorisch beschreibt, ist somit ein Erbe aller Vergangenheit und dadurch ungeheuer in der Fülle des Erlebens, aber ein Erbe, der seinen Reichthum wahrhaft fruchtbar zu machen weiss, weil er ihn wahrhaft besitzt, über ihn gebietet, — nicht von ihm besessen und beherrscht wird. Ein solcher Erbe und Spätling ist dann immer zugleich der Erstling einer neuen Cultur und, als Träger der Vergangenheit, ein Gestalter der Zukunft: der Reichthum, den er ausstreut, trägt noch den künftigen Zeiten Früchte. Er ist einer von den grossen ›Unzeitgemässen‹, welche in die fernste Vergangenheit niedertauchen, in die fernste Zukunft hinausweisen, in ihrer Zeit aber immer als Fremdlinge dastehen, obgleich in ihnen die Gegenwart ihre höchste Kraft sammelt und ausgibt.

Hier liegt der erste Ansatz zu den Gedanken der letzten Schaffensperiode Nietzsches: ein Einzelner der Genius der gesammten Menschheit, allein fähig, von der Gegenwart aus die Vergangenheit als Ganzes zu deuten und damit auch die Zukunft, als fernstes Ganzes, bis in alle Ewigkeit in ihrem Ziel und Sinn zu bestimmen.

Rein äusserlich betrachtet, reichen die Wurzeln dieser Anschauung hinab bis zu Nietzsches Philologenthum, welches ihn dazu führte, sich alter Culturen erkennend zu bemächtigen. Wissen und Sein waren seiner geistigen Eigenart stets Eins: und so hiess für Nietzsche classischer Philologe sein so viel als Grieche sein. Gewiss musste dies die ihn quälende Instinctwidersprüchlichkeit, welche sich für ihn zum Gegensatz von Antik und Modern zuspitzte, noch verstärken, gleichzeitig aber auch die Mittel zu ihrer Bekämpfung enthalten, nämlich: durch die Vergangenheit, der Gegenwart überlegen, die Zukunft bauen; aus einem Mann der Zeit zu einem Spätling älterer Culturen und einem Erstling neuer Cultur werden. *)

Zweien solcher »Unzeitgemässen«, — das ist Vorzeitgemässen und Zukunftgemässen, sind die beiden letzten von Nietzsches »Unzeitgemässen Betrachtungen« geweiht: »Schopenhauer als Erzieher«, und »Richard Wagner in Bayreuth«. In diesen beiden, mit überströmender Begeisterung aufgerichteten, Standbildern des Genius wird es besonders klar, bis zu welchem Grade die angestrebte Cultur des Unzeitgemässen in einem Cultus des Genies gipfelte. Im Genie besitzt die Menschheit nicht nur ihren Erzieher, ihren Führer, ihren Verkünder, sondern auch ihren eigentlichen und ausschliesslichen Endzweck. Die Vorstellung von den »erhabenen Einzelnen«, um derentwillen allein die übrige »Fabrikwaare der Natur« vorhanden sei, ist einer von jenen Schopenhauerischen Grundgedanken, die Nietzsche nie wieder losgelassen haben. Etwas in seinem innersten Geist

---

*) Vorwort V: »Auch soll — — nicht verschwiegen werden, — — — — — dass ich nur, sofern ich Zögling älterer Zeiten, zumal der griechischen bin, über mich als ein Kind dieser jetzigen Zeit zu so unzeitgemässen Erfahrungen komme.«

dürstete ebenso unersättlich nach der ungeheuren Steigerung des Egoistischen in das Idealselbstische, das darin liegt, als auch nach der dunklen Kehrseite dieses höchsten Menschenlooses, nach dem »Einsamen« und »Heroischen«. In seiner mittleren Schaffensperiode ging er scheinbar von dieser ursprünglichen Genievorstellung ab, weil sie ihren metaphysischen Hintergrund eingebüsst hatte, von dem allein der grosse »Einzelne« sich in übermenschlicher Bedeutsamkeit abheben konnte, — wie eine Gestalt aus der höheren und wahren Welt. Aber der Gedanke des Geniecultus barg einen Ansatz zu dem, was Nietzsche, am Ende seiner Entwicklung, mit einem Griff genialen Wahnsinns, dann wieder aus ihm gestaltet hat. Denn zum Ersatz einer metaphysischen Deutung steigerte sich ihm der positive Lebenswerth des Genies noch so hoch über Schopenhauers Auffassung desselben hinaus, dass diese letztere nur ein schwaches Gegenbild zu der seinen bietet.

Solange nämlich der Geniecultus ein Cultus des Metaphysischen in der menschlichen Physis blieb, erstreckte er sich auf eine fortlaufende Reihe, eine Kette solcher »Einzelner«, die einander in Sinn und Wesen ebenbürtig und gleichwerthig waren. Sie werden nicht als Bestandtheile einer Entwicklungslinie des Menschlichen betrachtet, sie: »— setzen nicht etwa einen Prozess fort, sondern leben zeitlos-gleichzeitig«, — sie bilden »eine Art von Brücke über den wüsten Strom des Werdens«. »— — — ein Riese ruft dem anderen durch die öden Zwischenräume der Zeiten zu, und ungestört durch muthwilliges, lärmendes Gezwerge, welches unter ihnen wegkriecht, setzt sich das hohe Geistergespräch fort.« (Nutzen u. Nachtheil d. Histor. 91). Weil es dieses »Gezwerge« ist, das die ganze Entwicklungsgeschichte sowohl in ihren

Geschehnissen, wie in ihren Gesetzen bestimmt, so ist Eins sicher: »Das Ziel der Menschheit kann nicht am Ende liegen, sondern nur in ihren höchsten Exemplaren.« (A. a. O.)

Aber da auch die höchsten Exemplare nur das zum Ausdruck bringen, was in der Tiefe des Menschlichen überhaupt, als sein metaphysisches Grundwesen, ruht, so unterscheiden sie sich von der Masse der Menschen weniger durch eine Wesensverschiedenheit, als vielmehr durch eine Wesensenthüllung, durch eine göttliche Nacktheit, — während der Mensch der Masse tausend über sein wahres Wesen gebreitete Schichten trägt, die alle der Welt und Lebensoberfläche angehören und sich hier und da bis zur Undurchdringlichkeit verhärten. »Wenn der grosse Denker die Menschen verachtet, so verachtet er ihre Faulheit: denn ihrethalben erscheinen sie als Fabrikware. — — Der Mensch, welcher nicht zur Masse gehören will, braucht nur aufzuhören, gegen sich bequem zu sein« (Schopenhauer als Erzieher 4). Daher ist liebevolle Erziehung und Bemühung um Alle die Folge dieser Anschauungsweise, die im tiefsten Sinn Alle gleichstellt, weil sie den metaphysischen Kern in jeder Schale ehrt; sie entfernt sich darum von nichts so weit als von Nietzsches späteren Forderungen der Sklaverei und Tyrannei.

Ist aber wie in Nietzsches späterer Philosophie dieser metaphysische Hintergrund zerstört, löst sich das übersinnliche Sein in das unendliche Werden des Wirklichen auf, so vermag sich der Einzelne über die Masse nur durch einen Wesensunterschied zu erheben, der einem höchsten Gradesunterschied gleichkommt: indem er die Quintessenz dieses Werdeprocesses repräsentirt, umfasst er denselben möglichst in seiner Totalität, während der Mensch der Masse ihn nur blind und bruchstückweise zu erleben und in sich darzustellen weiss. Dieser Ein-

zelne wäre gewissermassen als der Einziges imstande,
der langen Entwicklung, die sich Geschichte nennt, einen
Sinn zu geben; er selbst wäre nicht wie der Schopenhauerische Mensch geschaffen aus übersinnlichem Stoff,
aber dafür wäre er durch und durch Schöpfer und als
solcher imstande, der Welt jene Bedeutsamkeit der Dinge
zu ersetzen, an die der Metaphysiker glaubt. Anstatt
vieler einander ebenbürtiger Einzelner, die sich wie ein
gleichmässig hoher zusammenhängender Bergrücken über
dem Menschengetriebe erheben, gibt es daher in Nietzsches
letzter Philosophie nur den grossen Einsamen, der sich
als Gipfel des Ganzen darstellt; nach oben hin ist er
noch viel einsamer als sie, denn er ist als Abschluss der
Entwicklung das höchste Exemplar der Gattung, nach
unten aber ist er viel härter und herrischer als sie, denn
die Masse und das Leben bedeuten an sich, oder meta-
physisch, nichts; er muss ihnen erst bis an seinen Gipfel
hinan eine bestimmte Rangordnung verleihen. Es ist leicht
begreiflich, warum erst mit ihm der Geniecultus ins Ungeheure wächst, denn in Ermangelung der metaphysischen
Deutung, durch die der Schopenhauerische Mensch von
vornherein in eine höhere Ordnung der Dinge erhoben
wird, kann Er nur durch das Mittel des Ungeheuren
überzeugen.

Folgendes sind die vier Gedanken der ersten philosophischen Periode Nietzsches, womit er sich, wenn auch
in stets veränderter Auffassung bis zuletzt beschäftigt hat:
es sind das Dionysische, die Decadenz, das Unzeitgemässe,
der Geniecultus. Wie wir ihn selbst, so werden wir auch
sie immer wiederfinden, und in demselben Maasse, als
er sich selbst immer persönlicher in seiner Philosophie
zum Ausdruck bringt, gestaltet er auch sie immer charakteristischer. Betrachtet man seine Gedanken in ihrem

Wechsel und ihrer Mannigfaltigkeit, dann erscheinen sie fast unübersehbar und allzu complicirt; versucht man hingegen aus ihnen herauszuschälen, was sich im Wechsel stets gleich bleibt, dann erstaunt man über die Einfachheit und Beständigkeit seiner Probleme. »Immer ein Anderer und immer Derselbe!« konnte Nietzsche von sich sagen.

Dass die Wagner-Schopenhauerische Weltanschauung eine so tiefe Bedeutung für Nietzsche gewann, dass er später noch nach allen Kämpfen und von ganz entgegengesetzten Richtungen seines Geisteslebens aus sich wieder ihren Grundgedanken annäherte, zeigt, wie sehr dieselbe seiner ganzen Natur entgegenkam, wie sehr sich in ihr aussprach, was in ihm schlummerte. Aus seinem Philologenthum in dieses Philosophenthum erhoben, fühlte er sich ohne Zweifel einem Gefangenen gleich, von dem die Ketten fallen. Waren doch vorher seine besten Kräfte gebunden gewesen; jetzt durfte er aufathmen, jetzt wurde Alles in ihm befreit. Seine künstlerischen Instincte schwelgten in den Offenbarungen der Wagner'schen Musik; seine starke Veranlagung zu religiösen und moralischen Exaltationen genoss in der metaphysischen Ausdeutung dieser Kunst eine beständige Möglichkeit der Erhebung. Sein umfassendes gründliches Wissen diente der neuen Weltanschauung, die sich in seiner Auffassung des Griechenthums wiederspiegelte. Da in Wagners Person das Kunstgenie Thatsache geworden, in ihm gleichsam der »erlösende Heiland« gegeben war, so fiel Nietzsche die Stellung des Erkennenden, des wissenschaftlichen Vermittlers, zu: damit blieb er in der Aufgabe des Philosophen. Aber die gewonnene Erkenntniss selbst bildete nur den Anlass zur vollen Entfaltung seiner künstlerischen und religiösen Eigenart, und eben dies bezeichnet ihren Werth für seinen Geist. Wonach er sich schon

während seiner philologischen Studien gesehnt hatte, als
er dem Leben der alten Philosophen nachforschte, das war
hier zur Wahrheit geworden: das Denken ein Erleben, die
Erkenntniss ein Mitarbeiten und Mitschaffen an der neuen
Cultur: im Gedanken durften alle Seelenkräfte zusammen-
wirken: er forderte den ganzen Menschen. Nietzsche gibt nur
dem befreienden Entzücken Ausdruck, das er hier genoss,
wenn er am Schluss seines »Sokrates und die klassische
Philologie« in die Worte ausbricht: »Ach! Es ist der Zauber
dieser Kämpfe, dass, wer sie schaut, sie auch kämpfen
muss!«

Und wie seine einzelnen Geistesanlagen sich jetzt
freier ausleben und entwickeln durften, so bot diese Periode in Nietzsches Leben auch jenem tiefsten, fast weiblichen Bedürfnisse seines Inneren nach persönlicher Anbetung, nach Aufblick, volle Befriedigung, das sich später
so schmerzlich an sich selbst befriedigen musste. Mochte
die Wagner-Schopenhauerische Philosophie, ihrer ganzen
Anschauungsweise nach, ihm ein noch so tiefes Glück
gewähren, so war doch das Werthvollste für ihn hier
das persönliche Verhältniss zu Wagner, der unbedingte
Aufblick zu ihm. Seine Begeisterung entzündete sich darin
an einer ausser ihm stehenden Persönlichkeit, in der er
gleichsam das Ideal seines eigenen Wesens verkörpert zu
sehen glaubte. Das Glück eines solchen Glaubens breitet
über die Gedanken der ersten philosophischen Schriften
Nietzsches etwas Gesundes, beinahe Naives, das von der
Eigenart seiner späteren Werke scharf absticht. Es ist,
als sähe man ihn erst an dem Bilde seines Meisters Wagner
und dessen Philosophen Schopenhauer sich selbst begreifen
und errathen. Denn mit instinctiver Scheu weist er noch
jene Kunst zurück, sein eigenes Selbst in bewusster Weise
zum »Object und Experiment des Erkennenden« zu machen,

die Kunst, an der er später so gross und so krank werden
sollte. »Wie kann sich der Mensch kennen? Er ist eine
dunkle und verhüllte Sache; und wenn der Hase sieben
Häute hat, so kann der Mensch sich siebenmal siebzig
abziehen und wird doch nicht sagen können »das bist
du nun wirklich, das ist nicht mehr Schaale«. Zudem ist
es ein quälerisches gefährliches Beginnen, sich selbst
derartig anzugraben und in den Schacht seines Wesens
auf dem nächsten Wege gewaltsam hinabzusteigen. Wie
leicht beschädigt er sich dabei so, dass kein Arzt ihn heilen
kann« (Schopenhauer als Erzieher 7). Und deshalb ruft er
der Jugend, die nach Einsicht in ihr eigenes Selbst begehrt,
die Worte zu: »was hat deine Seele hinangezogen, was hat
sie beherrscht und zugleich beglückt? Stelle dir die Reihe
dieser verehrten Gegenstände vor dir auf, und vielleicht
ergeben sie dir — — — ein Gesetz, das Grundgesetz
deines eigentlichen Selbst. Vergleiche diese Gegenstände,
sieh, — — — wie sie eine Stufenleiter bilden, auf welcher
du bis jetzt zu dir selbst hingeklettert bist; denn dein
wahres Wesen liegt nicht tief verborgen in dir, sondern
unermesslich hoch über dir — — —.« (A. a. O.)

Mit einer Offenheit, die ihm später während der
Zeit peinlichster Selbstanalyse ganz abhanden kam, legt
er die Motive bloss, aus denen es ihn von Anfang an in-
brünstig nach einer solchen Jüngerschaft verlangt habe
— nach einem überlegenen »Wegweiser zugleich und
Zuchtmeister« (Schopenhauer als Erzieher 14): »— — darf
ich ein wenig bei einer Vorstellung verweilen, welche in
meiner Jugend so häufig und so dringend war, wie kaum
eine andre. Wenn ich früher recht nach Herzenslust in
Wünschen ausschweifte, dachte ich mir, dass mir die
schreckliche Bemühung und Verpflichtung, mich selbst
zu erziehen, durch das Schicksal abgenommen würde:

dadurch dass ich zur rechten Zeit einen Philosophen zum Erzieher fände, einen wahren Philosophen, dem man ohne weiteres Besinnen gehorchen könnte, weil man ihm mehr vertrauen würde als sich selbst.« (Schopenhauer als Erzieher 8 f.) Es ist interessant, zu beobachten, wie er zu diesem Zwecke hinter dem Denker Schopenhauer einen Idealmenschen Schopenhauer zu entdecken sucht,*) und wie er Wagner gegenüber von einer tiefen Verwandtschaft ihrer beiderseitigen Naturen ausgeht. In der That überrascht die Uebereinstimmung der von ihm geschilderten natürlichen und geistigen Anlagen Wagners mit der »Vielstimmigkeit« seiner eigenen Anlagen, wie sie im ersten Theil dieses Buches dargelegt ist. So sagt er in »Richard Wagner in Bayreuth« (13): »Jeder seiner Triebe strebte ins Ungemessene, alle daseinsfreudigen Begabungen wollten sich einzeln losreissen und für sich befriedigen; je grösser ihre Fülle, um so grösser war der Tumult, um so feindseliger ihre Kreuzung«.

Dann, beim Eintritt der »geistigen und sittlichen« Mannbarkeit Wagners, gelangt diese »Vielheit« zum Zusammenschluss und zugleich zu einer eigenthümlichen »Spaltung in sich«. »Seine Natur erscheint in furchtbarer Weise vereinfacht, in zwei Triebe oder Sphären auseinandergerissen. Zu unterst wühlt ein heftiger Wille in jäher Strömung, der gleichsam auf allen Wegen, Höhlen und Schluchten ans Licht will und nach Macht verlangt. (10.) — — —

*) Vgl. Schopenhauer als Erzieher 19: »ich ahnte, in ihm jenen Erzieher und Philosophen gefunden zu haben, den ich so lange suchte. Zwar nur als Buch: und das war ein grosser Mangel. Um so mehr strengte ich mich an, durch das Buch hindurch zu sehen und mir den lebendigen Menschen vorzustellen, dessen grosses Testament ich zu lesen hatte, und der nur solche zu seinen Erben zu machen verhiess, welche mehr sein wollten und konnten als nur seine Leser: nämlich seine Söhne und Zöglinge.«

— — — Der gesammte Strom stürzte sich bald in dieses, bald in jenes Thal und bohrte in die dunkelsten Schluchten: — in der Nacht dieses halb unterirdischen Wühlens erschien ein Stern hoch über ihm — — « (12.) »Wir thun einen Blick in die andere Sphäre Wagners. Es ist die eigenste Urerfahrung, welche Wagner in sich selbst erlebt und wie ein religiöses Geheimniss verehrt: — — — jene wundervolle Erfahrung und Erkenntniss, dass die eine Sphäre seines Wesens der andern treu blieb, — — — die schöpferische, schuldlose lichtere Sphäre der dunkelen, unbändigen, tyrannischen.« (13.)

»Im Verhalten der beiden tiefsten Kräfte zu einander, in der Hingebung der einen an die andere, lag die grosse Nothwendigkeit, durch welche er allein ganz und er selbst bleiben konnte.« (13.)

Gegen den Schluss der Schrift sucht Nietzsche auch die Musik Wagners aus dieser ihm selbst so verwandten Eigenart heraus zu begreifen, indem er das musikalische Genie Wagners als eine Art Wiederspieglung von dessen seelischen Zuständen auffasste:

»— — wie seine Musik sich mit einer gewissen Grausamkeit des Entschlusses dem Gange des Dramas, der wie das Schicksal unerbittlich ist, unterwirft, während die feurige Seele dieser Kunst darnach lechzt, einmal ohne alle Zügel in der Freiheit und Wildniss umherzuschweifen.« (82.)

»Ueber allen den tönenden Individuen und dem Kampfe ihrer Leidenschaften, über dem ganzen Strudel von Gegensätzen, schwebt, — — ein übermächtiger symphonischer Verstand, welcher aus dem Kriege fortwährend die Eintracht gebiert.« (79.)

»Nie ist Wagner mehr Wagner, als wenn die Schwierigkeiten sich verzehnfachen und er in ganz grossen Verhältnissen mit der Lust des Gesetzgebers walten kann. Ungestüme, widerstrebende Massen zu einfachen Rhythmen bändigen, durch eine verwirrende Mannigfaltigkeit von Ansprüchen und Begehrungen Einen Willen durchführen« —. (80.)

Aber gerade diese Verwandtschaft ihrer beiderseitigen Naturen musste Nietzsche schliesslich zu einer Weiterentwicklung seines Geistes auf einsamen Bahnen führen, sie musste ihn irgend wann einmal von Wagner losreissen. Sobald Nietzsche in dieser Periode den Höhepunkt erreicht hat, ist auch schon der erste Schritt vorgezeichnet, der ihn unvermeidlich abwärts führen musste. Es erscheint als eine völlige Verkehrung des Sachverhalts, wenn er später in seinem ungerechten Büchlein »Der Fall Wagner« behauptet: »Mein grösstes Erlebniss war eine Genesung. Wagner gehört bloss zu meinen Krankheiten.« (Vorwort.) Denn in das Krankhafte geht seine Entwicklung erst lange nach seinem Bruch mit Wagner, ja man kann von seiner Wagnerperiode in gewissem Sinne sagen, dass sie zu seinen überwundenen Gesundheiten gehört habe. Trotzdem aber darf man das Wahre in seiner Behauptung nicht überhören: dass er nämlich damals seinen eigenen Höhepunkt noch nicht erreicht habe, wie gesund und glücklich er auch zu jener Zeit gewesen sei.

Diese Gesundheit hätte er sich nur erhalten können um den Preis der Grösse. Um aus dem Jünger ein Meister zu werden, musste er erst in sein Selbst einkehren; da aber seine Natur mit zwingender Nothwendigkeit nach einer Jüngerschaft im religiösen Sinne verlangte, so blieb nur die eine Möglichkeit, Jünger und Meister in sich selbst zu vereinigen, — sei es auch, um daran zu leiden, sei es auch, um an einer krankhaften Verschmelzung Beider zu Grunde zu gehen. Von seinem Weg zur Grösse gilt Zarathustras Wort: »Gipfel und Abgrund — das ist jetzt in Eins beschlossen!«

Man hat dem Abfall Nietzsches von Wagner die verschiedenartigsten Deutungen gegeben, man hat ihn aus rein idealen Beweggründen — unwiderstehlichem Wahrheitsdrang — und auch aus menschlichen-allzumenschlichen Motiven zu erklären gesucht. In Wirklichkeit kreuzte sich aber wohl beides darin in ganz ähnlicher Weise, wie dies schon in der allerersten Wandlung Nietzsches, in seiner Abwendung vom Glauben, der Fall gewesen war: gerade der Umstand, dass er volles Genügen, Seelenfrieden und eine Geistesheimat gefunden hatte, dass ihm Wagners Weltanschauung so weich und glatt anlag wie eine »gesunde Haut«, kitzelte ihn, sie sich abzustreifen, liess ihm sein »Ueberglück als Ungemach« erscheinen, liess ihn »verwundet werden von seinem Glück«. Auf diese Art der Entstehung seiner freigeisterischen Richtung findet seine »Vermuthung über den Ursprung der Freigeisterei« überhaupt (Menschliches, Allzumenschliches I 232) Anwendung, die durch allzu starke Empfindungsseligkeit in der gegebenen Weltanschauung erzeugt werde: »Ebenso wie die Gletscher zunehmen, wenn in den Aequatorialgegenden die Sonne mit grösserer Gluth als früher auf die Meere niederbrennt, so mag auch wohl eine sehr starke, um sich greifende Freigeisterei Zeugniss dafür sein, dass irgendwo die Gluth der Empfindung ausserordentlich gewachsen ist.«

Erst in der selbstgewollten, selbstgesuchten Peinigung wuchs seinem Geist die streitbare, harte Rüstung, mit der gewappnet er dann gegen seine alten Ideale zu Felde zog. Gewiss empfand er es als eine Befreiung, sich mit dem Verzicht auf Erhebendes und Schönes zugleich aus einer letzten Abhängigkeit loszulösen; aber dennoch stellte diese Selbstbefreiung einen Act der Entsagung dar; er litt unter ihr, wie man unter Wunden leidet, auch wenn man sie sich selbst geschlagen hat.

Der Bruch vollzog sich endgiltig und für Wagner völlig unerwartet, als dieser mit seiner Parsifal-Dichtung bei katholisirenden Tendenzen angelangt war, während Nietzsches Geistesentwicklung in einer jähen Wandlung sich der positivistischen Philosophie der Engländer und Franzosen zugewandt hatte. Der Abfall Nietzsches von Wagner bedeutete aber nicht nur eine Trennung der Geister, sondern zerriss zugleich ein Verhältniss, in welchem sich beide so nahe gestanden hatten, wie nur der Sohn dem Vater, der Bruder dem Bruder nahe steht. Ganz vergessen, ganz verschmerzen konnte es wohl keiner von ihnen. Noch im Herbst 1882, ein halbes Jahr vor dem Tode Wagners, wurde während der Bayreuther Festspiele, — der Erstaufführung des Parsifal —, der Versuch gemacht, Nietzsche vor dem Meister zu erwähnen. Nietzsche weilte damals in der Nähe, in dem thüringischen Dörfchen Tautenburg bei Dornburg, und seine alte Freundin Fräulein von Meysenbug meinte, obschon mit Unrecht, dass im Fall des Gelingens Nietzsche zu bewegen gewesen wäre, nach Bayreuth zu kommen und sich mit Wagner zu versöhnen. Indessen der Versuch misslang; Wagner verliess in grosser Erregung das Zimmer und verbot, den Namen jemals wieder vor ihm auszusprechen. Aus ungefähr derselben Zeit stammt folgender in Facsimile wiedergegebene Brief Nietzsches, der seine eigene Stellung in dem Bruch mit Wagner beredt genug schildert:

Nun, meine liebe Freundin, bis jetzt
geht Alles gut, und Sonnabend
über 8 Tage sehen wir uns wieder.

Vielleicht ist mein letzter Brief an
Sie nicht in Ihre Hände gelangt?
Ich schrieb ihn Sonntag vor 14 Tagen.
Es sollte mir Leid thun; ich schic-
te da Ihnen darin einen sehr glücklichen Moment: mahnen Sie Die
zu kommen auch einmal zu mir, und
das „gütige" dieser Dinge wer Ich
zu sagen brauch! —

Ich habe viel an Sie gedacht und
im Herzen so mancherlei das be-

...abenden, Nachmittage und Abende mit Ihnen getheilt, dass ich ... mit meinen verehrten Freunden verbunden gelebt habe. Wenn Sie wüssten, wie neu und fremdartig mir alten Einsiedler das vorkommt! — Wie oft habe ich über mich lachen müssen!

Was Bayreuth betrifft, so bin ich zufrieden damit, nicht dass Sie ... und doch, wenn ich ganz ... in Ihrer Nähe sein könnte, ... und ... in Ihr Ohr ..., so sollten mir sogar die Musik zum Parsifal erträglich sein (sonst ist sie mir nicht erträglich.)

Ich möchte, dass Sie vorher noch meine kleine Schrift „Richard Wagner in Bayreuth" lesen, ... Ich habe

so viel in Bezug auf diesen Mann
und seinen Dienst verliebt — es war
eine ganze lange Passion: ich
finde kein anderes Wort dafür. Die
ihm geforderte (Mäßung, das
ihm endlich nöthig gewordene Thiele-
selbst-Wiederfinden gehört zu den
Härtesten und Melancholischsten in
meinem Schicksal. Die letzten geschriebenen Worte Wagner's, die er an mich
stehen in seinem schönen Widmungs-
Exemplare des Parsifal, „Seinem
theuren Freunde Friedrich Nietzsche.
Richard Wagner, Ober-Kirchenrath."
Genau zu gleicher Zeit traf, wie
mir gesendet, bei ihm mein Buch
„Menschliches Allzumenschliches" ein —
und damit war Alles klar, aber
auch Alles zu Ende.
Wie oft habe ich, in allen mög=

Mit den herzlichsten Wün-
schen für Ihr Wohl.

Ihr Freund

Nietzsche.

Tautenburg bei Dornburg
(Thüringen)

Wenn ich diese kurze Schilderung lese, dann sehe ich ihn selbst vor mir, wie er, während einer gemeinsamen Reise von Italien her durch die Schweiz, mit mir das Gut Triebschen bei Luzern besuchte, den Ort, an welchem er mit Wagner unvergessliche Zeiten verlebt hatte. Lange, lange sass er dort schweigend am Seeufer, in schwere Erinnerungen versunken; dann, mit dem Stock im feuchten Sande zeichnend, sprach er mit leiser Stimme von jenen vergangenen Zeiten. Und als er aufblickte, da weinte er.

Mit seiner innern und äussern Loslösung von dem Wagnerthum und der Philosophie Schopenhauers fällt Nietzsches schwerstes körperliches Leiden zusammen. So lebte er damals, körperlich wie geistig, unter Stürmen und Schmerzen, die ihn in die Nähe »leiblichen wie seelischen Todes« brachten. Seine Krankheit war zum Ausbruch gekommen in den Jahren gesteigertster Productivität, allzu vielseitiger und aufreibender Beschäftigung mit wissenschaftlichen Untersuchungen, philosophischen Problemen, mit der geistigen Bewegung der Gegenwart, der Kunst Wagners und mit der Musik selbst. Es ist gewiss nicht zufällig, dass auch der letzte, verhängnissvolle Ausbruch seines Kopfleidens am Ende der Achtziger Jahre ebenfalls auf eine Periode ungeheurer geistiger Schaffenskraft und Regsamkeit folgte. Wenn er sich am gesundesten und rüstigsten, in der Vollkraft seiner Leistungsfähigkeit fühlte, dann kam er stets der Krankheit am nächsten; und die Zeiten unfreiwilliger Musse und Ruhe waren es, die ihm immer wieder Erholung brachten und die Katastrophe noch aufhielten.

Dieser Vorgang spiegelt rein körperlich etwas von jenem eigenthümlich pathologischen Zuge der »Uebergesundheit« seines Geisteslebens wieder, welche in Krankheitszustände überzuströmen pflegte, nachdem sie ihren Höhepunkt erreicht hatte. Aus ihnen rang er sich aber mit der zähen Kraft seiner ungeheuren Natur stets wieder zur Gesundheit durch.

Solange er noch die Schmerzen bezwang und die volle Arbeitskraft in sich fühlte, konnte selbst das Leiden seiner lebensvollen Unverwüstlichkeit und Selbstbehauptung noch nichts anhaben. Noch am 12. Mai 1878 schreibt er im Ton getrosten Muthwillens in einem Briefe aus Basel: »Die Gesundheit schwankend und gefährlich, aber — fast hätte ich gesagt: was geht mich meine Gesundheit an?«

Aber dann folgt, am 14. December 1878, die Hindeutung auf den voraussichtlich nothwendigen Rücktritt von der Professur: »Mein Zustand ist eine Thierquälerei und Vorhölle, ich kanns nicht leugnen. Wahrscheinlich hört es mit meiner akademischen Thätigkeit auf, vielleicht mit der Thätigkeit überhaupt, möglicherweise mit — — u. s. w.« Und dann die bittere Klage: »Es scheint mir nichts mehr zu helfen, die Schmerzen waren gar zu toll. — — — Immer heisst es: Ertrage! Entsage! Ach, man bekommt die Geduld auch satt. Wir haben die Geduld zur Geduld nöthig!«

Endlich, im Tone stiller Ergebung, ein Brief aus Genf, vom 15. Mai 1879:

»Mir geht es nicht gut, aber ich bin ein alter routinirter Leidtragender und werde meine Bürde weiterschleppen, — aber n i c h t mehr lange, so hoffe ich!«

Bald darauf legte er seine Professur nieder, und auf immer umfing ihn die Einsamkeit. Der Verzicht auf seine Lehrthätigkeit fiel ihm schwer, — war es doch im Grunde der Verzicht auf jede fernere strengwissenschaftliche Arbeit.

Kopf und Augen, — er nennt sich selbst einen »Kranken, der jetzt leider auch ein Sieben-Achtel-Blinder ist, und nicht mehr lesen kann, ausser mit Schmerzen und auf ein Viertelstündchen« (Brief an Rée) —, hinderten ihn nunmehr dauernd an einem stofflichen Ausbau seiner Gedanken durch ausgebreitete Studien. Wie umfangreich und vielseitig er seine Forschungen angelegt hatte, zeigt die grosse Mannigfaltigkeit seiner an der Universität und am Pädagogium zu Basel gehaltenen Vorlesungen.

Allerdings beschränkte er sich damals noch auf die Erforschung des Hellenenthums und blieb philosophisch in den Fesseln eines bestimmten metaphysischen Systems gebunden. Aber seine spätere Selbstbefreiung vom Zwang dieses Systems hätte unter andern Gesundheitsverhältnissen um so günstiger wirken müssen. Das Culturbild des griechischen Lebens, aus dem er damals mit den Augen des Metaphysikers die tiefsten Grundzüge des Weltbildes und Menschenlebens herauszulesen meinte, würde sich ihm, auf dem Wege wissenschaftlicher Weiterarbeit, allmählig zu einem Totalbilde der Weltentwicklung erweitert haben. In der Genialität seiner feinen Anempfindung und künstlerischen Nachgestaltungskraft war er geradezu prädestinirt zu geschichtsphilosophischen Leistungen im Grossen. Sein Drang zum Produciren wäre dadurch gehindert worden, sich allzusehr ins Subjective zu verlieren; empfand er es doch oftmals selbst, dass, je beflügelter, drängender und leidenschaftlicher geartet die Gedanken sind, desto umfassender und strenger der Stoff sein müsse, an dem sie gebunden, von dem sie beherrscht werden. Daher begegnen wir in seinen Werken bis zuletzt immer wieder erneuten fruchtlosen Anstrengungen, sich nach aussen hin auszubreiten und sein Denken wissenschaftlich zu begründen, — es ist etwas vom vergeblichen

Flügelschlagen eines gefangenen Adlers darin. Er war durch seine Gesundheit genöthigt, sich selbst zum Stoff seiner Gedanken zu nehmen, sein eignes Ich seinem philosophischen Weltbilde unterzulegen und dieses aus dem eignen Innern herauszuspinnen. Vielleicht hätte er im andern Falle etwas so ganz Eigenartiges, — und daher so ganz Einzigartiges, nicht geleistet. Aber trotzdem vermag man nicht ohne das tiefste Bedauern auf diesen Wendepunkt in Nietzsches Schicksal zurückzublicken, — auf diesen unheimlichen Zwang zur Selbstvereinsamung und Selbstabschliessung, — man vermag sich dem Gefühl nicht zu entziehen, dass er hier an einer Grösse, die ihm vorbehalten war, vorübergeht.

An dieser Stelle wird es um Nietzsche Nacht. Seine bisherigen Ideale, seine Gesundheit, seine Arbeitskraft, sein Wirkungskreis, — Alles, was seinem Leben Licht und Glanz und Wärme gegeben hatte, entschwand ihm eins nach dem andern. Es war ein ungeheurer Zusammenbruch, unter dessen Trümmern er wie begraben wurde. Es begannen seine »Dunkel-Zeiten.« (S. Der Wanderer u. sein Schatten 191.)

Die jetzt folgenden Schriften sind nicht, wie die bisherigen, aus einer Fülle herausgeschöpft, die in ihm angesammelt und bereit lag, von einem Ziel aus verfasst, das er erreicht zu haben glaubte, — sie erzählen vielmehr davon, wie er sich in seiner Nacht orientirt und langsam vorwärts tastet, sie sind die qualvollen, kampfvollen, endlich sieghaften Schritte nach einem dunklen Ziele hin.

»Als ich allein weiter ging,« bekennt er viele Jahre später (Einführende Vorrede zum zweiten Bande von »Menschliches, Allzumenschliches«) von dieser Zeit, »zitterte ich: nicht lange darauf, und ich war krank, mehr als

krank, nämlich müde, aus der unaufhaltsamen Enttäuschung über Alles, was uns modernen Menschen zur
Begeisterung übrig blieb — —«. Aber nicht als einen
Klagenden sehen wir ihn sich durch die Trümmer hin-
durchkämpfen, — und mit Recht bezeichnet er dies als
den Reiz jener Schriften: »dass hier ein Leidender und
Entbehrender redet, wie als ob er nicht ein Leidender
und Entbehrender sei.« (Ebendaselbst.)

Immer wieder wird er zu einem Neu-Schaffenden
und Neu-Entdeckenden. Tief unter die Trümmerwelt
steigt er hinab, er untergräbt und unterwühlt noch ihre
letzten Fundamente und späht mit nachtgewöhntem Auge
nach den verborgenen Schätzen und Heimlichkeiten des
Erdinnern aus. Ein zweiter Trophonius, listig aus- und
einschlüpfend, weiss er auch aus der Tiefe noch Auf-
schluss zu geben über die Welt da droben und ihr Räthsel
zu deuten. So sehen wir ihn: »einen Unterirdischen, an
der Arbeit, einen Bohrenden, Grabenden, Untergrabenden,
— — wie er langsam, besonnen, mit sanfter Unerbittlich-
keit vorwärts kommt, ohne dass die Noth sich allzusehr
verriethe, welche jede lange Entbehrung von Licht und
Luft mit sich bringt.« Und darüber kommt uns jene zu-
versichtliche Frage, mit der er selbst auf diese Jahre zurück-
blickte, und die die Betrachtung seiner ferneren Entwicklungsgeschichte uns beantworten soll: »— Scheint es nicht,
dass — — — er vielleicht seine eigne lange Finsterniss
haben will, sein Unverständliches, Verborgenes, Räthsel-
haftes, weil er weiss, was er auch haben wird: seinen
eignen Morgen, seine eigne Erlösung, seine eigne Morgenröthe? . . . . . .« (Einführende Vorrede zur neuen Ausgabe
der »Morgenröthe«.)

Meine liebe Freundin,

Nun ist der Himmel über mir
voll! Gestern Mittag ging es
bei mir zu wie auf dem Geburts-
tag eines: Die sandten Ihre
Züge, das schönste Geschenk, das
mir jetzt Jemand hätte machen
können — meinen Schwester sandte
Lichtmann, Friedens sandte die
drei ersten Durchbogen der „Fröhlichen Wissenschaft"; und zu allem
Diesem war gerade der allerletzte
Theil des Manuscriptes fertig geworden und damit das Werk von
6 Jahren (1876–1882), meine
ganze „Freigeisterei"! Oh welche

Ja ...! Welche Qualen aller Art,
welche Verstimmungen und Lebens-
überdrüsse! Und gegen Alles das,
gleichsam gegen Tod und Leben,
habe ich mein Liebste mein Auge-
... gebracht, ... meine Gedanken ... Ihnen keinem kleinen
Menschen unter wolkten Himmel über
ließ: — ... Liebe ..., ...
oft ich an das Alles denke, bin
ich ... und ... und ...
nicht, ... das doch hat gelingen
können: ... Wieland und
das Gefühl des ... erfüllen
mich ganz. Dann ist ein Ding,
und ein vollständiges — dann ...
meine Gesundheit des Leibes ist
..., ich ... nicht ..., zum Ver-

Schein gekommen, und Jedermann
sagt mir, ich sähe jünger aus als
je. Der Himmel behüte mich vor
Thorheiten! — Aber von jetzt ab,
wo die mich betrachten werden,
werde ich gut berathen sein und
brauch mich nicht zu fürchten. —

Was den Winter betrifft, so
habe ich wirklich und aufrichtig
an Wien gedacht: Die Winter-
pläne meiner Menschen sind ganz
unabhängig von den meinigen, so
zwillt dabei kaum Nebenzu denken.
Der Juden Congreß ist mir jetzt
aus dem Sinn gerückt. Ich will
nicht mehr einsam sein und wieder
können, Mensch sein werden. An
an diesem Pensum habe ich fast
Alles noch zu lernen! —

Nehmen Sie meinen Dank,
Liebe Freundin! Es wird Alles
gut, wie Sie es gesagt haben.

Nehmen Sie das Herz-
liebste!

Ganz Ihr

F. N.

Tautenburg bei Dornburg
Thüringen.

Mit solchen Gefühlen von Selbstmitleid und Selbst-
bewunderung blickte Nietzsche auf die Geistesperiode
zurück, vor welcher wir nunmehr stehen. Wir sehen:
das Charakteristische sind von vornherein die Kämpfe und
Wunden, die es ihn kostete, sich die neue Weltanschauung anzueignen; es ist das tiefe Erkranken an ihr, aus

dem er sich alsdann seine neue Gesundheit schuf. Seine Originalität musste sich daher zunächst viel weniger in den Einsichten und Theorien selbst aussprechen, die sich ihm damals erschlossen, als vielmehr in der Kraft, mit der er sich vom alten Ideal losriss, um sie erfassen zu können. Er gelangte eben nicht wie die Meisten zum Bewusstsein erhöhter Selbständigkeit und eigenster Geistesthätigkeit auf Grund einer intellectuellen Entwicklung, die uns gleichgiltig und kalt stimmt gegenüber den verlassenen unreiferen Gedanken. Er gelangte dazu nur durch eine gewaltsame Empörung gegen das Ehemalige, wobei die intellectuellen Gründe den Gesinnungswechsel weniger bedingten als begleiteten. Daher sehen wir anfänglich immer, dass Nietzsche die neuen Gedanken in einer gewissen Unselbständigkeit so hinnimmt, wie er sie gerade vorfindet, — dass er sie zunächst wieder kritiklos empfängt; denn seine ganze Kraft ist inzwischen vollständig in Anspruch genommen von den allerinnerlichsten Erlebnissen, und die neuen Theorien als solche bilden, — um einen Lieblingsausdruck von Nietzsche zu gebrauchen, — nur eine vorläufige »Vordergrundsphilosophie«, während im verborgenen Hintergrunde, den Kämpfen des Seelenlebens, sich der eigentlich entscheidende Process abspielt.

Je fester er mit dem Alten verwachsen ist, je gewaltsamer der Sprung ins Neue eine vollständige Entwurzelung aus dem heimischen Geistesboden verlangt, desto tiefer ist die innere Bedeutung der Wandlung. So kann man in gewissem Sinne sagen, dass gerade die scheinbare innere Unselbständigkeit, mit welcher Nietzsche sich einer fremden Denkweise vorläufig hingiebt, eine Kraft heroischester Selbständigkeit verbürgt. Während die theuersten Gedanken ihn heimlocken, überlässt er sich

wehrlos Gedankenkreisen, denen gegenüber er sich noch
als Fremdling, ja insgeheim noch als Gegner fühlt, —
aber mit jenem schönen Wort im Herzen: »Ein Sieg und
eine eroberte Schanze sind nicht mehr deine Angelegenheit,
sondern die der Wahrheit, — aber auch deine Niederlage ist nicht mehr deine Angelegenheit.« (Morgenröthe
370 »Inwiefern der Denker seinen Feind liebt.«)

Man muss dies im Auge behalten, wenn man Nietzsches
unvermitteltem Gesinnungswechsel gerecht werden und
die Entstehung seines positivistischen Erstlingswerkes begreifen will, — dieses Werkes, welches so überraschend
und unerwartet seinem Geiste entsprang. Erst im Jahre
1876 war die letzte der »Unzeitgemässen Betrachtungen«,
das in überströmender Begeisterung geschriebene Büchlein »Richard Wagner in Bayreuth«, erschienen, und
schon in dem Winter 1876/1877 entstand die erste
seiner Aphorismensammlungen: Menschliches, Allzumenschliches. Ein Buch für freie Geister. (Dem An-
denken Voltaire's geweiht zur Gedächtniss-Feier seines
Todestages, des 30. Mai 1778) nebst einem Anhang: Ver-
mischte Meinungen und Sprüche. (Verlag von Ernst
Schmeitzner, Chemnitz, 1878.) Von keinem Buche gilt
mit grösserm Recht das Wort, das er über die Werke
dieser Periode schrieb: »Meine Schriften reden nur von
meinen Ueberwindungen: ich bin darin, mit Allem,
was mir feind war. — — — Einsam nunmehr, — —
nahm ich — — Partei gegen mich und für Alles, was
gerade mir wehe that und hart fiel«. (Einführende Vorrede zur Neuen Ausgabe von Menschliches, Allzumenschliches II, VIII.) Jenes Werk spiegelt den damaligen Zustand seines Geistes so deutlich wieder, dass es zwei völlig
von einander verschiedene Bestandtheile zu enthalten
scheint: einerseits den noch unselbständigen Positivisten

Nietzsche, der uns in den neu übernommenen Theorien fast nichts Eigenes giebt, sondern uns nur darüber orientirt, wo er sich jetzt befindet, — in welche neue »Haut« er sich fast passiv hat kleiden lassen; andererseits den Kämpfer und Dulder Nietzsche, der sich entschlossen von den ehemaligen Idealen losringt und uns in diesem Kampfe eine ergreifende Fülle des originalsten Gedankenlebens durch die Inbrunst offenbart, mit welcher er sich gegen sein eigenes altes Selbst wehrt und sich selbst verwundet. Hieraus erklärt sich auch die Leidenschaftlichkeit und Rücksichtslosigkeit der Angriffe, die er gegen Wagner und dessen Ansichten richtet. Niemand ist weniger fähig zu ruhig abwägender Gerechtigkeit als der, welcher seinen Ueberzeugungswechsel gerade vollzieht, — und dies nicht aus rein intellectuellen Gründen, sondern selber aus der Tiefe des »Menschlichen, Allzumenschlichen« seiner eigenen Natur heraus. Keinen Gedanken schleudern wir so weit, so heftig von uns fort, als denjenigen, von dem wir uns soeben erst in schmerzlichem Widerstreit getrennt haben, und vor dem wir noch verletzt und erschüttert, voll geheimer Wunden, die unser Stolz verbirgt, dastehen: es ist Hass darin als ein Nachklang unvergesslicher Liebe.

Durchaus bezeichnend für das Jähe und Innerliche der Wandlung Nietzsches ist es, dass sie auch diesmal ihren Ausgang von einem persönlichen Verhältniss nahm. Wie der bitterste Stachel im Kampf gegen das alte Erkenntnissideal ein Freundschaftsbruch war, so verkörperte sich für Nietzsche auch der neue Erkenntnisstypus wiederum in einer Persönlichkeit. Je leidensvoller die Einsamkeit, in welche der Freundschaftsbruch ihn zurückwarf, desto mehr Innigkeit gewann Nietzsches Beziehung zu Paul Rée, denn »für einen solchen Einsamen ist der Freund ein köstlicherer Gedanke als für die Vielsamen,« wie er Rée einmal schreibt. (31. October 1880, aus Italien.)

War sein Verhältniss zu Richard Wagner durch die Ausschliesslichkeit gekennzeichnet, mit der Nietzsche in ihm aufging und zu ihm aufsah: durch seine Jüngerschaft, — so bildet sein Freundschaftsbund mit Rée mehr eine geistige Genossenschaft, die selbst dadurch nicht behindert wurde, dass die Freunde fern von einander lebten, und Rée nur zeitweise seinen Wohnsitz in Westpreussen verlassen konnte, um mit Nietzsche an verschiedenen Orten zusammenzutreffen. Schon am 19. November 1877 klagt Nietzsche von Basel aus, wo er noch im Kreise von Gesinnungsgenossen lebte, über diese Entfernung, welche ihn, infolge einer Erkrankung Rées, für längere Zeit vom Freunde getrennt hielt:

»Möge ich bald von Ihnen, mein Freund, hören, dass die bösen Krankheitsgeister ganz von Ihnen gewichen sind; dann bliebe mir für Ihr neues Lebensjahr nichts zu wünschen übrig, als dass Sie bleiben, der Sie sind und dass Sie mir bleiben, der Sie im letzten Jahre waren, — — — — — — — — ich muss Ihnen doch sagen, dass ich in meinem Leben noch nicht so viel Annehmlichkeiten von der Freundschaft gehabt habe, wie durch Sie in diesem Jahre, garnicht von dem zu reden, was ich von Ihnen gelernt habe. Wenn ich von Ihren Studien höre, so wässert mir immer der Mund nach Ihrem Umgange; wir sind geschaffen dafür, uns gut zu verständigen, ich glaube, wir finden uns immer auf dem halben Wege schon, wie gute Nachbarn, die immer zur gleichen Zeit den Einfall haben, sich zu besuchen, und sich auf der Grenze ihrer Besitzungen einander entgegenzukommen. Vielleicht steht es ein wenig mehr in Ihrer Gewalt, als

in meiner, die grosse räumliche Entfernung — — — —
zu überwinden; darf ich in dieser Beziehung für das neue
Jahr hoffen? Ich selber bin gar zu elend und gebrechlich
daran, als dass ich nicht um die beste Freude, die es
giebt, bitten dürfte, selbst wenn die Bitte unbescheiden
ist — ein gutes Gespräch unter uns über menschliche
Dinge, ein persönliches Gespräch, nicht ein briefliches,
zu dem ich immer untauglicher werde.« — — — — — —

Je mehr Nietzsches körperliches Leiden ihn in die
Einsamkeit zwang, je einsiedlerischer, fern von allen
Menschen, er leben musste, um dieses Leiden ertragen
zu können, desto sehnsüchtiger verlangt er nach dem
Freunde, der seine Einsamkeit zur »Zweisamkeit« machen
solle: »Zehnmal täglich wünsche ich bei Ihnen, mit
Ihnen zu sein.« (Brief aus Basel, December 1878.)
»Immer knüpfe ich im Geist meine Zukunft mit der
Ihrigen zusammen.« (Aus Genf, Mai 1879.) »Viele Wünsche
habe ich aufgeben müssen, aber noch niemals den, mit
Ihnen zusammenzuleben, — mein »Garten Epikurs.««
(Aus Naumburg, den letzten October 1879.)

Die heftigen Schmerzen und Anfälle, unter denen
Nietzsche litt, weckten damals Todesgedanken in ihm, und
diese geben einem jeden Wiedersehen eine besonders tief
empfundene Bedeutung. »Wie viel Freude haben Sie mir
gemacht, mein lieber, ausserordentlich lieber Freund!«
ruft er nach einem solchen aus. »Also ich habe Sie noch
einmal gesehen und so gefunden, wie mein Herz mir die
Erinnerung bewahrt hatte; wie ein beständiger, angenehmer Rausch wars, diese Tage hindurch. Ich gestehe
Ihnen, ich hoffe nicht mehr auf ein Wiedersehn, die
Erschütterung meiner Gesundheit ist zu tief, die Qual zu
anhaltend, was nützt mir alle Selbstüberwindung und
Geduld! Ja, in Sorrentiner Zeiten gab es noch zu hoffen,

aber das ist vorbei. So preise ich denn, Sie gehabt zu haben, mein herzlich geliebter Freund.« — — —

Die beiden Freunde gelangten in diesen Jahren zu um so übereinstimmenderen Ansichten, als ihre Studien vielfach gemeinsame waren. Rée vermittelte Nietzsche meistens die Bücher, deren er bedurfte, las dem Augenleidenden vor und lebte mit ihm in einem ständigen, theils brieflichen, theils persönlichen Verkehr und Gedankenaustausch.

»Mein geliebter Freund!« schreibt Nietzsche nach einer etwas länger währenden Trennung, »Für unser Zusammensein, — falls ich dieses Glück doch noch erleben sollte, ist viel in mir präparirt. Auch ein Kistchen Bücher steht für jenen Augenblick bereit, Réealia betitelt, es sind gute Sachen darunter, über die Sie sich freuen werden. Können Sie mir ein lehrreiches Buch, womöglich englischer Abkunft,*) aber ins Deutsche übersetzt und mit mit gutem, grossem Druck zusenden? — Ich lebe ganz ohne Bücher, als Sieben-Achtel-Blinder, aber ich nehme gern die verbotene Frucht aus Ihrer Hand. — Es lebe das Gewissen, weil es nun eine Historie haben wird und mein Freund an ihm zum Historiker geworden ist! Glück und Heil auf Ihren Wegen. Von Herzen Ihnen nahe

Ihr

Friedrich Nietzsche.

*) Nietzsche lebte damals in einer Bewunderung der englischen Gelehrten und Philosophen, die später in ihr Gegentheil umschlug: in Menschliches, Allzumenschliches II 184 nennt er sie noch die »ganzen, vollen und füllenden Naturen«, und in einem Briefe an Rée nennt er die englischen Philosophen der Gegenwart, »den einzig gut philosophischen Umgang, den es jetzt giebt«. Dementsprechend ist das Einzige, was er in dieser Periode an seinem ehemaligen Meister Schopenhauer noch hochschätzt: »sein harter Thatsachen-Sinn, sein guter Wille zu Helligkeit und Vernunft. der ihn oft so englisch — — erscheinen lässt.« (Fröhliche Wissenschaft 99.)

So schreibt er dem Freunde immer wieder, in verschiedenen Wendungen: »Bei allem Guten, das Sie thun oder vorhaben, wird auch für mich der Tisch gedeckt und mein Appetit ist sehr lebendig nach Réealismus, das wissen Sie!«

So wurde denn der Réealismus die ursprüngliche Form, in der Nietzsche den philosophischen Realismus in sich aufnahm und den alten Idealismus begrub. Schon das anonym erschienene kleine Erstlingswerk Rées (Berlin, Carl Duncker, 1875), dessen »Psychologische Beobachtungen« — Sentenzen im Geist und Stil La Rochefoucaulds — schätzte Nietzsche nicht nur, sondern er überschätzte es sogar, wie ein noch jetzt erhaltener Brief an den Verfasser bekundet. Rées Lieblingsautoren wurden nun auch die seinigen; die französischen Aphoristiker, die La Rochefoucauld, La Bruyère, Vauvenargues, Chamfort, beeinflussten um diese Zeit ausserordentlich Nietzsches Stil und Denken. Von den philosophischen Schriftstellern Frankreichs bevorzugte er mit Rée Pascal und Voltaire, von den Novellisten Stendhal und Mérimée. Von ungleich tieferer Bedeutung war jedoch für ihn Rées zweites Werk »Der Ursprung der moralischen Empfindungen« (Chemnitz, Ernst Schmeitzner, 1877),*) das für die nächste Zeit gewissermassen Nietzsches positivistisches Glaubensbekenntnis bildete. Dadurch wurde er zu den englischen Positivisten geführt, an die Rée sich angeschlossen hatte, und die auch Nietzsche bald allen ähnlichen deutschen Werken vorzog. Die Hauptanziehungskraft, die der Positivismus auf ihn ausübte, lag vornehmlich in der Beantwortung jener einen Frage, die Rée in seinem Buch behandelte, der Frage nach der Entstehung des moralischen Phä-

---

*) Erwähnt wird es von Nietzsche in »Menschliches, Allzumenschliches« I 37.

nomens. Für Rée fiel sie zusammen mit der Frage nach den Gründen der Sanction altruistischer Empfindungen; seine Untersuchungen richteten sich hauptsächlich gegen die ethischen Systeme der bisherigen Metaphysik. Da nun die Ethik Wagners und Schopenhauers auf dem Altruismus und dessen metaphysischem Gefühlswerth fusst, so musste Nietzsche gerade in Rées Buch die geeignetsten Waffen zu seinem Kampf gegen die verlassene Weltanschauung finden. »Der Ursprung der moralischen Empfindungen« wurde der eigentliche Gegenstand seiner Forschung, und man kann sein Erstlingswerk kurz als den Versuch bezeichnen, zur vollen Einsicht in die Nichtigkeit seiner ehemaligen Ideale zu gelangen durch die Einsicht in ihre Entstehungsgeschichte. Auf diesem Wege wird sein gesammtes Philosophiren zu einer Analyse und Geschichte menschlicher Vorurtheile und Irrthümer; der Metaphysiker wird zum Psychologen und Historiker und stellt sich auf den Boden eines nüchternen und consequenten Positivismus. Er schloss sich aufs Engste der englischen positivistischen Schule an in ihrer bekannten Zurückführung der moralischen Werthurtheile und Phänomene auf den Nutzen, die Gewohnheit und das Vergessen der ursprünglichen Nützlichkeitsgründe; es bedarf daher keiner besonderen Erläuterung seiner Theorien: es genügt auf die Richtung hinzuweisen, welcher er sie entnahm. Man vergleiche Stellen wie die folgende in »Menschliches, Allzumenschliches«: »Die Geschichte der — — — moralischen Empfindungen verläuft in folgenden Hauptphasen. Zuerst nennt man einzelne Handlungen gut oder böse ohne alle Rücksicht auf deren Motive, sondern allein der nützlichen oder schädlichen Folgen wegen. Bald aber vergisst man die Herkunft dieser Bezeichnungen und wähnt, dass den Handlungen

an sich, ohne Rücksicht auf deren Folgen, die Eigenschaft »gut« oder »böse« innewohne.« (I 39). »Wie wenig
moralisch sähe die Welt ohne die Vergesslichkeit aus!
Ein Dichter könnte sagen, dass Gott die Vergesslichkeit
als Thürhüterin an die Tempelschwelle der Menschen-
würde hingelagert habe.« (I 92). Den Weg, auf dem die
sogenannte Moralität der Handlungen entstanden ist,
kann man mit den Worten bezeichnen:« — jetzt aus
Gewohnheit, Vererbung und Anerziehung, ursprünglich,
weil (es) — nützlicher und ehrebringender ist.« (II 26).
Ferner, Der Wanderer und sein Schatten (40): »Die Bedeutung des Vergessens in der moralischen Empfindung:
Die selben Handlungen, welche innerhalb der ursprünglichen Gesellschaft zuerst die Absicht auf gemeinsamen
Nutzen eingab, sind später von anderen Generationen auf
andere Motive hin gethan worden: aus Furcht oder Ehrfurcht vor Denen, die sie forderten und anempfahlen,
oder aus Gewohnheit, weil man sie von Kindheit an um
sich hatte thun sehen, oder aus Wohlwollen, weil ihre
Ausübung überall Freude und zustimmende Gesichter
schuf, oder aus Eitelkeit, weil sie gelobt wurden. Solche
Handlungen, an denen das Grundmotiv, das der Nützlichkeit, vergessen worden ist, heissen dann moralische.«
»Der Inhalt unseres Gewissens ist Alles, was in den Jahren
der Kindheit von uns ohne Grund regelmässig gefordert
wurde« (52), indem dem einzelnen Menschen das, was
in der Geschichte der Menschheit in der bezeichneten
Weise entstanden ist, überliefert wird als eine Summe
religiös sanctionirter und festgeprägter Pflichtbegriffe.
»Die Sitte respräsentirt die Erfahrungen früherer Menschen
über das vermeintlich Nützliche und Schädliche, — aber
das Gefühl für die Sitte (Sittlichkeit) bezieht sich nicht
auf jene Erfahrungen als solche, sondern auf das Alter,

die Heiligkeit, die Indiscutabilität der Sitte.« (Morgenröthe 19).

So zieht sich durch das ganze Werk hindurch, was
schon der Titel charakteristisch andeutet: die Gedanken-
arbeit der Zerstörung, die rücksichtslose Blosslegung der
»Allzumenschlichkeit« dessen, was bisher heilig, ewig,
übermenschlich hiess. Um zu sehen, mit welcher schroffen
Einseitigkeit und Uebertreibung sich Nietzsche hier gegen
sich selbst wandte, lohnt es die Mühe, seinen nunmehrigen
Anschauungen in Bezug auf diejenigen vier Punkte nachzugehen, die in seiner vorhergehenden philosophischen Periode
eine entgegengesetzte Deutung erfahren hatten: in Bezug
auf die Bedeutung des »Dionysischen«, des »Dekadenz-
Begriffs«, des »Unzeitgemässen«, und des »Geniecultus«.
An Stelle des Dionysos steht hier der früher so viel ge-
schmähte Sokrates als Schirmherr und Tempelhüter des
neuen Wahrheitstempels da. »Wenn Alles gut geht, wird
die Zeit kommen, da man, um sich sittlich-vernünftig zu
fördern, lieber die Memorabilien des Sokrates in die Hand
nimmt, als die Bibel, und wo Montaigne und Horaz als
Vorläufer und Wegweiser zum Verständniss des einfachsten
und unvergänglichsten Mittler-Weisen, des Sokrates, benutzt
werden. Zu ihm führen die Strassen der verschiedendsten
philosophischen Lebensweisen zurück, welche im Grunde
die Lebensweisen der verschiedenen Temperamente sind,
festgestellt durch Vernunft und Gewohnheit und allesammt
mit ihrer Spitze hin nach der Freude am Leben und am
eignen Selbst gerichtet — — —.« (Der Wanderer und sein
Schatten 86). Dieser Sieg des Sokratischen, der Vernunft
und weisen Leidenschaftslosigkeit, über das Dionysische,
über die Affectsteigerung und den selbstvergessenen Le-
bensrausch, gipfelt in dem Satz, dass »der wissenschaftliche Mensch die Weiterentwickelung des künstlerischen«

(Menschliches, Allzumenschliches I 222), und alles dessen
sei, was auf dem Rausch anstatt auf der Einsicht beruht, denn: »an sich ist — — der Künstler schon ein
zurückbleibendes Wesen.« (Menschliches, Allzumenschliches I 159). Daher bedeutete für Griechenland das Aufkommen des sokratischen Geistes einen ungeheuren
Fortschritt. »Die Formen aus der Fremde entlehnen,
nicht schaffen, aber zum schönsten Schein umbilden —
das ist griechisch: nachahmen, nicht zum Gebrauch,
sondern zur künstlerischen Täuschung, — — — ordnen,
verschönern, verflachen — so geht es fort von Homer
bis zu den Sophisten des dritten und vierten Jahrhunderts
der neuen Zeitrechnung, welche ganz Aussenseite, pomp-
haftes Wort, begeisterte Gebärde sind und sich an lauter
ausgehöhlte, schein-, klang- und effect-lüsterne Seelen wenden. — Und nun würdige man die Grösse jener Aus-
nahme-Griechen, welche die Wissenschaft schufen.
Wer von ihnen erzählt, erzählt die heldenhafteste Geschichte des menschlichen Geistes!« (Menschliches, Allzumenschliches II 221; Vergleiche auch Morgenröthe 544
über das damalige »Jauchzen über die neue Erfindung des
vernünftigen Denkens.«) Die Abkunft alles Gefühls-
mässigen von Urtheilen und ursprünglichen Ge-
dankenschlüssen wird deshalb Denen entgegengestellt,
die dem Affectleben als dem höchsten Leben das Wort
reden. »— Gefühle sind nichts Letztes, Ursprüngliches,
hinter den Gefühlen stehen Urtheile und Werthschätzungen, welche in der Form von Gefühlen — — uns vererbt sind. Die Inspiration, die aus dem Gefühle
stammt, ist das Enkelkind eines Urtheils — und
oft eines falschen! — und jedenfalls nicht deines
eigenen! Seinem Gefühle vertrauen — das heisst
seinem Grossvater und seiner Grossmutter und

deren Grosseltern mehr gehorchen als den Göttern,
die in uns sind: unserer Vernunft und unserer
Erfahrung.« (Morgenröthe 35). Die »edlen Schwärmer«,
welche die Unterordnung des Fühlens unter das vernünftige Denken zu verhindern suchen, verführen dadurch
zu einer »Lasterhaftigkeit des Intellectes.» (Morgenröthe 543). »Diesen schwärmerischen Trunken-
bolden verdankt die Menschheit viel Übles: — — —
Zu alledem pflanzen jene Schwärmer mit allen ihren
Kräften den Glauben an den Rausch als an das Leben
im Leben: einen furchtbaren Glauben! Wie die Wilden
jetzt schnell durch das »Feuerwasser« verdorben
werden und zu Grunde gehen, so ist die Menschheit — — — langsam und gründlich durch die
geistigen Feuerwässer trunken machender Gefühle — — — verdorben worden: — — —« (Morgenröthe 50). »— — — daran denken sie nicht, dass die
Erkenntniss auch der hässlichsten Wirklichkeit schön
ist, — — — Das Glück der Erkennenden mehrt die Schönheit der Welt — — —; — — zwei so grundverschiedene
Menschen, wie Plato und Aristoteles, kamen in dem über-
ein, was das höchste Glück ausmache, — —: sie fanden
es im Erkennen, in der Thätigkeit eines wohlgeübten
findenden und erfindenden Verstandes (nicht etwa in
der »Intuition,« — — nicht in der Vision, — — und
ebenfalls nicht im Schaffen, —) —!« (Morgenröthe 550).
Damit fällt der bisherige Genie-Cultus:*) »Ach, um den
wohlfeilen Ruhm des »Genie's«! Wie schnell ist sein Thron
errichtet, seine Anbetung zum Brauch geworden! Immer
noch liegt man vor der Kraft auf den Knieen — nach

---

*) Vergleiche Menschliches, Allzumenschliches die Aphorismen
über »Cultus des Genius' aus Eitelkeit« (162) und »Gefahr und Gewinn im Cultus des Genius'.« (164).

alter Sclaven-Gewohnheit — und doch ist, wenn der Grad von Verehrungswürdigkeit festgestellt werden soll, nur der Grad der Vernunft in der Kraft entscheidend. (Morgenröthe 548). — Es ist die Zeit angebrochen für die strengen und schlichten Geister, die übermässige Verherrlichung der künstlerischen Genialität steht der »fortschreitenden Vermännlichung der Menschheit« entgegen. (Menschliches, Allzumenschliches I 147). Scheinbar kämpft das Genie wohl für »die höhere Würde und Bedeutung des Menschen«, es »will sich die glänzenden, tiefsinnigen Deutungen des Lebens durchaus nicht nehmen lassen und wehrt sich gegen nüchterne, schlichte Methoden und Resultate«, anstatt zurückzutreten gegenüber der höherstehenden »wissenschaftlichen Hingebung an das Wahre in jeder Gestalt, erscheine diese auch noch so schlicht«. (Menschliches, Allzumenschliches I 146). Wenn man die sogenannte »Inspiration« untersucht, so zeigt sich, dass nicht so sehr das Wunder einer zeugenden Phantasie, sondern ebenfalls nur die »Urtheilskraft« sichtend, ordnend, wählend, das Kunstwerk erzeugt, — »wie man jetzt aus den Notizbüchern Beethoven's ersieht, dass er die herrlichsten Melodien allmählich zusammengetragen und aus vielfachen Ansätzen gewissermaassen ausgelesen hat. — — — — — die künstlerische Improvisation steht tief im Verhältniss zum ernst und mühevoll erlesenen Kunstgedanken«. (Menschliches, Allzumenschliches I 155) Daher ist Genie in viel höherem Grade erlernbar, als meist angenommen wird: »Redet nur nicht von Begabung, angeborenen Talenten! Es sind grosse Männer aller Art zu nennen, welche wenig begabt waren. Aber sie bekamen Grösse, wurden »Genie's«, — — —: sie hatten Alle jenen tüchtigen Handwerker-Ernst, welcher erst lernt, die Theile vollkommen zu bilden, bis er es wagt, ein grosses Ganzes zu machen; sie gaben sich Zeit dazu, weil sie mehr Lust am Gutmachen des Kleinen, Nebensächlichen hatten, als an dem Effecte eines blendenden Ganzen.« (Menschliches, Allzumensch- liches I 163). Der Drang, das Wunder der Genialität zu erklären und herabzusetzen, ist hier, wo es in Nietzsches Gedanken dem Wagner-Wunder gilt, ebenso stark, wie später, in seiner letzten Geistesperiode, der Drang, dem Genie — diesmal dem eigenen Genie — das Wort zu sprechen und es auf das höchste zu glorificiren. Hier erscheint ihm sogar jede wahrhafte Grösse als ein Ver- hängniss, weil sie »viele schwächere Kräfte und Keime zu erdrücken« sucht, während es nur gerecht und wünschenswerth sei, dass nicht nur einzelne Grosse leben, sondern dass ebenfalls den »schwächeren und zarteren Naturen auch Luft und Licht gegönnt« (Menschliches, Allzumenschliches I 158) werde. »Das Vorurtheil zu Gunsten der Grösse: Die Menschen über- schätzen ersichtlich alles Grosse und Hervorstechende. — — — Die extremen Naturen erregen viel zu sehr die Aufmerksamkeit; aber es ist auch eine viel geringere Cultur nöthig, um von ihnen sich fesseln zu lassen.« (Menschliches, Allzumenschliches I 260).

Er findet nicht Worte genug, um den Hochmuth derer zu geisseln, die sich von der Allgemeinheit aus- genommen wissen wollen: »es ist Phantasterei, von sich zu glauben, dass man eine Meile Wegs voraus sei und dass die gesammte Menschheit unsere Strasse ziehe. — — — Man soll der hochmüthigen Vereinsamung nicht so leicht das Wort reden« (Menschliches, Allzumenschliches I 375). Denn diese Phantasterei beruht meistens auf einer eitlen Selbsttäuschung über die Motive unseres Thuns und Lassens; der wahre Denker weiss, dass eine so starke Betonung der Rangunterschiede unter den Menschen unberechtigt ist, und dass das Menschliche, selbst in seinen edelsten und höchsten Regungen, noch ein »Allzumenschliches« bleibt. Kraft dieser Einsicht ist er imstande, sich mit allen Uebrigen auf Eine Stufe zu stellen und sich gerade dadurch denkend über sein eignes unzulängliches Wesen zu erheben. »Vielleicht, dass es eine Zukunft giebt, wo dieser Muth des Denkens so angewachsen sein wird, dass er als der äusserste Hochmuth sich über den Menschen und Dingen fühlt, — wo der Weise als der am meisten Muthige sich selber und das Dasein am meisten unter sich sieht?« (Morgenröthe 551). Deshalb besitzt der Weise die Neigung, die menschlichen Handlungen auf ihre Allzumenschlichkeit zu prüfen: »Man wird selten irren, wenn man extreme Handlungen auf Eitelkeit, mittelmässige auf Gewöhnung und kleinliche auf Furcht zurückführt.« (Menschliches, Allzumenschliches I 74). Die Bedeutung der Eitelkeit als eines Hauptmotivs der menschlichen Handlungen wird immer neu betont und erwogen, — wie ihr auch in Rées Buch ein besonderes Capitel gewidmet war. »Wer die Eitelkeit bei sich leugnet, besitzt sie gewöhnlich in so brutaler Form, dass er instinctiv vor ihr das Auge schliesst, um sich nicht verachten zu müssen.« (Menschliches, Allzumenschliches II 38). »Wie arm wäre der menschliche Geist ohne die Eitelkeit!« (Menschliches, Allzumenschliches I 79). Die Eitelkeit, das »menschliche Ding an sich.« (Menschliches, Allzumenschliches II 46). »Die ärgste Pest könnte der Menschheit nicht so schaden, als wenn eines Tages die Eitelkeit aus ihr entschwände.« (Der Wanderer und sein Schatten 285). Denn auch das, was wir uns gewöhnt haben, für Kraftgefühl und Machtbewusstsein inneren höchsten Werthes anzusehen, ist meistens nur ein Ausfluss der Eitelkeit, sich hervorzuthun. Der Mensch will für mehr gelten, als er eigentlich seiner Kraft nach zu gelten berechtigt ist. »Er merkt zeitig, dass nicht Das, was er ist, sondern Das, was er gilt, ihn trägt oder niederwirft: hier ist der Ursprung der Eitelkeit.« (Der Wanderer und sein Schatten 181. »Die Eitelkeit als die grosse Nützlichkeit.«), — wo Nietzsche den Mächtigen gleichsetzt mit dem Eitlen, Listigen, Klugen, der die eigne Furchtsamkeit und Wehrlosigkeit dadurch verbirgt, dass er sich Ansehen verschafft. Die einschlägigen Aussprüche stehen im schärfsten Gegensatz zu seiner spätern Anschauung der Sklaven- und Herrennaturen, sowie der ursprünglichen Gemeinwesen. (Vergl. auch den Aphorismus »Eitelkeit als Nachtrieb des ungesellschaftlichen Zustandes« in Der Wanderer und sein Schatten 31.) Die Eitelkeit schwindet in dem Maasse, als sich der höher stehende Mensch der Gleichheit oder doch der Aehnlichkeit menschlicher Motive bewusst wird und sich selbst in der ihn allen Andern gleichstellenden »Allzumenschlichkeit« seiner Triebe erkennt.

Der einzige wahrhaft werthbestimmende Unterschied zwischen den Menschen liegt ausschliesslich in der Art und dem Grade ihres intellectuellen Vermögens; die Menschen veredeln heisst demnach nichts anderes, als Einsicht unter sie tragen. Selbst das, was vom moralischen Standpunkt aus als böse bezeichnet wird, erweist sich meistens als bedingt durch geistige Verkümmerung und Verrohung. »Viele Handlungen werden böse genannt und sind nur dumm, weil der Grad der Intelligenz, welcher sich für sie entschied, sehr niedrig war.« (Menschliches, Allzumenschliches I 107). Die Unfähigkeit, den Schaden oder das Weh, welches man Andern zufügt, richtig zu taxiren, lässt den sogenannten Verbrecher, den in seiner Geistesentwickelung Zurückgebliebenen, als besonders grausam und herzlos erscheinen. »Ob der Einzelne den Kampf um das Leben so kämpft, dass die Menschen ihn gut, oder so, dass sie ihn böse nennen, darüber entscheidet das Maass und die Beschaffenheit seines Intellects.« (Menschliches, Allzumenschliches I 104). »Die Menschen, welche jetzt grausam sind, müssen uns als Stufen früherer Culturen gelten, — — —. Es sind zurückgebliebene Menschen, deren Gehirn, durch alle möglichen Zufälle im Verlaufe der Vererbung, nicht so zart und vielseitig fortgebildet worden ist.« (Menschliches, Allzumenschliches I 43). Es sind die Menschen des Niedergangs. Je vorgeschrittener aber ein Mensch, desto mehr verfeinert, mildert, ja verdünnt sich gewissermassen die rohe Instinctkraft der ursprünglichen Leidenschaften, aus der noch die Handlungen des Zurückgebliebenen quellen. — »Gute Handlungen sind sublimirte böse; böse Handlungen sind vergröberte, verdummte, gute. — — — Die Grade der Urtheilsfähigkeit entscheiden, wohin Jemand sich — — hinziehen lässt. —. — — — Ja, in einem bestimmten Sinne sind auch jetzt noch alle Handlungen dumm, denn der höchste Grad von menschlicher Intelligenz — — — wird sicherlich noch überboten werden: und dann — — — wird der erste Versuch gemacht, ob die Menschheit aus einer moralischen sich in eine weise Menschheit umwandeln könne«. (Menschliches, Allzumenschliches I 107). Ihr Merkzeichen aber wird sein, dass in den Menschen »der gewaltthätige Instinct schwächer«, »die Gerechtigkeit in Allen grösser« wird, »Gewalt und Sclaverei« aufhört. (Menschliches, Allzumenschliches I 452). Beneidenswerth sind Diejenigen, in denen sich durch generationenlange Gewöhnung ein milder, mitleidsvoller und liebevoller Sinn vererbt hat: »Die Herkunft von guten Ahnen macht den ächten

Geburtsadel aus; eine einzige Unterbrechung in jener Kette, Ein böser Vorfahr also hebt den Geburtsadel auf. Man soll Jeden, welcher von seinem Adel redet, fragen: hast du keinen gewaltthätigen, habsüchtigen, ausschweifenden, boshaften, grausamen Menschen unter deinen Vorfahren? Kann er darauf in gutem Wissen und Gewissen mit Nein antworten, so bewerbe man sich um seine Freundschaft. (Menschliches, Allzumenschliches I 456). »Das beste Mittel, jeden Tag gut zu beginnen, ist: beim Erwachen daran zu denken, ob man nicht wenigstens einem Menschen an diesem Tage eine Freude machen könne. Wenn dies als ein Ersatz für die religiöse Gewöhnung gelten dürfte, so hätten die Menschen einen Vortheil bei dieser Aenderung.« Und diese Verherrlichung der zarten und mitleidigen Regungen auf Kosten nicht nur der brutalen Roheit, sondern auch der begeisterten Leidenschaft des religiösen oder künstlerischen Rausches klingt aus in der schönen Begründung der Religionslosigkeit: »Es ist nicht genug Liebe und Güte in der Welt, um noch davon an eingebildete Wesen wegschenken zu dürfen.« (Menschliches, Allzumenschlichen I 129).*)

Wir werden später sehen, wie stark sich Nietzsches letzte Philosophie gegen diese Auffassung der Mitleids-Moral und der Abschwächung des Instinctlebens richtet, und wie ihm nur derjenige der höchststehende Mensch heissen wird, der die ganze Fülle der leidenschaftlichen Triebe

---

*) Dieser Besitz von »Liebe und Güte« als der heilsamsten Kräuter und Kräfte im Verkehre der Menschen (Menschliches, Allzumenschliches I 48) ist noch mehr werth als die gepriesene grosse einzelne Aufopferung; noch »mächtiger an der Cultur gebaut«, hat jenes immerwährende freundliche Wohlwollen, das des Lebens »Behagen« schafft. (Menschliches. Allzumenschliches I 49).

und Instincte in sich birgt, — also der »böse« Mensch.
Noch ist ihm aber ausserhalb der Güte und Selbstlosigkeit
kein Menschenwerth denkbar, weil nur diese die Ueberwindung der thierischen Vergangenheit darstellen.

Deshalb sollte man den Weisen allein zugleich gut
nennen, nicht weil er anders geartet ist als der Unweise,
sondern weil die ursprüngliche menschliche Beschaffenheit in ihm vergeistigt und dadurch »die Wildheit in
seinen Anlagen besänftigt« worden ist (Menschliches,
Allzumenschliches I 56). »Die volle Entschiedenheit des
Denkens und Forschens, also die Freigeisterei, zur Eigenschaft des Charakters geworden, macht im Handeln
mässig: denn sie schwächt die Begehrlichkeit« (Ebendaselbst 464). »Dabei verschwindet immer mehr — —
die übermässige Erregbarkeit des Gemüthes. Er (der
Weise) geht zuletzt wie ein Naturforscher unter Pflanzen,
so unter Menschen herum und nimmt sich selber als ein
Phänomen wahr, welches nur seinen erkennenden Trieb
stark anregt« (Ebendaselbst 254). Alle menschliche Grösse
beruht auf einer Verfeinerung des Instinctmässigen; der
höchste Mensch entsteht durch das Abstreifen des Thierischen, als ein »Nicht-mehr-Thier«, rein negativ gedacht:
er ist als das »dialektische und vernünftige Wesen« das
»Ueber-Thier« (Menschliches, Allzumenschliches I 40), in
dem sich »eine neue Gewohnheit, die des Begreifens,
Nicht-Liebens, Nicht-Hassens, Ueberschauens« allmählich
anpflanzen kann (Ebendaselbst 107).

Ein »Ueber-Mensch« hingegen, als ein Wesen von
positiven neuen und höheren Eigenschaften, galt
Nietzsche damals als vollendete Phantasterei und seine
Erfindung als der stärkste Beweis menschlicher Eitelkeit.
»Es müsste geistigere Geschöpfe geben, als die Menschen
sind, blos um den Humor ganz auszukosten, der darin

liegt, dass der Mensch sich für den Zweck des ganzen Weltendaseins ansieht, und die Menschheit sich ernstlich nur mit Aussicht auf eine Welt-Mission zufrieden giebt« (Der Wanderer und sein Schatten 14). »Ehemals suchte man zum Gefühl der Herrlichkeit des Menschen zu kommen, indem man auf seine göttliche A b k u n f t hin- zeigte: diess ist jetzt ein verbotener Weg geworden, denn an seiner Thür steht der Affe, nebst anderem greulichen Gethier, und fletscht verständnissvoll die Zähne, wie um zu sagen: nicht weiter in dieser Richtung! So versucht man es jetzt in der entgegengesetzten Richtung: der Weg, w o h i n die Menschheit geht, soll zum Beweise ihrer Herrlichkeit — — — dienen. Ach, auch damit ist es Nichts! — — — — — Wie hoch die Menschheit sich entwickelt haben möge — und vielleicht wird sie am Ende gar tiefer, als am Anfang stehen! — es giebt für sie keinen Übergang in eine höhere Ordnung, so wenig die Ameise und der Ohrwurm am Ende ihrer »Erden- bahn« zur Gottverwandtschaft und Ewigkeit emporsteigen. Das Werden schleppt das Gewesensein hinter sich her: warum sollte es von diesem ewigen Schauspiele eine Ausnahme — — — geben! Fort mit solchen Sentimentali- täten!« (Morgenröthe 49). Vermöchte ein Mensch das Leben ganz zu erkennen, so müsste er »am Werthe des Lebens verzweifeln; gelänge es ihm, das Gesammtbe- wusstsein der Menschheit in sich zu fassen und zu em- pfinden, er würde mit einem Fluche gegen das Dasein zusammenbrechen, — denn die Menschheit hat im Ganzen k e i n e Ziele, folglich kann der Mensch — — nicht darin seinen Trost und Halt finden, sondern seine Ver- zweiflung« (Menschliches, Allzumenschliches I 33). Daher lautet »der erste Grundsatz des neuen Lebens«: »man soll das Leben auf das Sicherste, Beweisbarste hin ein-

richten: nicht wie bisher auf das Entfernteste, Unbe-
stimmteste, Horizont-Wolkenhafteste hin« (Der Wanderer
und sein Schatten 310). Man soll wieder »zum guten Nachbar
der nächsten Dinge« (Der Wanderer und sein Schatten 16)
werden und, anstatt im »Unzeitgemässen« der fernsten Vergangenheit und Zukunft zu schwelgen, die höchsten Erkennt-
nissgedanken der eigenen Zeit in sich verkörpern. Denn es
ist der Menschheit nunmehr, an Stelle all jener phantastischen
Ziele, »die Erkenntniss der Wahrheit als das einzige ungeheure Ziel« (Morgenröthe 45) vor Augen zu stellen.
»Dem Lichte zu — deine letzte Bewegung; ein Jauchzen
der Erkenntniss — dein letzter Laut« (Menschliches,
Allzumenschliches I 292). Es ist möglich, dass ein
solcher überhandnehmender Intellectualismus ihr Glück
und ihre Lebensfähigkeit beeinträchtigt, dass er also in
einem gewissen Sinne ein »Decadenz-Symptom« ist, —
aber hier deckt sich der Begriff der Decadenz mit dem
der edelsten Grösse: »Vielleicht selbst, dass die Menschheit an dieser Leidenschaft der Erkenntniss zu Grunde
geht! — — — Sind die Liebe und der Tod nicht Ge-
schwister? — wir wollen Alle lieber den Untergang der
Menschheit, als den Rückgang der Erkenntniss!« (Morgenröthe 429). Ein solcher »Tragödien-Ausgang der Erkenntniss« (Morgenröthe 45) wäre gerechtfertigt, denn für sie
ist kein Opfer zu gross: »Fiat veritas, pereat vita!« Dieses
Wort fasste damals Nietzsches Erkenntnissideal zusammen,
— dasselbe Wort, gegen das er sich noch kurz zuvor mit
der grössten Erbitterung gewendet hatte, und das er nur
wenige Jahre später wieder ebenso heftig bekämpfen
sollte, so dass die Umkehrung desselben als die
Quintessenz sowohl seiner ursprünglichen als auch seiner
späteren Lehre gelten kann. Das Lebenwollen um
jeden Preis, auch um den Preis der Lebenserkenntniss,

— das ist die »neue Lehre«, die Nietzsche später jener Lebensmüdigkeit entgegenstellte, deren Einsicht in der Werthlosigkeit alles Geschaffenen gipfelt: »In der Reife des Lebens und des Verstandes überkommt den Menschen das Gefühl, dass sein Vater Unrecht hatte, ihn zu zeugen« (Menschliches, Allzumenschliches I 386); denn »Jeder Glaube an Werth und Würdigkeit des Lebens beruht auf unreinem Denken« (Ebendaselbst 33).

Verfolgt man Nietzsches Gedanken in dieser Gruppe von Werken, so kann man deutlich herausempfinden, unter welchem inneren Zwange er sie zu immer schroffern Consequenzen zuspitzte, und mit welchem Grade von Selbstüberwindung dies jedesmal geschah. Aber gerade infolge des Gegensatzes, in dem diese Erkenntnissrichtung zu seinem innersten Bedürfen und Verlangen stand, wurde die Erkenntniss der Wahrheit für ihn zu einem Ideal, — gewann sie für ihn die Bedeutung einer höheren, von ihm selbst unterschiedenen, ihm schlechthin überlegenen Macht. Der Zwang, dem er sich damit unterwarf, befähigte ihn ihr gegenüber zu einem enthusiastischen, — fast religiösen Verhalten und ermöglichte ihm jene religiös motivirte Selbstspaltung, deren Nietzsche bedurfte, — jene Selbstspaltung, durch die der Erkennende auf sein eigenes Wesen und dessen Regungen und Triebe herabblicken kann wie auf ein zweites Wesen. Indem er sich so gleichsam der Wahrheit als einer Idealmacht opferte, gelangte er zu einer Affect-Entladung religiöser Art, die eine viel intensivere Gluth in ihm erzeugen musste, als sie sich jemals an einer warmen, kampflosen Befriedigung seiner innern Wünsche und Neigungen hätte entzünden können. So erscheint in dieser Periode, paradox genug, sein ganzer Kampf wider den Rausch, seine ganze Verherrlichung der Affectlosigkeit lediglich als ein Versuch, sich durch diese Selbstvergewaltigung zu berauschen.

Daher vollzog er seine Wandlung in einem äussersten Extrem; ja man könnte sagen: die Energie, mit welcher er sich zu einem lauten, rückhaltlosen »Ja!« der neuen Denkweise gegenüber aufrafft, stelle nur den Gewaltact eines »Nein!« dar, mit dem er seine eigne Natur und ihre tiefsten Bedürfnisse zu unterjochen strebt. Jene »vorurtheilslose Kälte und Ruhe des Erkennenden«, sein Ideal in dieser Geistesperiode, begriff für ihn eine Art sublimer Selbstfolterung in sich, und er ertrug sie nur, indem er dabei die Leiden seines Seelenlebens entschlossen als eine Krankheit auffasste, als eine von den »Krankheiten, in denen Eisumschläge noth thun« (Menschliches, Allzumenschliches I 38), — und auch wohl thun, — denn »die scharfe Kälte ist so gut ein Reizmittel als ein hoher Wärmegrad«.

Deshalb tritt seine Uebereinstimmung mit Rées Gedankenrichtung nirgends so vollständig zu Tage als gerade in dem Erstlingswerk »Menschliches, Allzumenschliches«, zu einer Zeit also, wo er am schwersten unter seiner Trennung von Wagner und dessen Metaphysik litt. Daher liess er sich in seinem übertriebenen Intellectualismus vielfach von der persönlichen Eigenart Rées leiten. Er formte sich auf Grund derselben ein ganz bestimmtes Idealbild, das ihm zur Richtschnur diente: die Ueberlegenheit des Denkers über den Menschen, die Nichtachtung aller Schätzungen, welche dem Affectleben entspringen, die unbedingte und rückhaltlose Hingabe an die wissenschaftliche Forschung erstand vor ihm als ein neuer und höherer Typus des erkennenden Menschen und verlieh seiner Philosophie ihr eigenthümliches Gepräge.

Im Bedürfniss, die rein wissenschaftlichen Gedanken, die er dem Positivismus entnahm, in einer menschlichen Form verkörpert zu denken, verfing er sich im Bild einer einzelnen, ganz bestimmten Persönlichkeit, die ihm selbst durchaus entgegengesetzt war, und marterte sich damit, die Züge dieses Bildes noch zu verschärfen. Dass er immer wieder zu seiner Entwickelung der Selbstverneinung, zu seiner Geistessteigerung der freiwilligen Schmerzen bedurfte, erklärt auch hier den scheinbaren Widerspruch, dass er, um seine Selbständigkeit aus dem Bannkreise Wagners und der Metaphysik zu retten, sich wieder unter fremden Bann stellte, sein Selbst aufzugeben suchte. Denn weder im Charakter der philosophischen Richtung noch in dem des persönlichen Verhältnisses lag eine Veranlassung dazu; die Gründe blieben vielmehr rein innerlicher Natur. Sie allein trieben ihn zum engen Anschluss an einen Andern und dessen Gedanken; sie trieben ihn, gleichsam aus einem »Collectivgeist« (Menschliches, Allzumenschliches I 180) heraus zu denken und zu schaffen. In diesem Sinne konnte er bei Uebersendung seines »Menschlichen, Allzumenschlichen« dem Freunde schreiben: »Ihnen gehört's, — den Andern wird's geschenkt!« und gleich darauf hinzufügen: ›Alle meine Freunde sind jetzt einmüthig, dass mein Buch von Ihnen geschrieben sei und herstamme: weshalb ich zu dieser neuen Vaterschaft gratulire! Es lebe der Réealismus!«

Es stellte sich eben zwischen den beiden Freunden eine eigenthümliche Art der Ergänzung heraus, die derjenigen ganz entgegengesetzt war, welche einst zwischen Nietzsche und Wagner bestanden hatte. Für Wagner, als das Kunstgenie, musste Nietzsche der Denker und Erkennende sein, der wissenschaftliche Vermittler der neuen Kunstcultur. Jetzt hingegen war in Rée der Theoretiker gegeben, und Nietzsche ergänzte ihn dadurch, dass er die praktischen Consequenzen der Theorien zog und ihre innere Bedeutung für Cultur und Leben festzustellen suchte. An diesem Punkt, bei der Frage nach dem Werth, schied sich die geistige Eigenart der Freunde. So hörte der Eine da auf, wo der Andere anfing. Rée, als Denker von schroffer Einseitigkeit, liess sich durch solche Fragen nicht beeinflussen; ihm ging der künstlerische, philosophische, religiöse Geistesreichthum Nietzsches ganz ab, dagegen war er von Beiden der schärfere Kopf. Mit Staunen und Interesse sah er, wie seine fest und sauber gesponnenen Gedankenfäden sich unter Nietzsches Zauberhänden in lebendige frischblühende Ranken verwandelten. Für Nietzsches Werke ist es charakteristisch, dass selbst ihre Irrthümer und Fehler noch eine Fülle von Anregung enthalten, die ihre allgemeine Bedeutung erhöht, selbst wo jene ihren wissenschaftlichen Werth verringern. Im Gegensatz dazu ist es für Rées Schriften bezeichnend, dass sie mehr Mängel als Fehler besitzen; dies drückt wohl am klarsten aus der Schlusssatz des kurzen Vorwortes zum »Ursprung der moralischen Empfindungen«: »In dieser Schrift sind Lücken, aber Lücken sind besser, als Lückenbüsser«! Nietzsches geniale Vielseitigkeit hingegen erschliesst neue Einblicke gerade in Gebiete, zu denen der Logik der Schlüssel fehlt, in denen diese sich gezwungen sieht, dem Wissen seine Lücken zu lassen.

Während für Nietzsche die leidenschaftliche Verschmelzung des Gedankenlebens mit dem gesammten Innenleben charakteristisch war, bildete einen Grundzug von Rées geistigem Wesen die schroffe und bis zum Aeussersten gehende Scheidung von Denken und Empfinden. Nietzsches Genialität entsprang dem lebensvollen

Feuer hinter seinen Gedanken, welches sie in einem so herrlichen Lichte ausstrahlen liess, wie sie es auf dem Wege der logischen Einsicht allein nicht hätten gewinnen können: Rées Geistesstärke beruhte auf der kalten Unbeeinflussbarkeit des Logischen durch das Psychische, auf der Schärfe und klaren Strenge seines wissenschaftlichen Denkens. Seine Gefahr lag in der Einseitigkeit und Abgeschlossenheit dieses Denkens, in einem Mangel an jener weitgehenden und feinen Witterung, die mehr Verständniss als Verstand verlangt; Nietzsches Gefahr lag gerade in seiner unbegrenzten Anempfindungsfähigkeit und der Abhängigkeit seiner Verstandeseinsichten von allen Regungen und Erregungen seines Gemüths. Selbst da, wo seine jeweilige Denkweise momentan mit geheimen Wünschen und Herzenstrieben in Widerspruch zu gerathen schien, schöpfte er doch seine höchste Erkenntnisskraft aus dem wilden Kampf und Widerstreit mit solchen Wünschen und Trieben. Rées Geistesart hingegen schien selbst dann noch jede Betheiligung des Gemüthslebens an Erkenntnissfragen auszuschliessen, wenn einmal das Erkenntnissresultat seinem individuellen Empfinden entsprach. Denn der Denker in ihm blickte überlegen und fremd auf den Menschen in ihm herab und saugte demselben dadurch gewissermaassen einen Theil seiner Energie aus, und mit der Energie den Egoismus. An dessen Stelle gab es in diesem Charakter nichts als eine tiefe, lautere, unbegrenzte Güte des Wesens, deren Aeusserungen in einem interessanten und ergreifenden Gegensatz standen zu der kalten Nüchternheit und Härte seines Denkens. Nietzsche aber besass umgekehrt jene hochfliegende Selbstliebe, die sich selbst so lange in ihre Erkenntnissideale hinein verlegt, bis sie sich fast mit ihnen verwechselt und der Welt

mit der Begeisterung des Apostels und Bekehrers gegen-
übertritt.

So lag hinter aller theoretischen Uebereinstimmung
der Freunde eine um so tiefere Verschiedenheit des
Empfindens unter der Gedankenhülle verborgen. Was
durchaus der natürliche Ausdruck der geistigen Eigenart
des Einen war, war für den Andern der volle Gegensatz der
seinigen; aber eben darum Beiden dasselbe Ideal. Nietzsche schätzte und überschätzte an Rée, was ihm selbst
am schwersten fiel, weil eben für ihn in einem solchen
Selbstzwang wieder die innere Bedeutung seiner Wandlung lag: »Mein lieber Freund und Vollender!« nennt er
ihn deshalb in einem Briefe, »wie sollte ich es auch
aushalten, ohne von Zeit zu Zeit meine eigene Natur
gleichsam in einem gereinigten Metall und in einer er-
höhtern Form zu sehen, — ich, der ich selber Bruchstück — — — bin und durch selten, selten gute Minuten
in das bessere Land hinausschaue, wo die ganzen und
vollständigen Naturen wandeln!«

Aber diese von sich selbst absehende Hingebung ist
nur der Weg, auf dem er sich innerhalb einer neuen
Weltanschauung zu einem eigenen neuen Selbst durch-
ringt; es ist nur der leidende Zustand, in dem er den
aufgenommenen fremden Geistessamen zu seinem eignen
lebensvollen Originalgeist umschafft und ausgestaltet. Es
sind wie immer die Geburtswehen, die seine neue Schöpfung begleiten und es ihm verbürgen, dass er sich mit
seinem ganzen Wesen und allen seinen Kräften in ihr
ausleben und erneuern wird.

Die Geschichte also, wie Nietzsche sich in dieser
Wandlung entwickelt und sie wieder verlässt, ist wesentlich eine Geschichte seines innern Erlebens, seiner Seelen-
kämpfe. In den hierhergehörigen Werken, — von seinem

Erstgeborenen und Schmerzenskinde »Menschliches, Allzumenschliches« an, bis hinein in die tiefbewegte freudige
Stimmung der »Fröhlichen Wissenschaft«, die gewissermassen schon der folgenden Geistesperiode angehört,
liegt diese Entwicklung vor uns ausgebreitet. In ihnen
allen hat er in einer Reihe von Aphorismensammlungen
das »Bild und Ideal des Freigeistes« aufrichten wollen,
des freien Geistes in seinen Gedanken über alle Gebiete
des Wissens und des Lebens und noch mehr in der
Fülle seiner Gedankenerlebnisse selbst. Die Grundstimmung, aus der ein jedes dieser Bücher hervorgegangen
ist, prägt sich jedesmal als das eigentlich Charakteristische
an demselben schon im Titel aus. Niemals sind Nietzsches Titel zufällig, indifferent oder abstractem Stoff
entnommen, sie sind ganz und gar Bilder innerer Vorgänge, ganz und gar Symbole. So fasste er auch den
Grundinhalt seiner einsamen Denkerexistenz am Schluss
der Siebzigerjahre in wenigen Worten zusammen, als er
auf das Titelblatt des zweiten Werkes schrieb: »Der
Wanderer und sein Schatten« (Chemnitz 1880, Ernst
Schmeitzner). Aus der Hitze der ersten, leidenschaftlichen Kämpfe ist er hier in die Einsamkeit seiner selbst
eingekehrt; aus dem Krieger wurde ein Wanderer, der
statt feindseliger Angriffe auf die verlassene Geistesheimath
nunmehr das Land seiner freiwilligen Verbannung danach
durchforscht, ob der steinige Boden sich nicht anbauen lasse,
ob nicht auch er irgendwo seine fette Erdkrume besitze.
Der laute Zwiespalt mit dem Gegner hat sich in die Stille
eines Zwiegesprächs mit sich selbst aufgelöst: der Einsame hört seinen eigenen Gedanken zu wie einer mehr-
stimmigen Unterhaltung, er lebt in ihrer Gesellschaft wie
unter ihrem ihn überall hin begleitenden Schatten. Noch
erscheinen sie ihm düster, einförmig und gespenstisch,

ja, so hoch und drohend emporgewachsen, wie es Schatten-
gebilde nur sind, wenn die Sonne im Untergang steht.
Aber nicht lange mehr, denn seine Nähe streift ihnen
allmählich alles Schattenhafte ab: was Gedanke war und
farblose Theorie, das erhält Klang und Blick, Gestalt und
Leben. Ist dies doch der innere Process seiner Aneig-
nung und Umschaffung des Neuen und Ungewohnten:
dass er ihm Leben einhaucht, dass er ihm zu voller
Lebensfülle verhilft. Man möchte sagen: Nietzsche wählt
sich die düstersten Gedankenschatten aus, um sie mit
seinem eigenen Blut zu nähren, um sie, sei es auch unter
Wunden und Verlusten, zuletzt dennoch zu seinem eigenen
lebendigen Selbst verwandelt zu sehen, zu seinem Doppel-
Selbst.

In dem Maasse als die Gedanken, mit denen er sich
umgiebt, von dem ganzen Reichthum seines Wesens in
sich aufnehmen, in dem Maasse als sie sich langsam
mit der ganzen wunderbaren Kraft und Gluth desselben
sättigen, wird die Stimmung immer gehobener und ge-
troster. Man fühlt: hier geht Nietzsche Schritt um Schritt
den Weg zu sich selbst, beginnt heimisch zu werden in
seiner neuen »Haut«, beginnt sich in seiner Eigenart
auszuleben, ihm ist wie einem Wanderer, der nach harter
Mühsal endlich nach Hause kommt. Er will nicht mehr
dasselbe Ziel des Denkens erreichen, wie sein Genosse
Paul Rée, er will das Seine: dies hört man sogar
schon aus Briefen heraus, in denen er immer noch den
Theoretiker bewundert: »Immer mehr bewundere ich
übrigens, wie gut gewappnet Ihre Darstellung nach der
logischen Seite ist. Ja, so etwas kann ich nicht machen:
höchstens ein bischen seufzen oder singen, — aber beweisen, dass es Einem wohl im Kopfe wird, das können
Sie, und daran ist hundertmal mehr gelegen.«

In solchem »Singen und Seufzen« hatte sich gerade die eigene Genialität seinem Bewusstsein aufgedrängt, als die Gabe zu den herrlichsten Klagegesängen und Siegeshymnen, die jemals eine Gedankenschlacht begleiteten, als die Schöpfergabe, auch noch den nüchternsten, den hässlichsten Gedanken in innere Musik umzusetzen. Lebte doch der Musiker in ihm sich nicht mehr auf eigene Kosten aus, er ging mit auf, ein Einzelton, in der neuen grossen Melodie des Ganzen.

Und dies giebt in der That seinen Werken und Gedanken zu dieser Zeit noch eine ganz besondere Bedeutung: die neue Einheitlichkeit, die sein Wesen dadurch gewonnen hat, dass alle seine Triebe und Talente allmählich dem einen grossen Ziele des Erkennens dienstbar gemacht worden sind. Der Künstler, der Dichter, der Musiker Nietzsche, anfangs gewaltsam zurückgedrängt und unterdrückt, beginnt wieder sich Gehör zu verschaffen, aber unterthan dem Denker in ihm und dessen Zielen: — dies hat ihn dazu befähigt, von seinen neuen Wahrheiten in einer Weise zu »singen und zu seufzen«, die ihn zum ersten Stilisten der Gegenwart erhoben haben.[*]

*) Vergleiche die folgenden Aphorismen, die Nietzsche mir einmal aufschrieb:

Zur Lehre vom Stil.

1.

Das Erste, was noth thut, ist Leben: der Stil soll leben.

2.

Der Stil soll dir angemessen sein in Hinsicht auf eine ganz bestimmte Person, der du dich mittheilen willst. (Gesetz der doppelten Relation.)

3.

Man muss erst genau wissen: »so und so würde ich das sprechen und vortragen« — bevor man schreiben darf. Schreiben muss eine Nachahmung sein.

Seinen Stil auf Ursachen und Bedingungen hin prüfen ist daher mehr, als die blosse Ausdrucksform seiner Gedanken untersuchen: es bedeutet, Nietzsche in seinem innersten Grundwesen belauschen. Denn der Stil dieser Werke ist entstanden durch die opferwillige und begeisterte Verschwendung grosser künstlerischer Talente zu Gunsten des strengen Erkennens, — durch das Bestreben, n u r dieses strenge Erkennen und nichts als dieses auszusprechen, aber nicht in abstracter Allgemein-

4.

Weil dem Schreibenden viele Mittel des Vortragenden fehlen, so muss er im Allgemeinen eine sehr ausdrucksvolle Art von Vortrag zum Vorbild haben: das Abbild davon, das Geschriebene, wird schon nothwendig viel blässer ausfallen.

5.

Der Reichthum an Leben verräth sich durch Reichthum an Gebärden. Man muss alles, Länge und Kürze der Sätze, die Interpunctionen, die Wahl der Worte, die Pausen, die Reihenfolge der Argumente — als Gebärden empfinden lernen.

6.

Vorsicht vor der Periode! Zur Periode haben nur die Menschen ein Recht, die einen langen Athem auch im Sprechen haben. Bei den meisten ist die Periode eine Affectation.

7.

Der Stil soll beweisen, dass man an seine Gedanken glaubt, und sie nicht nur denkt, sondern empfindet

8.

Je abstracter die Wahrheit ist, die man lehren will, um so mehr muss man erst die Sinne zu ihr verführen.

9.

Der Tact des guten Prosaikers in der Wahl seiner Mittel besteht darin, dicht an die Poesie heranzutreten, aber niemals zu ihr überzutreten.

10.

Es ist nicht artig und klug, seinem Leser die leichteren Einwände vorwegzunehmen. Es ist sehr artig und sehr klug, seinem Leser zu überlassen, die letzte Quintessenz unserer Weisheit selber auszusprechen.

heit, sondern in individualisirtester Nüancirung, — so
wie es sich in allen Regungen einer ergriffenen und er-
schütterten Seele wiederspiegelt. Die lebendigste Innerlichkeit und Fülle hatte Nietzsche schon in den Werken
seiner ersten Geistesperiode in vollendete Form zu giessen
verstanden, — aber erst jetzt lernte er, sie mit der Schärfe
und Kälte nüchternen Denkens zu verbinden: wie ein
goldener Ring umschliesst dieses die Lebensfülle in einem
jeden seiner Aphorismen und verleiht ihnen gerade hierdurch ihren eigenthümlichen Zauber. So schuf Nietzsche
gewissermaassen einen neuen Stil in der Philosophie,
die bis dahin nur den Ton des Wissenschafters oder die
dichterische Rede des Enthusiasten vernommen hatte: er
schuf den Stil des Charakteristischen, der den
Gedanken nicht nur als solchen, sondern mit dem ganzen
Stimmungsreichthum seiner seelischen Resonanz ausspricht, mit all den feinen und geheimen Gefühlsbezie-
hungen, die ein Wort, ein Gedanke weckt. Durch diese
Eigenart meistert Nietzsche nicht nur die Sprache, sondern hebt zugleich über die Grenze sprachlicher Unzu-
länglichkeit hinaus, indem er durch die Stimmung miterklingen lässt, was sonst im Worte stumm bleibt.

In keines Andern Geist aber konnte das bloss Gedachte so völlig zu etwas wirklich Erlebtem werden,
wie in Nietzsches Geist, denn keines Andern Leben
ging je so völlig darin auf, mit dem ganzen innern
Menschen am Denken schöpferisch zu werden. Seine
Gedanken hoben sich nicht, wie es gewöhnlich der Fall
ist, vom wirklichen Leben und dessen Ereignissen ab:
sie machten vielmehr das eigentliche und einzige
Lebensereigniss dieses Einsamen aus. Und dem gegenüber erschien ihm auch der lebensvollste Ausdruck, den
er für sie fand, noch blass und leblos: »Ach, was seid

ihr doch, ihr meine geschriebenen und gemalten Gedanken!« so klagt er in dem schönen Schluss-Aphorismus
von »Jenseits von Gut und Böse« (296). »Es ist nicht lange
her, da wart ihr noch so bunt, jung und boshaft, voller
Stacheln und geheimer Würzen, dass ihr mich niesen und
lachen machtet — und jetzt? - — — Welche Sachen
schreiben und malen wir denn ab, wir Mandarinen mit
chinesischem Pinsel, wir Verewiger der Dinge, welche
sich schreiben lassen, was vermögen wir denn allein
abzumalen? Ach, immer nur Das, was eben welk werden
will und anfängt, sich zu verriechen! Ach, immer nur
abziehende und erschöpfte Gewitter und gelbe späte Gefühle! Ach, immer nur Vögel, die sich müde flogen und
verflogen und sich nun mit der Hand haschen lassen, —
mit unserer Hand! - — — Und nur euer Nachmittag ist es, ihr meine geschriebenen und gemalten
Gedanken, für den allein ich Farben habe, viel Farben
vielleicht, viel bunte Zärtlichkeiten und fünfzig Gelbs und
Brauns und Grüns und Roths: — aber Niemand erräth
mir daraus, wie ihr in eurem Morgen aussahet, ihr plötzlichen Funken und Wunder meiner Einsamkeit, ihr meine
alten, geliebten — schlimmen Gedanken!«

Es gehört ganz wesentlich dazu, dass man sich
Nietzsche bei seinen stillen und einsamen Wanderungen
vorstelle, ein paar Aphorismen mit sich herumtragend als
das Resultat langer stummer Selbstunterhaltung, — nicht
über den Schreibtisch gebückt, nicht mit der Feder in
der Hand:

»Ich schreib nicht mit der Hand allein:
Der Fuss will stets mit Schreiber sein.«
singt er in der Fröhlichen Wissenschaft (Scherz, List und
Rache 52). Gebirge und Meer umgeben ihn bei seinen
Gedanken-Wandelungen als der wirkungsvolle Hinter-

grund für die Gestalt dieses Einsamen. Am Hafen von Genua träumte er seine Träume, sah eine neue Welt am verhüllten Horizont empordämmern in der Morgenröthe und fand das Wort seines Zarathustra (II 5): »— — aus dem Überflusse heraus ist es schön hinaus zu blicken auf ferne Meere.« Im Engadiner Gebirge aber erkannte er sich selbst wie in einer Wiederspiegelung von Kälte und Gluth, aus deren Mischung alle seine Kämpfe und Wandlungen hervorgegangen waren. »In mancher Natur-Gegend entdecken wir uns selber wieder, mit angenehmem Grausen; es ist die schönste Doppelgängerei,« sagt er davon (Der Wanderer und sein Schatten 338), »— — — in dem gesammten — — —. Charakter dieser Hochebene, welche sich ohne Furcht neben die Schrecknisse des ewigen Schnees hingelagert hat, hier, wo Italien und Finnland zum Bunde zusammengekommen sind und die Heimath aller silbernen Farbentöne der Natur zu sein scheint: — — —« Von diesem Ort mit seinen »kleinen, abgelegenen Seen,« aus denen ihn »die Einsamkeit selber mit ihren Augen anzusehen schien,« sagt er auch in einem Briefe: »Seine Natur ist der meinigen verwandt, wir wundern uns nicht über einander, sondern sind vertraulich zusammen.«

Aeusserlich betrachtet, hatte ihn allerdings sein Kopf- und Augenleiden gezwungen, rein aphoristisch zu arbeiten, aber auch seiner geistigen Eigenart entsprach es immer mehr, seine Gedanken nicht in der fortlaufenden Kette vor sich zu sehen, wie man sie, systematisch arbeitend, auf dem Papier fixirt, sondern ihnen zuzuhören wie in einem Gespräch zu Zweien, einem immer wieder abgebrochenen und immer wieder aufgenommenen, von Einzelheiten ausgehenden Dialog, — der seinen

»Ohren für Unerhörtes« (Also sprach Zarathustra I 25), vernehmbar wurde gleich gesprochenem Wort.

»Schreiben kann ich nicht, obschon ich es herzlich gern thun möchte,« schreibt er auf einer Postkarte (Januar 1881 aus Italien). »Ach, die Augen! Ich weiss mir damit gar nicht mehr zu helfen, sie halten mich förmlich mit Gewalt ferne von der Wissenschaft — und was habe ich ausserdem! Nun, die Ohren! könnte man sagen.« Aber mit diesem Lauschen und Horchen nahm er es sehr genau, und es giebt keinen Satz in seinen Büchern, auf den nicht Anwendung findet, was er einmal in einem seiner Briefe schreibt: »Ich bin immer von sehr feinen Sprachdingen occupirt; die letzte Entscheidung über den Text zwingt zum scrupulösesten »Hören« von Wort und Satz. Die Bildhauer nennen diese letzte Arbeit: ad unguem.«

Als Nietzsche im Jahre 1881 sein drittes Werk auf positivistischer Grundlage, die »Morgenröthe« (Chemnitz 1881, Ernst Schmeitzner), vollendete, da war in ihm der Process einer Verlebendigung und Individualisirung der aufgenommenen Theorien schon vollkommen zum Abschluss gelangt. Dieses Werk und in ebenso hohem Grade das nächstfolgende erscheinen mir daher als die bedeutendsten und gehaltvollsten seiner mittleren Geistesperiode. Denn in ihnen ist es ihm gelungen, praktisch den übertriebenen Intellektualismus zu überwinden, dem er sich in »Menschliches, Allzumenschliches« noch ohne Weiteres in freiwilliger Selbstmarterung unterworfen hatte, — es ist ihm gelungen, denselben innerlich und individuell zu ergänzen und menschlich zu vertiefen, ohne die wissenschaftliche Grundlage, auf die er sich gestellt hatte, unter den Füssen zu verlieren, — ohne die Strenge der Erkenntnissmethode zu lockern, mit der er seinen Problemen nachging. Nietzsches eigene Natur hatte ihm geholfen, die Einseitigkeiten und Härten seiner praktischen Philosophie zu widerlegen, und einen lebensvolleren Typus des Erkennenden aus den Gedankenkämpfen der letzten Jahre herauszugestalten. Denn die Unterordnung des Affektlebens unter das Denken hatte sich, wie wir sahen, in Nietzsche vermöge einer so gewaltigen inneren Hingebung an das Wahrheitsideal vollzogen, dass gerade dadurch ihm die Bedeutung des Affectlebens für das Denken aufgehen musste. Unmerklich verschob sich ihm damit der Hauptaccent von dem rein intellectuellen Vorgang auf die Macht des Gefühls, die sich in den Dienst auch noch der nüchternsten und hässlichsten Wahrheiten zu stellen vermag, bloss weil sie Wahrheiten sind. So beginnt denn schon wieder an Stelle der Verstandeskraft die Seelenkraft zu dem zu werden, was den Rang des Denkers als Menschen bestimmt. Und es ist leicht zu sehen, wie auf diesem Wege allmählich der Werth einer ganz neuen Denkweise Nietzsche aufgehen musste, — einer allem Verstandesmässigen überhaupt abholden Philosophie.

In keinem seiner Bücher lassen sich so sehr wie in der »Morgenröthe« die feinen Uebergänge und Gedankenverbindungen nachweisen, die von seiner positivistischen Geistesperiode in die darauf folgende einer mystischen Willensphilosophie hinüberleiten. Der Uebergang von einem Alten zu einem Neuen macht, ähnlich wie im »Menschlichen, Allzumenschlichen«, den hohen Reiz und Werth des Buches aus. Aber in ganz entgegengesetzter Weise wie dort, wo wir theoretisch der vollendeten Thatsache eines Gesinnungswechsels gegenüberstehen, in den sich das leidende Gefühl erst allmählich hineinzufinden sucht. Hier dagegen wird jede Möglichkeit einer **Theorien-Aenderung** noch mit Heftigkeit zurückgewiesen als »Versuchungen des wissenschaftlichen Menschen«, während die Seele schon begehrlich und tastend ihre Fühlhörner immer wieder nach dem Verbotenen ausstreckt, wie sehr der Verstand es ihr auch verwehrt. So sind es Aeusserungen leisen Schwankens, einzelne Ausbrüche tief erregten Seelenlebens, denen wir ahnungsvoll das Zukünftige entnehmen, weil sie in diesem Gemüthszustand eine ungewollte Naivetät und Unmittelbarkeit besitzen, die Nietzsche sonst vollständig abgeht. Hier **verräth** er sich fortwährend, ohne es zu ahnen, indem er den Anlass zu jeder »Versuchung« prüft und tadelt, — er entblösst das Geheime und Verborgene seines Innenlebens, sodass wir zu sehen glauben, wie sein vergangenes und sein zukünftiges Selbst mit einander hinter dem Rücken der scheinbar unangetasteten Verstandesphilosophie das Bekenntniss heimlichen Hoffens und Verlangens austauschen. In der Auflehnung gegen dieses heimliche Hoffen und Verlangen ruft er sich in dem Aphorismus »Nicht die Leidenschaft zum Argument der Wahrheit machen!« (Morgenröthe 543) die Worte zu: »Oh, ihr — — — edlen Schwärmer, ich kenne euch! — — — — — Bis zum Hass gegen die Kritik, die Wissenschaft, die Vernunft treibt ihr es! — — — Farbige Bilder, wo Vernunftgründe noth thäten! Gluth und Macht der Ausdrücke! — — — Ihr versteht euch darauf, zu beleuchten und zu verdunkeln, und mit **Licht** zu verdunkeln! — — — — — Wie dürstet ihr darnach, Menschen — — in diesem Zustande — es ist der der **Lasterhaftigkeit des Intellectes** — zu finden und an ihrem Brande eure Flammen zu entzünden! — — —« Erst in Nietzsches letzter Philosophie begreift man ganz, wie sehr er selbst es ist, an den er die Mahnung richtet: »Nichts wäre verkehrter, als abwarten wollen, was die Wissenschaft über die ersten und letzten Dinge einmal endgültig feststellen wird, — — — — Der Trieb, auf diesem Gebiete durchaus n u r S i c h e r h e i t e n haben zu wollen, ist ein r e l i g i ö s e r N a c h t r i e b, nichts Besseres, —« (Der Wanderer und sein Schatten 16).

Aber inmitten zahlreicher derartiger Auflehnungen gegen sich selbst, bricht dann auch vereinzelt der Ueberdruss durch an der strengen Selbstbescheidung des Verstandes - Erkennens und an — »der Tyrannei des Wahren«: — »ich wüsste nicht, warum die Alleinherrschaft und Allmacht der Wahrheit zu wünschen wäre; — — — — man muss sich von ihr im Unwahren ab und zu e r h o l e n können, — sonst wird sie uns langweilig, —« (Morgenröthe 507). Und sehnsüchtig ruft er sogar den von ihm geschmähten Künstlern zu: »Oh, wollten doch die Dichter wieder werden, was sie einstmals gewesen sein sollen: — S e h e r, die uns Etwas von dem M ö g l i c h e n erzählen! — — — Wollten sie uns von den z u k ü n f t i g e n T u g e n d e n Etwas vorausempfinden lassen! Oder von Tugenden, die nie auf Erden sein werden, obschon sie irgendwo in der Welt sein könnten, — von purpurnglühenden Sternbildern und ganzen Milchstrassen des Schönen! Wo seid ihr, ihr Astronomen des Ideals?« (Morgenröthe 551).

So sehen wir in der »Morgenröthe« nicht nur, wie er gegen die heimlich in ihm aufsteigenden Gelüste ankämpft, sondern wie er ihnen auch schon nachgiebt, in der hingegebenen Sehnsucht nach etwas Neuem, in der Ahnung eines vor ihm aufsteigenden Erkenntnisszieles. Beides ist in charakteristischer Weise mit einander vermischt, insofern ja die höchste Gluth der Seele, die

Nietzsche für ein Erkenntnissideal aufwendet, bei ihm
stets den bereits beginnenden Niedergang desselben Ideals
anzeigt, dem er sich zur Zeit der unbeirrtesten Ueberzeugung von dessen Wahrheit und Nothwendigkeit nur
mit Widerstreben gefügt hatte. Dies ist die »Sonnenbahn
der Idee«, wie er sie selbst auf Grund eigener Erfahrung
geschildert hat: »Wenn eine Idee am Horizonte eben
aufgeht, ist gewöhnlich die Temperatur der Seele dabei
sehr kalt. Erst allmählich entwickelt die Idee ihre Wärme,
und am heissesten ist diese — —, wenn der Glaube an
die Idee schon wieder im Sinken ist.« (Der Wanderer
und sein Schatten 207.) Sich selbst aber charakterisirt er
in derselben Schrift (331) mit den Worten: »Jene Personen, welche langsam beginnen und schwer in einer
Sache heimisch werden, haben nachher mitunter die Eigenschaft der stätigen Beschleunigung, — sodass zuletzt Niemand weiss, wohin der Strom sie noch reissen kann.«

Die Macht der langsam und schwer, aber um so ver-
hängnissvoller und unwiderstehlicher entzündeten Innerlichkeit, — diese überschäumende Fülle, musste ihn schliesslich dem Positivismus entfremden und zu neuen Gedanken-
fernen führen. Schon sieht er im vollsten Gegensatz zur
früher verherrlichten »Affectlosigkeit« sein Ideal darin,
dass der Erkennende »der Mensch Eines hohen Gefühls,
die Verkörperung einer einzigen grossen Stimmung« sei;
es soll ihm »eben Das der gewöhnliche Zustand« sein,
»was bisher als die mit Schauder empfundene Ausnahme
hier und da einmal in unseren Seelen eintrat: eine fortwährend Bewegung zwischen hoch und tief und das
Gefühl von hoch und tief, ein beständiges Wie-auf-
Treppen-steigen und zugleich Wie-auf-Wolken-ruhen«.
(Fröhliche Wissenschaft 288.) Vor einem solchen »Erkennenden« steht jetzt als Lockung, was ihm ehe-

mals als Gefahr galt: »Einmal den Boden verlieren! Schweben! Irren! Toll sein!« (Fröhliche Wissenschaft 46.) Und in der »Morgenröthe« (271) heisst es unter der Ueberschrift »Feststimmung«: »Gerade für jene Menschen, welche am hitzigsten nach Macht streben, ist es unbeschreiblich angenehm, sich überwältigt zu fühlen! Plötzlich und tief in ein Gefühl, wie in einen Strudel hinabzusinken! Sich die Zügel aus der Hand reissen zu lassen, und einer Bewegung wer weiss wohin? zuzusehen!«

In einer solchen Feststimmung des Ueberflusses und Ueberschusses, langsam aus den nüchternsten Erkenntnissen herausgeschöpft und angesammelt, — in einem solchen Zauber der Ausspannung und Erholung nach langem Arbeitstag, gleitet Nietzsche in eine Welt der Mystik hinein. In einer solchen Selbstüberwältigung besiegt der eigene Sieg den Sieger. Es ist das »Glück des Gegensatzes«, das er darin sucht, des Gegensatzes zum Kühlen, Strengen, Verstandesmässigen der positivistischen Denkweise: die Erkenntniss neu gegründet auf die begeisterten Eingebungen des Gefühls, des Affectlebens, und unterthan gemacht dem Schaffensdrang des Willens.

Diese »Morgenröthe« ist kein blasses, kaltes, rückwärts leuchtendes Aufklärungslicht mehr, — hinter ihr erhebt sich schon eine wärmende, lebenzeugende Sonne, und während er selbst noch im grauen Zwielicht der Dämmerung dasteht, sind seine Augen schon sehnsüchtig auf diesen hellen verheissenden Schein am Horizont gerichtet. »Es gibt so viele Morgenröthen, die noch nicht geleuchtet haben!« schrieb er mit den Worten des Rigveda als Motto auf das Titelblatt, ohne dass er noch zu glauben wagte, er selbst sei berufen, ein solches Leuchten am Himmel der Erkenntniss zu entzünden. Das Buch enthält »Gedanken über die moralischen Vorurtheile«, wie dem Titel ergänzend beigefügt ist, und damit will es scheinbar noch dem zersetzenden, negirenden Geiste der vorhergehenden Werke angehören; aber darüber schwebt schon ein träumender, hoffender Geist, der zwar nur hier und da vollen Ausdruck findet, aber schweigend sinnt, wie es zu ermöglichen wäre, aus allen Vorurtheilen heraus zu neuen Werthurtheilen zu gelangen, wie es möglich wäre, zum Schöpfer neuer Werthe zu werden. »Wenn endlich auch alle Bräuche und Sitten vernichtet sind, auf welche die Macht der Götter, der Priester und Erlöser sich stützt, wenn also die Moral im alten Sinne gestorben sein wird: dann kommt — ja was kommt dann?« (Morgenröthe 96.)

Der Sturz, der Abbruch des Alten ist eben kein Ende mehr, vielmehr ein Ausblick, ein Anfang und ein Appell an alle besten Geisteskräfte. »Es kommt eben noch etwas, — die Hauptsache kommt noch!« verspricht die Morgenröthe und wird immer heller und röther.

Ein Jahr nach Veröffentlichung der »Morgenröthe« schrieb Nietzsche denn auch zum ersten Mal wieder über neue philosophische Hoffnungen und Fernpläne:

— — — — — — — — — — — — — — — — — — — —

»Nun, liebste Freundin, Sie haben immer für mich ein gutes Wort in Bereitschaft, es macht mir grosse Freude, Ihnen zu gefallen. Die fürchterliche Existenz der Entsagung, welche ich führen muss und welche so hart ist, wie je eine asketische Lebenseinschnürung, hat einige Trostmittel, die mir das Leben immer noch schätzenswerther machen als das Nichtsein. Einige grosse Perspectiven des geistig sittlichen Horizonts sind meine mächtigste Lebensquelle. Ich bin so froh darüber, dass gerade auf diesem Boden unsere Freundschaft ihre Wurzeln und Hoffnungen treibt. Niemand kann so von Herzen sich über Alles freuen, was von Ihnen gethan und geplant wird!

Treulich Ihr Freund

F. N.«

Und kurz darauf ruft er am Schlusse eines anderen Briefes aus:

»Auch ich habe jetzt Morgenröthen um mich, und keine gedruckten! Was ich nie mehr glaubte, — — — — das erscheint mir jetzt als möglich, — als die goldene Morgenröthe am Horizonte all' meines zukünftigen Lebens — — — —.«

Diese Stimmung, die mit der Gewalt der Sehnsucht eine neue Geisteswelt fern am Horizont heraufbeschwor, damit sie Ersatz böte für alles, was Zweifel und Kritik zerstört hatten, klingt am deutlichsten durch in den Schlussworten der »Morgenröthe«, in denen Nietzsche seine kritische und negirende Denkrichtung selber als einen Wegweiser zu neuen Idealen aufzufassen sucht:

»Warum doch gerade in dieser Richtung, dorthin, wo bisher alle Sonnen der Menschheit untergegangen sind? Wird man vielleicht uns einstmals nachsagen, dass auch wir, nach Westen steuernd, ein Indien zu erreichen hofften, — dass aber unser Loos war, an der Unendlichkeit zu scheitern? Oder, meine Brüder? Oder —? (Morgenröthe, Schluss.)

Als Nietzsche im Jahre 1882 seine »Fröhliche Wissenschaft« vollendete, da war ihm sein Indien bereits zur Gewissheit geworden: er glaubte gelandet zu sein an den Küsten einer fremden, noch namenlosen, ungeheuren Welt, von der nichts anderes bekannt sei, als dass sie jenseits alles dessen liegen müsse, was von Gedanken angefochten, von Gedanken zerstört werden kann. Ein weites, scheinbar uferloses Meer zwischen ihm und jeder

Möglichkeit einer erneuten begrifflichen Kritik, — jenseits aller Kritik meinte er festen Boden gefasst zu haben.

Der übermüthige Jubel dieser Gewissheit klingt in den Versen wieder, die er in das Widmungs-Exemplar seiner »Fröhlichen Wissenschaft« schrieb:

>»Freundin, sprach Columbus, traue
>»Keinem Genuesen mehr!
>›Immer starrt er in das Blaue
>‹Fernstes zieht ihn allzusehr!
>»Wen er liebt, den lockt er gerne
>»Weit hinaus in Raum und Zeit, —
>›Ueber uns glänzt Stern bei Sterne
>»Um uns braust die Ewigkeit.‹

Aber er irrte sich in Bezug auf die völlige Neuheit und Jenseitigkeit des Landes, — es war der umgekehrte Irrthum des Columbus, der, das Alte suchend, das Neue fand. Denn Nietzsche war in der That, ohne es zu bemerken, nach einer Weltumseglung von der entgegengesetzten Seite an die Küste eben desjenigen Landes zurückgelangt, von welchem er ursprünglich ausgegangen, und welches er für immer im Rücken gelassen zu haben glaubte, als er sich von der Metaphysik abwandte. Wir werden es an allen Werken seiner letzten Geistesperiode erkennen, in wiefern sie wieder aus jenem alten Boden hervorgewachsen sind, wenn auch in ihrem Wachsthum und ihrer Eigenart beeinflusst durch die Erfahrungen der letzten Jahre. Unstreitig hatte ein Hauptwerth der positivistischen Denkrichtung für Nietzsche darin gelegen, dass sie ihm wenigstens innerhalb gewisser Grenzen wirklich Spielraum für alle diese Stimmungs-Uebergänge und Gefühlsschwankungen zu bieten vermochte und ihn dadurch eine Zeit lang festhielt. Sie schlug ihn nicht in Fesseln, wie es die Metaphysik nothwendig gethan hatte, sondern wies ihm nur eine Wegerichtung: sie bürdete ihm nicht ein Erkenntnisssystem auf, sondern gab ihm im wesentlichen nur eine neue Erkenntnissmethode an die Hand. Darum war auch seine Emancipation von ihr keine so gewaltsame und plötzliche wie seine Wagnerwandlung, sie war, anstatt eines Fesselsprengens, ein allmähliches Sich-Verfliegen und Sich-Verlaufen, — »all mein Wandern und Bergsteigen: eine Noth war's nur und ein Behelf des Unbeholfenen: — fliegen allein will mein ganzer Wille!« (Also sprach Zarathustra III 19.) »Ich habe gehen gelernt: seitdem lasse ich mich laufen!« (I 54.) Aber wohl vollzog sie sich ebenso unaufhaltsam und unwiderruflich, wie die vorhergehende Wandlung. Denn über die rein empiristische Betrachtungsweise seiner Probleme, über die principielle Beschränkung auf das Erfahrungsgebiet, musste Nietzsche irgend wann einmal wieder hinaus; einer Philosophie der »letzten und höchsten Dinge« in irgend einer Form konnte er, der ganzen Art seines Geistes nach, nicht dauernd entsagen. Es konnte sich im Grunde nur darum handeln, auf welchem stillen Seitenweg er sich wieder dorthin zurückschleichen würde, — wo die Götter und die Uebermenschen hausen.

Nietzsche schreibt einmal an Rée:

»Ach, liebster, guter Freund, mit dem schmerzlichsten Bedauern lese ich — — — die Nachricht Ihres Krankseins. Was soll aus uns werden, wenn wir in unseren besten Jahren so elend dahinwelken? — — — Will uns das Schicksal ein schönes Greisenalter aufsparen, weil — — — unsere Denkweise diesem am natürlichsten, wie eine gesunde Haut, anliegt? Aber müssten wir da nicht zu lange warten? Die Gefahr wäre, dass wir die Geduld verlören —.«

Er verlor sie völlig. »Schon krümmt und bricht sich mir die Haut!« sang er gleich darauf in einem schlechten Verschen der »Fröhlichen Wissenschaft«, und

unter der »Greisenhaut« des »affectlosen Erkennenden«
regte sich machtvoll jener Verjüngungsdrang, aus welchem
heraus Nietzsche noch in seinem Untergange eine Apotheose des Lebens, des ewigen Lebens, schrieb.

Das Schicksal brauchte ihm kein Greisenalter auf-
zusparen —.

Aber als die Basis der neuen Lehre, die er verkünden wollte, als das einzige zuverlässige Fundament,
auf dem sie errichtet werden könnte, dachte sich Nietzsche
damals doch noch eine wissenschaftliche Begründung.
Gerade in dieser Zeit des Ueberganges sehen wir ihn daher von dem lebhaftesten Verlangen ergriffen, sich grossen
zusammenhängenden Forschungen widmen zu dürfen,
denen er seit langen Jahren hatte entsagen müssen. Mit
nimmermüdem Interesse und Antheil verfolgte er die
Studien, welche Rée seit 1878 unternommen hatte, um
durch sie die Grundgedanken seines ersten moralphilo-
sophischen Buches zu erweitern und zu erhärten. Als dieser
1881 Nietzsche mittheilte, dass er sein neues Werk noch
vor Ablauf des Jahres zu vollenden hoffe, empfing er die
beglückte Antwort: »Dieses selbe Jahr soll nun auch das
Werk ans Licht bringen, an dem ich im Bilde des Zusammenhanges und der goldenen Kette meine arme,
stückweise Philosophie vergessen darf! Welches herrliche
Jahr 1881!«

Die in Frage stehende Schrift: »Die Entstehung des
Gewissens« (Berlin 1885) wurde jedoch erst vier Jahre
später völlig beendigt, nachdem Nietzsche inzwischen
längst den letzten Rest seiner »Freigeisterei« von sich
abgestreift und die abgelegte Haut auch schon mit der
gewöhnlichen Energie verbrannt hatte. Aber durch den
regen Antheil, den er so lange an Rées Studien zu jenem
Buche genommen, hat es eine bestimmte Bedeutung für

sein Gedankenleben gewonnen. Doch stützt er sich jetzt nicht in demselben Sinne auf »Die Entstehung des Gewissens«, wie er sich einst in »Menschliches, Allzumenschliches« auf den »Ursprung der moralischen Empfindungen« gestützt hatte. Darauf beruht überhaupt ein Unterschied zwischen der letzten Geistesperiode Nietzsches und der vorhergehenden positivistischen, dass er sich nicht mehr darauf beschränkt, einzelne gegebene Theorien in ihrer inneren Bedeutsamkeit zum Ausdruck zu bringen, sondern dass er sich der kühnsten Entwickelung eines eigenen Systems hingiebt, dass er aus dem Aphoristischen, Vereinzelten hinausstrebt. Hatte die »freigeisterische« Richtung ihn dazu angetrieben, ihre Erkenntnisse in tiefstem Erleben und Empfinden zu verinnerlichen, so drängte nun die leidenschaftliche Gewalt dieses inneren Erlebens ihrerseits nach Entlastung in bestimmten Gedanken und Theorien; sie drängte danach, sich in neue geschlossene Weltbilder umzusetzen.

Im Sommer 1882 wurde Nietzsche dadurch zu dem Entschlusse geführt, sich während einer Reihe von Jahren demjenigen Studium zu widmen, das ihm für den systematischen Ausbau seiner »Zukunftsphilosophie« unentbehrlich zu sein schien, dem Studium der Naturwissenschaften. Er wollte zu diesem Zwecke sein Leben im Süden aufgeben, um in Paris, Wien oder München Vorlesungen zu hören. Zehn Jahre lang sollte jede schriftstellerische Thätigkeit eingestellt werden, bis das Neue in ihm nicht nur völlig ausgereift, sondern auch auf wissenschaftlichem Wege als richtig erwiesen wäre.

Etwas später als Nietzsche fühlte auch Rée das Bedürfniss, sich mit den Naturwissenschaften auseinanderzusetzen, die ihnen Beiden bisher fremd geblieben waren. Er jedoch wünschte sie nicht als Material zum Ausbau

eigener philosophischer Hypothesen heranzuziehen, sondern hatte, nach Vollendung seines Buches, das Verlangen,
neue Gedanken frei auf sich wirken zu lassen und völlig aus
seinem engeren Specialgebiete herauszutreten. So wandte
er sich denn der Medicin zu, studirte noch einmal, und
machte sein Staatsexamen als praktischer Arzt, mit der
Absicht, sich längere Zeit der Psychiatrie zu widmen und
auf diesem Umwege zu den Geisteswissenschaften zurückzukehren. Niemals standen sich die Freunde geistig ferner
als damals, wo sie scheinbar noch einmal Dasselbe zu
erstreben schienen: sie waren an den einander entgegengesetzten Polen ihres Wesens und Geistes angelangt.*)
Das spricht sich bezeichnend auch darin aus, dass die
geplanten zehn Jahre des Schweigens für Nietzsche gerade
diejenigen seiner grössten Productivität wurden, während
Rée bis jetzt den Punkt noch nicht erreicht hat, auf dem
sein altes Schaffen und sein neues Wissen in Eins verschmelzen und ihn zu neuer erhöhter Selbstthätigkeit an-
regen müssen.

Nietzsche war durch sein Kopfleiden an der Aus-
führung seiner Entschlüsse gehindert worden; schon der
anbrechende Winter 1882 fand ihn wieder in seiner Ein-
siedlerklause zu Genua. Doch auch bei besserer Gesundheit wäre das Vorhaben nicht ausführbar gewesen. Denn
Nietzsche befand sich nicht mehr in jenem abwartenden
Zustande, in welchem der Geist noch Fremdes aufnehmen, sich störenden Einsichten willig unterordnen
kann; er war schon viel zu stark productiv erregt, um
noch von irgend etwas berührt zu werden, das ihn in
seinem Drange zu schaffen hätte aufhalten können.

---

*) Siehe in der »Fröhlichen Wissenschaft« (279) unter der
Ueberschrift »Sternen-Freundschaft« die schönen Worte, mit denen
Nietzsche damals von dieser geistigen Genossenschaft Abschied nahm.

Während er zur Entfesselung seiner Schaffenskraft einer ersten Befruchtung von aussen her bedurfte, sei es selbst unter Schmerzen und Selbstüberwindung, während er sich einer solchen fremden Erkenntniss gegenüber hingebend verhielt, in der Inbrunst der Verschmelzung mit ihr sein Selbst preisgab, erscheint er — einmal befruchtet — um so unzugänglicher und unbeeinflussbarer. Er ist ganz benommen vom eigenen Zustand und von Dem, was Leben in ihm gewinnen will. Richtet sich aber seine Aufmerksamkeit nach aussen, so geschieht es nur noch, um für das Leben, das aus ihm geboren werden soll, um jeden Preis Raum zu schaffen, keineswegs aber, um seine Existenzbedingungen noch einmal zu prüfen und in Frage zu stellen.

Der ihm durch seinen körperlichen Zustand zum zweiten Mal aufgezwungene Verzicht auf umfassende wissenschaftliche Studien führte dieses Mal zu dem entgegengesetzten Resultat wie zur Zeit seines Wagnerbruches und seiner positivistischen Periode. Damals war er die Veranlassung, dass Nietzsche, anstatt neue Theorien zu begründen, die von Anderen aufgenommenen innerlich auszuschöpfen und in ihren Seelenwirkungen festzustellen suchte. Jetzt hingegen wird er dadurch verleitet, die ihm fehlende theoretische Grundlage gewissermassen hinzuzudichten. Hierin liegt geradezu ein Grundzug der letzten Philosophie Nietzsches: das Bedürfniss, sich systematisch auszubreiten, als gelte es, den verschiedensten Wissensgebieten die Beweise für die Richtigkeit seines schöpferischen Gedankens zu entnehmen, in Wahrheit jedoch nur ein gewaltsames Raumschaffen für denselben: ein so souveränes Ausleben seiner Innerlichkeit, dass sich ihm unwillkürlich das ganze Weltbild zu einer Wiege seiner Schöpfung umgestaltet.

Dementsprechend gewinnen von jetzt an alle seine Lehren, so paradox dies klingen mag, einen um so persönlicheren Charakter, je allgemeiner gefasst sie erscheinen, je allgemeingiltigere Bedeutung sie beanspruchen. Zuletzt verbirgt sich ihr Hauptkern unter so vielen Schalen, ihr letzter Geheimsinn unter so vielen Masken, dass die Theorien, in denen er zum Ausdruck kommt, fast nur noch Bilder und Symbole inneren Erlebens sind. Endlich fehlt jeder Wille zur Uebereinstimmung und zur Verständigung mit Anderen, — »Mein Urtheil ist mein Urtheil: dazu hat nicht leicht auch ein Anderer das Recht.« (Jenseits von Gut und Böse 43) — und doch wird gleichzeitig dieses Urtheil zum Weltgesetz decretirt, zu einem Befehl an die ganze Menschheit. Denn so vollständig verschmilzt für Nietzsche zum Schlusse innere Eingebung und Aussen-Offenbarung, dass er in seinem Innenleben das Weltganze zu umfassen wähnt, und sein Geist in mystischer Weise den Inbegriff des Seienden in sich zu enthalten, aus sich zu gebären glaubt.« Für mich — wie gäbe es ein Ausser-mir? Es gibt kein Aussen!« (Also sprach Zarathustra III 95.)

Entsprechend dem Umstande, dass Nietzsches letzte Schaffensperiode ganz und gar in der philosophischen Ausdeutung seines eigenen Seelenlebens besteht, nennt er »Die fröhliche Wissenschaft«, das Werk, welches sie einleitet, in einem seiner Briefe »das Persönlichste unter meinen Büchern«, und klagt noch kurz vor dem Druck der »Fröhlichen Wissenschaft« in einem anderen Briefe: »Das Manuscript erweist sich seltsamer Weise als unedirbar. Das kommt vom Princip des mihi ipsi scribo!«

In der That hat er wohl niemals so völlig für sich selbst geschrieben, als zu jener Zeit, wo er im Begriffe stand, seiner ganzen Weltbetrachtung sein eigenes Selbst unterzulegen, Alles aus seinem eigenen Selbst heraus zu erklären. So ist die Mystik der neuen Grundlehren Nietzsches wohl schon hier enthalten, aber noch verborgen im rein persönlichen Element, aus dem sie hervorging. In Folge dessen bilden diese Aphorismen Monologe, monologischer gemeint als sonst irgend etwas in Nietzsches Werken, gleichsam halblaute »Zwischenreden«, ja oft nur gedacht als ein stummes geistiges Mienenspiel, das weit mehr verstecken als verrathen soll. Die Gedanken der »Zukunftsphilosophie« reden schon daraus zu uns, aber sie umgeben uns noch gleich verschleierten Gestalten, deren Blick dunkel und räthselhaft auf uns ruht, und dies nicht, weil sie, wie in der »Morgenröthe«, nur Ahnungen zum Ausdrucke bringen und noch der festen Züge und sicheren Umrisse entbehren, sondern weil ihnen mit Absicht ein Schleier übergeworfen und Schweigsamkeit anbefohlen wurde. Mit dem Finger an der Lippe scheint Nietzsche hier vor uns zu stehen, und gerade daraus entnehmen wir, dass er uns Viel, dass er uns Alles zu bekennen wünscht.

Aber es wird ihm schwer, ohne Rückhalt davon zu sprechen, weil auch in diesem Falle sein Selbstbekenntniss zugleich wieder ein Schmerzensbekenntniss ist. Und in einem viel tieferen, viel schmerzvolleren Sinn als bisher führt uns diesmal die Philosophie Nietzsches hinein in die verborgenen Leiden und Qualen seines Erlebens, sodass, im Vergleiche hierzu, selbst die harten Kämpfe und Entsagungen seiner positivistischen Periode uns harmlos und gefahrlos vorkommen werden. Auf den ersten Blick erscheint dies als ein Widerspruch, da Nietzsches letzte Philosophie gerade aus dem Drange hervorgegangen ist, an Stelle der ihm widerstrebenden positivistischen Theorien eine Weltanschauung aufzubauen, die seinem innersten Verlangen völlig entspräche. Insofern beginnt er in der That seine letzte Wandlung unter Jauchzen und Froh-

locken. Aber man darf nicht vergessen, dass diese äusserste
Selbsteinkehr, dieser Versuch, das Weltbild aus seinem Eigen-
bild zu construiren, Nietzsches Leiden an sich selbst
zu Tage treten lässt, aus dem sein tiefster Wesensgrund
besteht. Bisher hat er in seinen Erkenntnisswandlungen
diesem Leiden an sich selbst dadurch zu entrinnen gesucht, dass er den einen Theil seines Selbst durch den
anderen quälte und tyrannisirte, aber bei allen Wandlungen des theoretischen Menschen blieb unverwandelt
und sich ewig gleich der praktische Mensch mit seinen
inneren Nöthen. Jetzt erst, wo Nietzsche sich nicht mehr
zwingt und kasteit, jetzt erst, wo er seiner Sehnsucht
freie Worte giebt, begreift man ganz, in welcher Qual er
lebte, hört man endlich den Schrei nach Erlösung von
sich selbst, — nach seinem Wesens-Gegensatz, nach
vollständiger und endgiltiger Verwandlung, Umwandlung,
— nicht einzelner Erkenntnisse nur, sondern des ganzen,
des innersten Menschen. Man sieht förmlich, wie er hier,
in Verzweiflung, aus sich selbst heraus und nach aussen
greift, nach einem erlösenden Ideal, welches er aus einem
solchen Wesens-Gegensatz zu formen sucht. Daher liess
sich voraussehen: sobald Nietzsche seinen Seeleninhalt
frei zum Weltinhalt umschuf, sobald er seinem intimsten
Erleben die Weltgesetze entnahm, musste seine Philosophie ein tragisches Weltbild zeichnen: die Menschheit
musste von ihm aufgefasst werden als eine an sich selbst
leidende, an ihrer eigenen Entwicklung hoffnungslos
krankende Zwittergattung, deren Daseinsberechtigung gar
nicht in ihr selbst, sondern in einer schlechthin anderen,
höheren, Uebermenschen-Gattung liege, zu der sie nur eine
Brücke bilden solle. Das Endziel der Menschheit sei
Untergang und Selbstaufopferung zu Gunsten dieses ihr
entgegengesetzten Ideals.

Erst am Eingang zu Nietzsches letzter Philosophie wird
daher völlig klar, bis zu welchem Grade es der religiöse Grundtrieb ist, der sein Wesen und Erkennen stets beherrschte. Seine verschiedenen Philosophien sind ihm ebensoviele Gott-Surrogate, die ihm helfen sollen, ein mystisches
Gott-Ideal ausser seiner selbst entbehren zu können. Seine
letzten Lehren enthalten nun das Eingeständniss, dass
er dies nicht vermag. Und gerade deshalb stossen wir
in seinen letzten Werken wieder auf eine so leidenschaftliche Bekämpfung der Religion, des Gottesglaubens und
des Erlösungsbedürfnisses, weil er sich ihnen so gefährlich nähert. Hier spricht aus ihm ein Hass der Angst
und der Liebe, mit dem er sich seine eigene Gottesstärke
einreden, seine menschliche Hilflosigkeit ausreden möchte.
Denn wir werden sehen, kraft welcher Selbsttäuschung
und geheimen List Nietzsche endlich den tragischen
Conflict seines Lebens löst, — den Conflict, des Gottes
zu bedürfen und dennoch den Gott leugnen zu müssen.
Zuerst gestaltet er mit sehnsuchtstrunkener Phantasie, in
Träumen und Verzückungen, visionengleich, das mystische
Uebermenschen-Ideal, und dann, um sich vor sich selbst
zu retten, sucht er, mit einem ungeheuren Sprung, sich
mit demselben zu identificiren. So wird er zuletzt zu
einer Doppelgestalt, halb kranker, leidender Mensch, halb
erlöster, lachender Uebermensch. Das Eine ist er als
Geschöpf, das Andere als Schöpfer, das Eine als Wirklichkeit, das Andere als mystisch gedachte Ueberwirklich-
keit. Oft aber, während man seinen Reden darüber zuhört, empfindet man mit Grauen, dass er als Gegenstand
der Anbetung hinstellt, was in Wahrheit auch für ihn
nicht vorhanden ist, und man gedenkt seines Wortes,
»— — — wer weiss, ob sich nicht bisher in allen grossen
Fällen eben das Gleiche begab: dass die Menge einen

Gott anbetete, — und dass der »Gott« nur ein armes Opferthier war!« (Jenseits von Gut und Böse 269.)

»Das Opferthier als Gott« ist wahrlich ein Titel, der über der letzten Philosophie Nietzsches stehen könnte und am deutlichsten den inneren Widerspruch enthüllt, der in ihr liegt, — jene Exaltation von Schmerz und Wonne, in der beide ununterscheidbar in einander fliessen. Wir haben vorher gesehen, inwiefern es eine Feststimmung war, in der Nietzsche in seine letzte Geisteswandlung hinüberglitt, — eine Feierstimmung träumenden Rausches und Ueberflusses: wir sehen jetzt den Punkt, an welchem die Gewalt der inneren Erregung in den Schmerz überschlägt. Er war in jener ganzen Zeit, selbst in seinem Alltagsleben, erfüllt von einer Stimmung äusserster seelischer Ueberwältigung, in der man sogar der Ausgelassenheit fähig ist, aber nur weil alle Nerven beben, in der man leicht bis zum Scherzen und Lachen gelangt, aber nur mit zitternden Lippen. Bedurfte es doch jedesmal für Nietzsche einer solchen Verschlingung von Wonne und Weh, von Begeisterung und Leiden, um ihn einer geistigen Wiedergeburt entgegenzuführen. Sein Glück musste erst zum »Ueberglück«, und in diesem Uebermass zum eigenen Gegner und Gegensatz geworden sein; Frieden und Heimatgefühl, wo er sie einmal innerhalb eines gewonnenen Erkenntnissgebietes mühsam errungen hatte, mussten ihn erst zu Selbstverwundung und Selbstvertreibung gereizt haben, damit sein Geist in sich selber schwelgen und sich in neuen Schöpfungen entlasten konnte.

Es ist dafür bezeichnend, dass er sein Werk, im Jauchzen seines Herzens, die frohe Botschaft, »Die fröhliche Wissenschaft« nannte, zugleich aber über den Schluss-Aphorismus desselben die düsteren Räthselworte setzte: »Incipit tragoedia!«

Dieser Verbindung von tiefer Erschütterung und spielendem Uebermuth, von Tragik und Heiterkeit, welche für die ganze Gruppe der letzten Werke charakteristisch ist, entspricht es auch, dass die »Fröhliche Wissenschaft«, im schärfsten Gegensatz zu dem dunkeln Geheimniss der Schlussworte, ein »Vorspiel« in Versen besitzt: »Scherz, List und Rache.« Hier begegnen uns zum ersten Mal Verse in Nietzsches Schriften, — sie mehren sich aber in dem Maasse, als er seinem persönlichen Untergang zuzuschreiten glaubt. In Gesängen klingt sein Geist aus. Die Verse sind überraschend verschieden an Werth, zum Theil vollendet: Gedanken, die an ihrer eigenen Schönheit und Fülle sich zu Gedichten wandelten; — zum Theil von einer so wunderlichen Unvollkommenheit, wie sie nur die Laune des Muthwillens vom Zaune bricht. Ueber ihnen allen aber ruht etwas seltsam Ergreifendes: Sind es doch Blumen, die sich ein Einsamer auf den Leidensweg streut, der seiner harrt, um den Schein zu erwecken, dass es ein Freudenweg sei. Frisch gebrochenen Rosen gleichen sie, auf die sein Fuss treten will, während er schon beschäftigt ist, in seinen leidvollsten Erkenntnissen seinem Haupte die Dornenkrone zu flechten.

Sie klingen wie ein Präludium zu dem erschütternden Schauspiel seiner höchsten Erhebung und seines Unterganges. Von diesem Schauspiel hebt auch die Philosophie Nietzsches den Vorhang nicht ganz. Was sie uns zeigt, ist nur, gleich einem Bilde auf diesem Vorhang, ein buntes Blumengewinde, aus dem, halb versteckt, die Worte gross und traurig hervorleuchten:

»Incipit tragoedia!«

DAS „SYSTEM NIETZSCHE".

MOTTO:

›Schaffen wollt ihr noch die Welt,
vor der ihr knien könnt.‹

**(Also sprach Zarathustra II.
47).**

Geist? Was ist mir Geist! Was ist mir Erkenntniss!
Ich schätze nichts als A n t r i e b e , — und ich möchte
schwören, dass wir darin unser Gemeinsames haben.
Sehen Sie doch durch diese Phase h i n d u r c h , in der
ich seit einigen Jahren gelebt habe, — sehen Sie d a -
h i n t e r ! Lassen S i e sich nicht über mich täuschen —
Sie glauben doch nicht, dass »der Freigeist« m e i n Ideal
ist !! I c h b i n — — —

Verzeihung! Liebste Lou!

F. N.

In dieser geheimnissvollen Weise bricht der vor-
stehende Brief Nietzsches ab, den er in der Zeit zwischen
der Veröffentlichung der »Fröhlichen Wissenschaft« und
derjenigen seiner mystischen Dichtung »Also sprach Zarathustra« geschrieben hat. In den wenigen Zeilen sind
bereits die wesentlichsten Züge der letzten Philosophie
Nietzsches angedeutet: auf dem Gebiet der L o g i k die
principielle Abkehr von dem bisherigen reinlogischen Erkenntnissideal, von der theoretischen Strenge der verstandesmässigen »Freigeisterei«: auf dem Gebiet der
E t h i k , anstatt der bisherigen negirenden Kritik, die
Verlegung der Wahrheitsbegründung in die Welt der
seelischen Antriebe, als der Quelle einer neuen Werthung
und Abschätzung aller Dinge; ferner eine Art von R ü c k -
k e h r zu Nietzsches erster philosophischer Entwicklungs-

phase, die vor seinem positivistischen Freigeisterthum liegt, — nämlich zur Metaphysik der Wagner-Schopenhauerischen Aesthetik und ihrer Lehre vom übermenschlichen Genie. Und hierauf endlich gründet sich, als auf den Kernpunkt der neuen Zukunftsphilosophie, d a s   M y s t e r i u m   e i n e r   u n g e h e u r e n   S e l b s t - A p o t h e o s e, das er in dem zögernden Wort »Ich bin« — sich noch scheut auszusprechen.

Nietzsches letzte Geistesperiode umfasst fünf Werke: Die vierbändige Dichtung »A l s o   s p r a c h   Z a r a t h u s t r a« (I und II 1883; III 1884, Chemnitz, Ernst Schmeitzner; IV 1891, Leipzig, C. G. Naumann); J e n s e i t s   v o n   G u t   u n d   B ö s e, Vorspiel einer Philosophie der Zukunft (1886, Leipzig, C. G. Naumann; 2. Auflage 1891); Z u r   G e n e a l o g i e   d e r   M o r a l, eine Streitschrift (1887, Leipzig, C. G. Naumann); D e r   F a l l   W a g n e r, ein Musikanten-Problem (1888, Leipzig, C. G. Naumann); endlich die kleine Aphorismen-Sammlung G ö t z e n - D ä m m e r u n g oder W i e   m a n   m i t   d e m   H a m m e r   p h i l o s o p h i r t (1889, Leipzig, C. G. Naumann). Wir können hier aber nicht dem Gange seines philosophischen Denkens Schritt für Schritt an der Hand jener Werke folgen, da sie nicht, wie die der vorhergehenden Periode, ebensoviele Entwicklungsstufen seines Gedankens darstellen, sondern zum ersten Mal alle dazu bestimmt sind, der Darlegung eines S y s t e m s zu dienen, wenn auch nur eines Systems, das mehr auf ihrer Gesammtstimmung als auf der klaren Einheitlichkeit begrifflicher Deduction beruht. Der aphoristische Charakter, den seine Bücher auch hier bewahren, erscheint daher in diesem Fall als ein unleugbarer Mangel der Form seiner Darstellung, nicht, wie bisher, als ein eigenthümlicher Vorzug derselben. Was Nietzsche durch seine vollendete Meister-

schaft in der aphoristischen Form gelang: einen jeden
Gedanken in seiner seelischen Bedeutsamkeit voll auszuschöpfen und mit allen seinen feinen inneren Neben-
beziehungen wiederzugeben, das reicht nicht aus für die
systematische Begründung eigener Theorien, sondern löst
sie hier und da in ein geistreiches Spiel mit blendenden
Hypothesen auf. Nietzsche wurde sowohl durch sein
Augenleiden als auch durch seine Gewöhnung an sprung-
haftes Denken dazu gezwungen, im Allgemeinen an seiner
alten Schreibweise festzuhalten, aber immer wieder macht
er, — sowohl in Jenseits von Gut und Böse, als auch in
der Genealogie der Moral, — den Versuch, über das
Rein - Aphoristische hinauszukommen, seine Gedanken
systematisch zu ordnen und vorzutragen, weil das, was
ihm vorschwebt, ein einheitliches Ganzes geworden ist.

Daher finden wir auch hier zum ersten Mal bei ihm
eine Art von Erkenntnisstheorie, einen Ansatz
dazu, sich mit den erkenntnisstheoretischen Problemen
auseinanderzusetzen, nachdem er ihnen bisher immer
aus dem Wege gegangen war, wie er überhaupt gern
jedes Problem mied, dem sich nur auf rein begriff-
lichem Wege beikommen lässt. Jetzt erst bleibt er nicht
mehr ohne Weiteres bei der praktischen Philosophie
stehen, sondern hält es für nothwendig, auf die Mittel
hinzuweisen, mit denen er sich das erkenntnisstheoretische
Pförtchen aufgebrochen habe, durch das er zu seinen
Hypothesen gelangt. Ziemlich ausführliche Bemerkungen
darüber finden sich an den verschiedensten Stellen seiner
Werke zerstreut. Es erscheint aber höchst charakteristisch,
dass sie sich erst jetzt finden, wo er der Welt des Ab-
strakt-Logischen principielle Feindschaft erklärt und fest
entschlossen ist, alle schwierigen Begriffsknoten, auf
die er stossen könnte, mit einem Schwerthieb zu zer-

hauen: er befasst sich mit der Erkenntnisstheorie eben nur, um sie über den Haufen zu werfen.

Zur Zeit seines Wagnerthums war Nietzsche als Jünger Schopenhauers diesem seinem Meister in der bekannten Interpretirung und Modificirung Kants gefolgt, laut welcher die Fragen nach den höchsten und letzten Dingen ihre Beantwortung finden, zwar nicht durch den Verstand, sondern durch die höchsten Eingebungen und Erleuchtungen des Willenslebens. Später stimmte Nietzsche, unter heftigem Protest gegen diese Annahme der Schopenhauerischen Metaphysik, der strengen Selbstbescheidung der Erfahrungswissenschaft zu, welche sich mit dem Verstandeserkennen auf den ihm zugänglichen Gebieten begnügt. Aber Nietzsche hielt diese Zustimmung nur so lange aufrecht, als er mit Hilfe eines fanatischen Intellektualismus sich aus dem bescheidenen Verstandeserkennen ein ihn begeisterndes Wahrheitsideal zu schaffen vermochte, dem sich sein Wille und Seelenleben blind unterwarf. Sobald sein Fanatismus sich erschöpft hatte, sobald seine Begeisterung die intellektuellen Ziele und Werthe nicht mehr in so überschwänglich-idealer Beleuchtung sah, wurde er derselben überhaupt überdrüssig und verlangte nach neuen Idealen. In diesem Verlangen ging ihm nun innerhalb des Positivismus eine Einsicht auf, die er bisher nicht beachtet hatte: nämlich die Einsicht in die Relativität alles Denkens, die Zurückführung alles Verstandeserkennens auf die rein praktische Grundlage des menschlichen Trieblebens, dem es entstammt und von dem es dauernd abhängig ist.

Diesem Wege, der ihm von seinen eigenen philosophischen Genossen vorgezeichnet war, brauchte er nur mit gewohnter Exaltation zu folgen, um schliesslich zu seiner ursprünglichen Schätzung der Affekte zurückzugelangen. Denn was für die Andern nur eine natürliche Consequenz war, welche die moderne Erkenntnisstheorie zieht, und welche die Methode und die Resultate der Erfahrungswissenschaft als solche gar nicht berührt, daraus entnahm Nietzsche den Anstoss zu einem völligen Gesinnungswechsel. Mit derselben äussersten Uebertreibung und demselben Fanatismus, mit denen er das streng begriffliche Denken als höchstes Wahrheitsideal angebetet hatte, verhöhnt er es jetzt als etwas Geringes und Niedriges gegenüber den Trieben, die es in Wahrheit regieren.

Was sich inzwischen verändert hat, ist zwar nur seine Stimmung, nur seine Gefühlsauffassung der Sachlage, aber eben dies besagt für Nietzsche Alles: es reisst ihn allmählich fort zu immer weitergehenden Folgerungen und wird so schliesslich zum Ausgangspunkt für eine neue Weltanschauung.

Dieser Verlauf ist typisch für die Entstehung aller Grundgedanken in Nietzsches »Zukunftsphilosophie«; ihm werden wir in seiner Erkenntnisstheorie wie in seiner Morallehre, in seiner Aesthetik wie in seiner letzten Mystik wieder begegnen und stets dieselben drei Entwicklungsstufen daran wahrnehmen: zuerst das Anknüpfen an einzelne letzte Consequenzen der modernen Erfahrungswissenschaft, dann ein Umschlagen seiner Gemüthsstimmung in der Auffassung solcher Ergebnisse, ihre Zuspitzung und Uebertreibung bis aufs Aeusserste, und endlich, daraus fliessend, seine eigenen neuen Theorien.

Hinsichtlich dieser sind aber zwei Seiten zu unterscheiden, einestheils ihr thatsächlicher philosophischer Gehalt, anderntheils Nietzsches rein seelische Wiederspiegelung in ihnen, indem er sich in seinen Gedanken den Ausdruck für sein tiefstes Wesen schafft. Diese Selbstwiederspiegelung führt uns zu dem Bilde Nietzsches zurück, wie es im ersten Theile dieser Arbeit entworfen ist. Der Gedankengehalt aber der neuen Lehre erweist sich als eine kunstvolle Verbindung der beiden philosophischen Phasen in Nietzsches Geistesentwicklung, — als ein Muster von zwei verschiedenen mit genialer Hand ineinandergeflochtenen Geweben: der Schopenhauerischen Willenslehre und der Entwicklungslehre der Positivisten.

Für Nietzsches Erkenntnisstheorie, mit ihrer Bekämpfung der Bedeutung des Logischen und ihrer Zurückführung desselben auf das schlechthin Unlogische, kommt am meisten in Betracht sein Buch »Jenseits von Gut und Böse«, das in einzelnen Abschnitten ebensogut heissen könnte: »Jenseits von Wahr und Falsch«. Denn hier erörtert er am ausführlichsten die Unberechtigung der Werthgegensätze »wahr und unwahr«, die mit der Einsicht in ihren Ursprung nicht minder hinfällig werden, wie die Werthgegensätze »gut und böse«. »Das Problem vom Werthe der Wahrheit trat vor uns hin, — — — Was in uns will eigentlich »»zur Wahrheit««? — — — Gesetzt, wir wollen Wahrheit: warum nicht lieber Unwahrheit? — —« (1.) »Ja, was zwingt uns überhaupt zur Annahme, dass es einen wesenhaften Gegensatz von »wahr« und »falsch« giebt? Genügt es nicht, Stufen der Scheinbarkeit anzunehmen — —?« (34.) »In welcher seltsamen Vereinfachung und Fälschung lebt der Mensch! — — — erst auf diesem nunmehr festen und granitnen Grunde von Unwissenheit durfte sich — die Wissenschaft erheben, der Wille zum Wissen auf dem Grunde eines viel gewaltigeren Willens, des Willens zum Nicht-wissen, zum Ungewissen, zum Unwahren! Nicht als sein Gegensatz, sondern — als seine Verfeinerung«! (24.) Das »Bewusstsein« ist nicht »in irgend einem entscheidenden Sinne dem Instinktiven entgegengesetzt, — das meiste bewusste Denken eines Philosophen ist durch seine Instinkte heimlich geführt und in bestimmte Bahnen gezwungen.« (3.) Alle Logik ist letzten Endes nichts anderes als eine blosse »Zeichen-Convention« (Götzen-Dämmerung III 3), alles Denken eine Art von »Zeichensprache der Affekte«, da »wir zu keiner anderen »Realität« hinab oder hinauf können als gerade zur Realität unserer Triebe — denn Denken ist nur ein Verhalten dieser Triebe zu einander.« (Jenseits von Gut und Böse 36). Und daraus folgt denn schon: »— — je mehr Affekte wir über eine Sache zu Worte kommen lassen, je mehr Augen, verschiedne Augen wir uns für dieselbe Sache einzusetzen wissen, um so vollständiger wird unser »Begriff« dieser Sache, unsre »Objektivität« sein. Den Willen aber überhaupt eliminiren, die Affekte sammt und sonders aushängen, gesetzt, dass wir dies vermöchten: wie? hiesse das nicht den Intellekt castriren? . . . . (Zur Genealogie der Moral III 12).

Hier ist der Punkt, an welchem Nietzsches Auffassung plötzlich von seiner ehemaligen abweicht und ihn zu der entgegengesetzten führt. Hat er früher davor gewarnt, irgend einem Affekt zu trauen, weil derselbe doch nur das »Enkelkind« alter vergessener und wahrscheinlich irrthümlicher Urtheilsschlüsse sei, so beruft er sich jetzt auf die uralte Gefühlsgrundlage, der alle Urtheilsschlüsse entstammen, und degradirt diese so zu unselbständigen, abhängigen »Enkelkindern« des Gefühls. Für beide Auffassungen findet er die gesuchte Begründung noch in der positivistischen Weltanschauung, aber was dort friedlich neben einander besteht, — die Relativität des Denkens und diejenige des Affektlebens, — — das trennt sich für ihn in zwei unversöhnliche Gegensätze: auf der einen Seite steht der bis auf die Spitze getriebene Intellektualismus, dem er sich bis dahin hingegeben, und durch den er alles Leben dem Denken, alles Gemüth dem Verstande unterthan machen wollte, — auf der anderen Seite eine ebenfalls auf das Höchste gesteigerte Gefühlsexaltation, die sich für ihre lange Unterdrückung rächt und in ihrem Lebensüberschwang sich nur genug thun kann in einem fanatischen: »fiat vita, pereat veritas!«

Darum heisst es weiter: »Die Falschheit eines Urtheils ist uns noch kein Einwand gegen ein Urtheil; — — Die Frage ist, wie weit es lebenfördernd, lebenerhaltend — — ist; — — — Verzichtleisten auf falsche Urtheile (wäre) ein Verzichtleisten auf Leben, eine Verneinung des Lebens.« (Jenseits von Gut und Böse 4.) »Bei allem Werthe, der dem Wahren, dem Wahrhaftigen, — — zukommen mag: es wäre möglich, dass dem Scheine, dem Willen zur Täuschung, — — — und der Begierde ein für alles Leben höherer und grundsätzlicherer Werth zugeschrieben werden müsste. Es wäre sogar noch möglich, dass, was den Werth jener guten und verehrten Dinge ausmacht, gerade darin bestünde, mit jenen schlimmen, scheinbar entgegengesetzten Dingen auf verfängliche Weise verwandt, verknüpft, verhäkelt, vielleicht gar wesensgleich zu sein.« (Jenseits von Gut und Böse 2.) »— — — wir sind von Grund aus, von Alters her — ans Lügen gewöhnt. Oder, um es tugendhafter und heuchlerischer, kurz angenehmer auszudrücken: man ist viel mehr Künstler als man weiss.« (Ebendaselbst 192.) Und das Lebenerhaltendere der Lüge ist es, das den Künstler hoch über den wissenschaftlichen Menschen und dessen Wahrheitsforschung stellt. »— die Kunst, in der gerade die Lüge sich heiligt, der Wille zur Täuschung das gute Gewissen zur Seite hat,« (Zur Genealogie der Moral III 25), ist es auch, um derentwillen jetzt plötzlich wieder die ehemals so geschmähten Metaphysiker weit vornehmer und schätzenswerther erscheinen, als die »Wirklichkeits-Philosophaster«, mit ihrer Genügsamkeit und »Lappenhaftigkeit«. (Jenseits von Gut und Böse 10.)

An dieser erneuten Verherrlichung des Künstlerthums und selbst der Metaphysik erkennt man, wie weit Nietzsche schon zu einem neuen, entgegengesetzten Typus des Erkennenden durchgedrungen ist, und wie weit er sich bereits von den positivistischen »Wirklichkeits-Philosophastern« entfernt hat. Denn was diese als eine unvermeidliche Z u g a b e zum erkennenden Denken betrachten und im Erkenntnissakt nach Möglichkeit zu r e d u c i r e n suchen: die Abhängigkeit des Denkens vom menschlichen Triebleben, — das gerade bedarf nach Nietzsche der höchstmöglichen Steigerung. Die Einsicht in die Relativität alles Denkens, in die engen Grenzen, die der Wahrheitserkenntniss gezogen sind, dient ihm ausschliesslich zur Proklamirung einer neuen Grenzenlosigkeit des Erkennens, die demselben den absoluten Charakter wiedergeben soll. Weil Nietzsche der absoluten Ideale bedurfte, um sie anbeten und an ihnen seine Hingebung ausleben zu können, suchte er, sobald sein logisches Wahrheitsideal allzu bescheiden zusammenschrumpfte, Abhilfe in dessen Gegensatz, im Maasslosen des gesteigerten Affektlebens. Ist er vorher davon ausgegangen, das Wahrheitsstreben von einer letzten Illusion zu befreien, indem er es als relativ auffasste, so öffnet er sich nun einen neuen Zugang zu neuen Illusionen: durch Verlegung des Erkenntnissgebietes in das der Gefühlserregungen und Willenseingebungen. Damit sind alle zurückhaltenden, einschränkenden Dämme niedergerissen und rückhaltlos darf das Affektleben darüber hinfluthen. Nirgends Gewissheit oder überall Ge-

wissheit, das kommt hier beinahe auf dasselbe hinaus; wo
der Gedanke alle selbständigen Erkenntnissrechte eingebüsst
hat, da schweift er, als Spielzeug und Werkzeug der ihn re-
gierenden verborgenen Triebe bis in die fernsten Fernen,
bis in die tiefsten Tiefen. Ist Nietzsche ursprünglich aus
dem geheimnissvoll schimmernden Zaubergarten der Metaphysik in die nüchterne Verstandeswelt empirischer Forschung eingetreten, so verliert er sich jetzt in den Irr-
garten einer Wildniss, die, ungelichtet und undurchdring-
lich, diese Verstandeswelt umgiebt. Gerade der Umstand, dass in ihr noch keine Wege gebahnt sind, dem
Denken noch keine Richtung gewiesen ist, — dass Alles
in ihr noch herrenlos und gesetzlos ist, und der Willens-
machtspruch Raum hat für jegliches Schaffen, — gerade
dies Abenteuerlich-Gefährliche ist ihm Bürgschaft für den
richtigen Weg, denn es erscheint als die Richtung mitten
ins Innere des Lebens, mitten in seine Urkräfte hinein.
»Räthsel-Trunkene, Zwielicht-Frohe« nennt daher Zarathustra seine Jünger, »deren Seele mit Flöten zu jedem
Irr-Schlunde gelockt wird: — denn nicht wollt ihr mit
feiger Hand einem Faden nachtasten; und,
wo ihr errathen könnt, da hasst ihr es, zu erschliessen.« (Also sprach Zarathustra III 6 f.) »Auch
im Erkennen fühle ich nur meines Willens Zunge und
Werde-Lust (Ebendaselbst II 8); »Werk- und Spielzeuge
sind Sinn und Geist!« (Ebendaselbst I 43), denn das
Leben spricht: »Auch du, Erkennender, bist nur ein
Pfad und Fusstapfen meines Willens: wahrlich, mein
Wille zur Macht wandelt auch auf den Füssen deines
Willens zur Wahrheit!« (Ebendaselbst II 50)

Nietzsche, der so lange Zeit hindurch, zur Beschwichtigung und Zügelung seiner tieferregten Innerlichkeit und
ihres Affektlebens, eine kalte und nüchterne Denkweise be-

nutzt hatte, erfuhr nun an sich selber, was er früher einmal
vorahnend und warnend, in »Menschliches, Allzumenschliches (II 275), geschildert: »Hat man seinen Geist verwendet, um über die Maasslosigkeit der Affekte Herr zu
werden, so geschieht es vielleicht mit dem leidigen Er-
folge, dass man die Maasslosigkeit auf den Geist überträgt und fürderhin im Denken und Erkennenwollen aus-
schweift.«*) In einem solchen Verlangen wild auszuschweifen,

---

*) Vergl. hierzu die folgenden Aeusserungen Nietzsches in den
Werken seiner vorhergehenden Periode:

»Zwischen den sorgsam erschlossenen Wahrheiten und solchen
»geahnten« Dingen bleibt unüberbrückbar die Kluft, dass jene dem
Intellekt, diese dem Bedürfniss verdankt werden. — — — — man
hat nur den inneren Wunsch, dass es so sein möge, — also dass
das Beseligende auch das Wahre sei. Dieser Wunsch verleitet uns,
schlechte Gründe als gute einzukaufen« (Menschliches. Allzumenschliches I 131). Sich davon verleiten lassen oder nicht, — das
bestimmte damals für ihn geradezu die Rangordnung der Menschen.
»Was ist mir — — Feinheit und Genie, wenn der Mensch — —
schlaffe Gefühle im Glauben und Urtheilen bei sich duldet, wenn
das Verlangen nach Gewissheit ihm nicht als die innerste Begierde und tiefste Noth gilt, — als Das, was die höheren Menschen
von den niederen scheidet!« (Die Fröhliche Wissenschaft 2). Und in
der Morgenröthe (497) rühmt er noch als Kennzeichen der wahren
Grösse des Denkers. im Gegensatz zu der temperamentvollen
Genialität, »das reine, reinmachende Auge, das nicht aus ihrem
Temperament und Charakter gewachsen scheint,« sondern unbeein-
flusst von diesen die Dinge widerspiegelt. »Hätte es nicht allezeit
eine Ueberzahl von Menschen gegeben, welche die Zucht ihres
Kopfes — ihre »Vernünftigkeit« — als ihren Stolz, ihre Verpflichtung, ihre Tugend fühlten, welche durch alles Phantasiren und Aus-
schweifen des Denkens beleidigt oder beschämt wurden, — — —: so
wäre die Menschheit längst zu Grunde gegangen! Ueber ihr schwebte
und schwebt fortwährend als ihre grösste Gefahr der ausbrechende
Irrsinn — das heisst eben das Ausbrechen des Beliebens im Empfinden, Sehen und Hören, der Genuss in der Zuchtlosigkeit des
Kopfes, die Freude am Menschen-Unverstande. Nicht die Wahrheit
und Gewissheit ist der Gegensatz der Welt des Irrsinnigen, sondern
die Allgemeinheit und Allverbindlichkeit eines Glaubens, kurz das

schafft er sich einen neuen Wahlspruch: »Nichts ist
wahr, Alles ist erlaubt!« (Zur Genealogie der Moral III.
24.) und preist den Werth der Täuschung, der willkürlichen Fiktion, des Unlogischen und »Unwahren«, als
der im Grunde lebenfördernden, willensteigernden Mächte.
In der Vorstellung, dass ja in dem gesammten Weltbilde,
so wie wir es um uns aufgebaut haben, wir selbst als die
Schöpfer mit unserer psychischen Eigenart drinstecken,
und dass unser Erkennen letzten Endes doch nichts ist
als eine »Anmenschlichung der Dinge«, schwelgt er so
lange, bis das Weltganze sich ihm zu einem Traumbilde
verflüchtigt, das sich der Einzelne willkürlich ersonnen hat.
»Warum dürfte die Welt, die uns etwas angeht —,
nicht eine Fiktion sein?« fragt er sich (Jenseits von Gut

Nicht-Beliebige im Urtheilen. Und die grösste Arbeit der Menschen
bisher war die, über sehr viele Dinge mit einander übereinzustimmen
und sich ein Gesetz der Uebereinstimmung aufzulegen — —
— — — schon das langsame Tempo, welches er (der Allerwelts-
glaube) — — — verlangt, — — — — macht Künstler und Dichter
zu Ueberläufern: — diese ungeduldigen Geister sind es, in denen eine
förmliche Lust am Irrsinn ausbricht, weil der Irrsinn ein so fröh-
liches Tempo hat!« (Die Fröhliche Wissenschaft 76). Und man
meint, er richte sich gegen sein eigenes späteres Selbst, wenn er
den Künstlern und Frauen jene Unwissenschaftlichkeit des Geistes
vorwirft, die sich von allen Hypothesen fanatisiren lasse, welche »den
Eindruck des Geistreichen, Hinreissenden, Belebenden, Kräf-
tigenden machen.« Gleich ihnen wollen die Meisten ›stark fort-
gerissen werden, um dadurch selber einen Kraftzuwachs zu er-
langen‹, nur wenige »haben jenes sachliche Interesse, das von
persönlichen Vortheilen, auch von dem des erwähnten Kraftzuwachses
absieht. Auf jene bei Weitem überwiegende Classe wird überall
dort gerechnet, wo der Denker sich als Genie benimmt und bezeichnet, also wie ein höheres Wesen dreinschaut, welchem Autorität
zukommt. Insofern das Genie jener Art die Glut der Ueberzeugungen
unterhält und Misstrauen gegen den vorsichtigen und bescheidenen
Sinn der Wissenschaft weckt, ist es ein Feind der Wahrheit, —
wenn es sich auch noch so sehr für deren Freier halten sollte.«
(Menschliches, Allzumenschliches I 635.)

und Böse 34), mit dem Hintergedanken: und also durch einen Gewaltakt umzuschaffen sein?

Hierauf bezieht sich ein kurzes interessantes Kapitel in der »Götzen-Dämmerung« (IV), dessen Absicht aber nur im Zusammenhang mit den übrigen zerstreuten Bemerkungen Nietzsches über diesen Gegenstand ganz verständlich wird. Es ist überschrieben: »Wie die »wahre Welt« endlich zur Fabel wurde. Geschichte eines Irrthums.« und enthält eine Skizzirung des philosophischen Entwicklungsganges von den Alten bis zu uns. Die alte Philosophie fasste schon, wenn auch erst in naiver Weise, den Erkennenden und sein Weltbild, die Person und die Wahrheit, als identisch; sie gipfelte in der Umschreibung des Satzes: »ich, Plato, bin die Wahrheit.« »Die wahre Welt«, im Gegensatz zur unwahren, scheinbaren, in der die Unweisen leben, ist, »erreichbar für den Weisen, — er lebt in ihr, er ist sie.« Im Christenthum trennt sich die Idee der »wahren Welt« fortschreitend von der Persönlichkeit, indem sie sich entmenschlicht und sublimirt, als Zukunftsverheissung, als Versprechen über den Menschen auffliegt. Endlich, durch eine Reihe von metaphysischen Systemen hindurch, verblasst sie bei Kant zu einem blossen Schatten, »unerreichbar, unbeweisbar, unversprechbar,« — bis sie sich, mit der endgiltigen Abkehr von aller Metaphysik, völlig zu Nichts verflüchtigt: »Grauer Morgen. Erstes Gähnen der Vernunft. Hahnenschrei des Positivismus.« Damit steigt die bisher als scheinbar und unwahr gescholtene Welt im Preise, weil sie die einzig übrigbleibende ist: »Heller Tag; Frühstück; Rückkehr des bon sens und der Heiterkeit; Schamröthe Plato's; Teufelslärm aller freien Geister.« Aber mit der Einsicht in die Entstehung der Fabel von der »wahren Welt« haben wir zugleich die Entstehungsweise des

Weltbildes unserer Erkenntniss überhaupt eingesehen.
Jetzt, wo der Glaube an eine mystische »wahre« Welt
hinter der scheinbaren, durch Täuschung und Irrthum
entstandenen, uns nicht mehr tröstet, was bleibt uns noch
übrig? »Mit der wahren Welt haben wir auch die scheinbare abgeschafft,« die ja nur als deren Gegensatz möglich
war. Wieder ist der Mensch auf sich selbst zurückgeworfen
als auf den Selbstschöpfer aller Dinge. Wieder ist die
alte Fassung: »Ich, Plato, bin die Welt, «möglich geworden
und steht als letzte Weisheit am Anfang aller Philosophie,
nun aber nicht mehr in der naiven, noch ungebrochenen
Identificirung von Person und Wahrheit, von Subjekt und
Objekt, sondern als klar bewusste und gewollte Schöpferthat Dessen, der sich selbst als den Weltenträger erkannt
hat. »Ich, Nietzsche-Zarathustra, bin die Welt, sie ist,
weil ich bin, sie ist, wie ich will.« Dieses Ergebniss wird
nur angedeutet in den geheimnissvollen Schlussworten:
»Mittag; Augenblick des kürzesten Schattens;
Ende des längsten Irrthums. Höhepunkt der
Menschheit; Incipit Zarathustra.«

Hier lässt es sich schon deutlich verfolgen, wie sich
neue und ins Mystische überschlagende Gedanken Nietzsches mit Elementen mischen und verknüpfen, die er
noch der modernen Erkenntnisstheorie entnimmt. Und
damit ist bereits der Punkt erreicht, von dem aus sich
seine neue Lehre aufbaut, und bei dem es sich nicht
mehr um eine blosse Gefühlsübertreibung gewisser all-
gemeingiltiger Einsichten handelt. Denn aus der Thatsache der Begrenztheit und Relativität alles menschlichen
Erkennens, und aus der der Priorität des menschlichen Trieblebens gegenüber demselben formt sich ihm unvermerkt der
neue Typus des Philosophen: das überlebensgrosse Bild
eines Einzelnen, dessen Gewaltwille über wahr und un-

wahr entscheidet, und in dessen Hand das Verstandeserkennen der Menschen ein blosses Spielzeug ist. Man
könnte sagen: dasjenige, was den Geist zu strenger
Selbstbescheidung zwingt, was ihn von allen Seiten
bedingt und beeinflusst, das personificirt sich Nietzsche
unter dem Bilde einer zügellosen Allmacht, die er auf
einen übermenschlichen Einzelnen überträgt. Ja, in ihm
sollen alle Triebe und Kräfte alles Menschenthums der-
maassen entfesselt und gesteigert gedacht werden, dass die
Quintessenz des Lebens, der Kraft-Extract des Ganzen,
in ihm gleichsam Person geworden ist, sodass er
auch die Erkenntnissnormen umzuprägen und zu ver-
rücken im Stande wäre. Doch geschieht dies nicht in
einem Act der Contemplation, sondern in einer schöpferischen That, als Handlung und Befehl, der an die Welt
ergeht. »— D i e e i g e n t l i c h e n P h i l o s o p h e n aber
s i n d B e f e h l e n d e u n d G e s e t z g e b e r: sie sagen
» s o s o l l es sein!« sie bestimmen erst das Wohin?
und Wozu? des Menschen — —, — sie greifen mit
schöpferischer Hand nach der Zukunft — —. Ihr
»Erkennen« ist S c h a f f e n, ihr Schaffen ist eine Ge-
setzgebung, ihr Wille zur Wahrheit ist — W i l l e
z u r M a c h t.« (Jenseits von Gut und Böse 211.) Ihre
Philosophie »schafft immer die Welt nach ihrem Bilde,
sie kann nicht anders; Philosophie ist dieser tyrannische
Trieb selbst, der geistigste Wille zur Macht, zur »Schaf-
fung der Welt«, zur causa prima« (Ebendaselbst 9).
Die »cäsarischen Züchter und Gewaltmenschen der Cultur«
(Ebendaselbst 207) sind es, mit deren Erläuterung und
Beschreibung sich Nietzsches ganze Zukunftsphilosophie
beschäftigt, ja, in deren Bilde ihr gesammter Inhalt be-
steht. In seiner Erkenntnisstheorie wird ihnen nur der
Boden bereitet, in seiner Ethik und Aesthetik wachsen

sie aus diesem Boden immer höher hinauf in eine religiöse Mystik, in der Gott, Welt und Mensch zu einem einzigen ungeheuren Ueberwesen verschmelzen.

Es ist leicht zu sehen, inwiefern sich Nietzsche mit dem Bilde dieses Schöpfer-Philosophen seinen ehemaligen metaphysischen Anschauungen nähert, wie er aber dieselben zugleich durch seine späteren wissenschaftlichen Theorien zu modificiren sucht. Die »idealen« Wahrheiten der Metaphysik mit ihren erhebenden und tröstenden Deutungen des Welträthsels nimmt er nicht wieder auf, aber indem er überhaupt mit der Möglichkeit einer »Wahrheit« aufräumt, indem er die Skepsis in das Gebiet des Erkennens hineinträgt und sich auf den Standpunkt »Alles ist unwahr« stellt, schafft er sich Raum, um einen Ersatz für jene verlorenen idealen Wahrheiten und Trostgründe herzustellen. Durch einen Machtspruch, durch einen Willensakt wird in die Dinge die Bedeutung hineingelegt, die sie an sich selbst nicht haben; aus dem Wahrheits-Entdecker, als welcher der Philosoph bisher galt, ist er gewissermassen zum Wahrheits-Erfinder geworden, zu einem »Überreichen des Willens« (Jenseits von Gut und Böse 212), der zwar Unwahrheiten und Täuschungen ausspricht, aber dessen schöpferischer Wille sie wahr, d. h. zu überzeugenden Wirklichkeiten, zu machen weiss. »Wer seinen Willen nicht in die Dinge zu legen weiss, der legt wenigstens einen Sinn noch hinein« (Götzen-Dämmerung, Sprüche und Pfeile 18). Damit kehrt er sich gegen die Metaphysiker, aber wie sie nimmt er sich das Recht zu einer Umdeutung und Umschaffung der Dinge auf Grund der über die blosse Verstandeskraft hinausgehenden Eingebungen des Gemüths.

In dieser persönlich gedachten Ueberlegenheit des Affektlebens über das Verstandesleben, in welcher schliess-

lich der Wahrheitsgehalt einer Erkenntniss als unwesentlich erachtet wird gegenüber ihrem Willens- und Ge-
fühlsgehalt, spiegelt sich rückhaltlos Nietzsches Geistesart, sein innerstes Wesen und Sehnen wieder. Nach dem
langen Zwang im Dienste des strengen Wahrheits-
erkennens war dies eine Reaktion, deren Seligkeit ihn in
einen Taumel der Mystik hineinriss. Seine eigene Seele
gibt er jenem übermenschengrossen Schöpfer-Philosophen,
in dem des Lebens Fülle und Ueberfülle sich drängt und
schöpferisch nach Entlastung durch den Gedanken verlangt, — es ist der »tropische« Mensch, auf den die Worte
passen, die wir bereits im ersten Theile dieses Buches auf
Nietzsches tieferregtes Innenleben angewendet haben: »die
umfänglichste Seele, welche am weitesten in sich laufen
und irren und schweifen kann; — — — die sich selber
fliehende, die sich selber im weitesten Kreise einholt; die
weiseste Seele, welcher die Narrheit am süssesten zuredet: — — die sich selber liebendste, in der alle Dinge
ihr Strömen und Wiederströmen und Ebbe und Fluth
haben« (Also sprach Zarathustra III 82).

Aber noch weiter geht diese unwillkürliche und gewaltsame Reaktion gegen die vorhergehende Geistesperiode,
und geht die unbewusste Selbstwiderspiegelung in den
Theorien, bis hinein in das persönlichste Empfinden
Nietzsches. Denn in ihnen treffen wir auch auf jenen
unheimlichen Zug in Nietzsches Seelenleben, wonach
er sich nur in der Selbstopferung und Selbstvergewaltigung
befriedigte und seiner Exaltation genug that. Wie er sich
zuvor zur Unterwerfung unter die Forderungen eines
strengen Intellektualismus gezwungen hatte, so zwingt er
jetzt umgekehrt den Verstand, den Trieb zu rein intellek-
tuellem Erkennen, unter den Machtwillen der Affekte.
Hatte er zuvor seinen seelischen Menschen vergewaltigt,

so vergewaltigt er jetzt den erkennenden Menschen in sich. Er ruht nicht eher, als bis der Triumph des entfesselten Lebenswillens zu einer Selbstverhöhnung des Verstandes wird: in unheimlicher Weise resultirt schliesslich die höchste Erkenntniss aus einer Selbstpreisgebung alles logischen Erkennens, — der Denker wird »heimlich durch seine Grausamkeit gelockt und vorwärts gedrängt, durch jene gefährlichen Schauder der gegen sich selbst gewendeten Grausamkeit«, — er muss als »Künstler und Verklärer der Grausamkeit« walten (Jenseits von Gut und Böse 229). Der menschliche Geist taucht zuletzt freiwillig hinab in seine Vernichtung, denn nur so empfängt er die höchste Offenbarung, — er taucht hinab ins Grenzenlose, Maasslose, das über ihm zusammenschlägt, denn nur so erfüllt er sein Ziel. Wir werden in der ganzen letzten Philosophie Nietzsches, in der Ethik wie in der Aesthetik, den durchgehenden Grundgedanken wiederfinden: dass der Untergang durch das Uebermass die Bedingung einer höchsten Neuschöpfung sei, und daher mündet auch Nietzsches Erkenntnisstheorie in eine Art schauerlich-persönlicher Mystik aus, in der die Begriffe Wahn und Wahrheit unlöslich verkettet sind, und das »Uebermenschliche« daher kommt als ein Blitz, der den Geist treffen und tödten, als ein Wahnsinn, mit dem sein Wahrheitssinn geimpft werden soll: »Wollte ich doch, sie hätten einen Wahnsinn, an dem sie zu Grunde gingen! — — — Wahrlich ich wollte, ihr Wahnsinn hiesse Wahrheit! — — Und des Geistes Glück ist diess: gesalbt zu sein und durch Thränen geweiht zum Opferthier, — wusstet ihr das schon? Und die Blindheit des Blinden und sein Suchen und Tappen soll noch von der Macht der Sonne zeugen, in die er schaute, — wusstet ihr das schon?« (Also sprach Zarathustra II 33).

Aber dieses letzte Mysterium kann uns, wie das ganze Bild des Schöpfer-Philosophen überhaupt, nur fortschreitend, in der Ethik und Aesthetik Nietzsches, völlig deutlich werden, indem es, von den abstrakten Grundlinien aus, stets körperhaftere Züge gewinnt, bis es endlich, als eine mystische Wesensverklärung Nietzsches selber, in seiner persönlichen Einzelgestalt vor unseren Augen steht.

Dass erst die Ethik der Erkenntnisstheorie ihre rechte Erläuterung und Begründung giebt, erhellt schon aus dem Charakter des Erkennenden als des wahren Trägers des Lebenswillens, — des Erkennenden als des Handelnden und Schaffenden. Es gilt daher im höchsten Grade von Nietzsches Philosophie, was er von den Systemen der Philosophen überhaupt aussagt: »dass die moralischen — — Absichten — — den eigentlichen Lebenskeim ausmachten, aus dem jedesmal die ganze Pflanze gewachsen ist« (Jenseits von Gut und Böse 6). Dieser enge Zusammenhang des Philosophen mit dem Leben als solchem und mit dessen menschlichsten und persönlichsten Zwecken soll ihn am entschiedensten von allen Denen trennen, die das Leben anfeinden oder pessimistisch ansehen. Er soll der geborene Lebens-Apologet sein und seine Philosophie eo ipso eine Lebens-Apotheose, denn zu sich selbst kann das Leben nur immer wieder »Ja« sagen. In Wirklichkeit jedoch ist fast immer das Gegentheil der Fall gewesen (Götzen-Dämmerung II 1). »Über das Leben haben zu allen Zeiten die Weisesten gleich geurtheilt: es taugt nichts......
Immer und überall hat man aus ihrem Munde denselben Klang gehört, — einen Klang voll Zweifel, voll Schwermuth, voll Müdigkeit am Leben, voll Widerstand gegen das Leben.« War doch dieser geschwächte Lebenswille

eine Folge der Verfeinerung und Sublimirung ihres menschlich-thierischen Wesens, der intellektuellen und beschaulichen Eigenart ihrer Natur, — war es doch, nach Nietzsches ehemaliger Auffassung, gewissermaassen zugleich ihr A d e l s z e i c h e n, das sie von den geistig rohen Menschen, vom P ö b e l, unterschied und zu ihrer Führerrolle berechtigte. Hier hat sich nun die Auffassung dahin verändert, dass nicht mehr auf die Lebensdurchgeistigung, sondern auf die Lebensschwächung der Nachdruck gelegt wird. Die Menschen des Geistes erscheinen nunmehr als die Kranken und Entnervten, als die N i e d e r g a n g s t y p e n eines jeden Zeitalters. Der von Nietzsche so geliebte und verherrlichte Philosoph, der bei den Griechen die Lehre von der Herrschaft der Vernunft über die Naturinstinkte vertrat, Sokrates, wandelt sich ihm damit wieder zu der gefährlichen und geschmähten Versucher-Gestalt, die er für Nietzsche zur Zeit der Schopenhauerischen Periode war. Sokrates, der Hässliche, Missgestaltete unter den vornehmen, wohlgebildeten Griechen, trat unter ihnen auf als der erste grosse Decadent, er corrumpirte und verschnitt den ursprünglichen hellenischen Lebensinstinkt, indem er ihn der Vernunftlehre unterwarf (Vergleiche Götzen-Dämmerung II »Das Problem des Sokrates«). Darin ist er das Urbild aller Denker, die das Leben durch das Denken meistern wollen, aber wie sie Alle beweist er damit Nichts gegen das Leben, sondern nur Etwas gegen das Denken. Denn wenn auch bisher alle Philosophen zur Missachtung des Daseins, zur Erschlaffung der lebenerhaltenden Instinkte beigetragen haben, so spricht sich darin nicht eine Wahrheit hinsichtlich des also geringgeschätzten Lebens aus, sondern nur der Widerspruch, in den sie mit sich selber gerathen sind, als das charakteristische Symptom eines Krankheitszustandes. Es lehrt nur, dass die Menschen des überwiegenden Intellekts sich von der Lebensquelle, die auch ihrem Intellekt erst Nahrung zuführt, abgekehrt haben, dass sie Abgelebte, Müde, Spätlinge niedergehender Culturen sind, dass sie in sich nicht mehr die sieghafte, heilende, umformende Kraft besitzen, welche über die Schäden und Lücken des Daseins triumphirt und dasselbe zu höherer Entwicklung weiterführt. Ihnen allen gilt daher die argwöhnische Frage: »Waren sie vielleicht allesammt auf den Beinen nicht mehr fest? spät? wackelig? décadents? Erschiene die Weisheit vielleicht auf Erden als Rabe, den ein kleiner Geruch von Aas begeistert? . . .« (Götzen-Dämmerung II 1.)

Aber nicht nur ihnen gilt diese Frage, denn sie repräsentiren nur die äusserste Spitze dessen, worin die ganze Entwicklung der Menschheit gipfelt. Der stumpfen und dumpfen Einheitlichkeit seines ursprünglichen Thierbewusstseins entrissen, ist der Mensch durch die Weiterbildung seiner Geistesfähigkeiten in Zwiespalt mit dem Naturgrund gerathen, in dem seine Kraft wurzelt. Er ist damit zu einer Halbheit, zu einem Zwitterding geworden, das ersichtlich seine Erklärung und Daseinsberechtigung nicht aus sich selber schöpfen kann, — er ist der verkörperte Uebergang zu Etwas, das noch nicht entdeckt, noch nicht geschaffen ist, und als ein solcher Uebergang ist der Mensch das krankhafteste, — »das noch nicht festgestellte Thier.« (Jenseits von Gut und Böse 62). So haftet der Decadenz-Charakter dem Menschenthum als solchem an und nicht nur einer einzelnen Form, einem einzelnen Gebiet desselben.

Wir finden demnach die ersten Anfänge der Decadenz, des Niederganges ungebrochenen Lebens, schon im Entstehen aller Cultur, — da wo sich die wilde Bestie Mensch, das »menschliche Raubthier«, durch den ersten socialen Zwang in seiner ungezügelten Freiheit beengt fühlt. »Jene furchtbaren Bollwerke, mit denen sich die staatliche Organisation gegen die alten Instinkte der Freiheit schützte — — — brachten zu Wege, dass alle jene Instinkte des wilden freien schweifenden Menschen sich rückwärts, sich gegen den Menschen selbst wandten.« »Alle Instinkte, welche sich nicht nach Aussen entladen, wenden sich nach Innen — dies ist das, was ich die Verinnerlichung des Menschen nenne: damit wächst erst das an den Menschen heran, was man später seine »Seele« nennt. Die ganze innere Welt, ursprünglich dünn wie zwischen zwei Häute eingespannt, — — hat Tiefe, Breite, Höhe bekommen, als die Entladung des Menschen nach Aussen gehemmt worden ist.« »Der Mensch, der sich, aus Mangel an äusseren Feinden und Widerständen, eingezwängt in eine drückende Enge und Regelmässigkeit der Sitte, ungeduldig selbst zerriss, verfolgte, annagte, aufstörte, misshandelte, dies an den Gitterstangen seines Käfigs sich wund stossende Thier, — — —. Mit ihm aber war die grösste und unheimlichste Erkrankung eingeleitet, von welcher die Menschheit bis heute nicht genesen ist, das Leiden des Menschen — an sich: als die Folge einer gewaltsamen Abtrennung von der thierischen Vergangenheit, — —, einer Kriegserklärung gegen die alten Instinkte, auf denen bis dahin seine Kraft, Lust und Furchtbarkeit beruhte.« (Zur Genealogie der Moral II 16.)

Wenn dementsprechend die Krankhaftigkeit des Menschen gewissermaassen sein Normalzustand, seine specifisch menschliche Natur selbst ist, und die Begriffe Erkrankung und Entwicklung als nahezu identisch gefasst werden, so müssen wir natürlich auch am Ausg a n g einer langen culturellen Entwicklung wieder der nämlichen Decadenz als Resultat begegnen. Sie hat nur das Aussehen verändert. Es sind die Zeiten langer friedlicher Gewöhnung, in denen sie in ihrer neuen Form auftritt, Zeiten, in denen das strenge Zusammenhalten, die harte Zucht und Unterordnung der Einzelnen nicht mehr als nothwendig erscheinen, sondern die Mittel zu einer sorgloseren und volleren Selbstauslebung reichlich vorhanden sind. Die starre Gleichförmigkeit, zu der durch eine Jahrhunderte während Schulung Alle herangezüchtet worden sind, beginnt sich aufzulösen und dem Spiel des Individuellen Platz zu machen. »Die Variation, sei es als Abartung (in's Höhere, Feinere, Seltnere), sei es als Entartung und Monstrosität, ist plötzlich in der grössten Fülle und Pracht auf dem Schauplatz, der Einzelne wagt einzeln zu sein und sich abzuheben.« »Lauter neue Wozu's, lauter neue Womit's, keine gemeinsamen Formeln mehr, Missverständniss und Missachtung mit einander im Bunde, der Verfall, Verderb und die höchsten Begierden schauerlich verknotet, das Genie der Rasse aus allen Füllhörnern des Guten und Schlimmen überquellend, ein verhängnissvolles Zugleich von Frühling und Herbst.« (Jenseits von Gut und Böse 262.)

Wenn in der zuerst geschilderten ursprünglichen Decadenzform die Leidenschaften des Menschen sich gegen ihn selbst wenden, ihn bedrohen und zerfleischen, weil er sich nicht nach Aussen hin entladen, nicht wehren kann, — so gerathen sie jetzt aus dem entgegengesetzten Grunde in einen gleichen Innenkrieg miteinander, weil keine Verhältnisse mehr vorhanden sind, gegen die der Mensch sich zu wehren hätte, nichts, was seine Kriegskraft nach Aussen hin abzuziehen vermöchte. Im zahmen Frieden des geordneten Lebens hat der inzwischen so stark verinnerlichte Mensch nur noch sich selbst zum Kampfplatz seiner ungeberdigen Triebe. Sobald diese sich zu regen anfangen, beginnt er wiederum, an sich zu leiden, ›Dank den wild gegeneinander gewendeten, gleichsam explodirenden Egoismen‹, die sein überaus complicirt gewordenes Wesen in sich begreift, und durch die es allmälig alle Geschlossenheit der Persönlichkeit wieder einbüsst. In diesem Stadium bildet der Mensch das Endglied einer einzigen ungeheuer langen Entwicklungskette, deren einzelne Ringe ihm alle einverleibt sind, als die Summe der gesammten allmälig angezüchteten intellektuellen, moralischen und socialen »Menschlichkeit« nebst sämmtlichen nur allzu lebendigen Instinkterinnerungen an die zurückliegende Thierheit.

Aber wenn diese beiden Formen der Decadenz mit Nothwendigkeit der menschlichen Natur entspringen und unumgängliche Durchgangsphasen für deren Weiterbildung zu etwas Höherem sind, so gibt es daneben noch eine dritte Art der Decadenz, welche die geschilderten Krankheitszustände unheilbar zu machen und die Möglichkeit einer Wiedergenesung zu verhindern droht. Das ist die falsche Weltdeutung, die unrichtige Lebensauffassung, die durch jenes Leiden und jene Krankheit gezeitigt wird. Es ist die Aufforderung zur Askese in gleichviel welcher Form, zur Abkehr vom Leben und seinen Schmerzen, zur Hingebung an die Müdigkeit, die als Folge des immerwährenden »Krieges der man ist« auftritt. Ein solches asketisches Ideal predigen nicht nur alle Religionen und Moralen, sondern auch jeder Intellektualismus, der das Denken auf Kosten des Lebens unterstützt und das Ideal der »Wahrheit« dem Ideal einer möglichsten Lebenssteigerung entgegensetzt. Das wahre Heilmittel für diese

um sich greifende Corruption bestände gerade in der vollen
Hinwendung zum Leben, damit aus dem chaotischen
Reichthum durcheinander ringender Gegensätze eine neue
höhere Gesundheit geboren werde.

»Man ist nur fruchtbar um den Preis, an Gegensätzen reich zu sein« (Götzen-Dämmerung V 3), vorausgesetzt, dass noch genügende Kraft da ist, sie zu tragen,
sie zu ertragen. Dann ist scheinbare Auflösung und
Decadenz, dann ist alle sogenannte Corruption »nur ein
Schimpfname für die Herbstzeiten«, — d. h. für
die Zeiten der abfallenden Blätter, aber auch der reifenden
Früchte. Insofern kann Decadenz und Fortschritt ein und
dasselbe bedeuten: den Fortschritt dem nothwendigen
Ende zu, — »Es hilft nichts: man muss vorwärts, will
sagen Schritt für Schritt weiter in der décadence.
— — — Man kann diese Entwicklung hemmen und,
durch Hemmung, die Entartung selber stauen, aufsammeln,
vehementer und plötzlicher machen: mehr kann man
nicht.« (Götzen-Dämmerung IX 43.) Ein solches Ende,
eine solche tragische Verknüpfung von vorwärts und
niederwärts wird dadurch erklärt, dass der Mensch nicht
in sich selbst seine Erfüllung findet, sondern über sich
selbst hinaus drängt nach etwas Höherem, als er ist. Es
ist »mit der Thatsache einer gegen sich selbst gekehrten,
— — — Thierseele auf Erden etwas so Neues, Tiefes, — —
Widerspruchsvolles und Zukunftsvolles gegeben«, —
dass daraus die Zuversicht auf eine mögliche, neue Über-
Art des Menschlichen geschöpft werden kann. Es ist, als
ob sich damit »Etwas ankündige, Etwas vorbereite, als
ob der Mensch kein Ziel, sondern nur ein Weg, ein
Zwischenfall, eine Brücke, ein grosses Versprechen sei.«
(Zur Genealogie der Moral II 16.) »Der Mensch ist ein
Seil, geknüpft zwischen Thier und Übermensch, — ein

Seil über einem Abgrunde. — — Was gross ist am Menschen, das ist, dass er eine Brücke und kein Zweck ist: was geliebt werden kann am Menschen, das ist, dass er ein Ü b e r g a n g und ein U n t e r g a n g ist.« (Also sprach Zarathustra I 12.) Die Decadenzerscheinungen können daher der Menschheit zu Zeiten des hereinbrechenden Unterganges und der sich ankündigenden Neugeburt ebenso wenig erspart bleiben als »einem schwangeren Weibe die Widerlichkeiten und Wunderlichkeiten der Schwangerschaft: »— — — als welche man vergessen muss, um sich des Kindes zu freuen.«

Die Einsicht in die durchgängige »Allzumenschlichkeit« der Triebe, die Nietzsche früher so stark betont hatte, wird hier also nicht aufgegeben, sondern noch möglichst v e r s c h ä r f t und zum Ausgangspunkt seiner neuen Menschheitstheorie genommen. Aus einer verstandeskalten Einsicht hat sie sich ihm zu einem G e m ü t h s affekt gesteigert, und als solcher gewinnt sie eine so ungeheure Bedeutung, dass sie alle seine Seelen- und Gedankenkräfte aufwühlt, bis ihm in Zorn, Gram und Entsetzen neue »Flügel und quellenahnende Kräfte« (Also sprach Zarathustra III 77) wachsen, mit denen er sich über sie erhebt. Aus dem A c c e n t, den er auf seine ehemalige Einsicht legt, aus den äussersten Consequenzen, die er aus ihr zieht, quillt ihm die übermächtige Sehnsucht nach seiner neuen Theorie, nach dem Gedanken einer Selbstopferung des Allzumenschlichen für das Uebermenschliche.

Wie sich in dem erkenntnisstheoretischen Theile von Nietzsches neuer Lehre die Abhängigkeit des Logischen vom Seelischen, des Gedankenlebens vom Gemüthsleben wiederspiegelt, so tritt uns in jenem Menschheitsbilde einer leidenden Ueberfülle zum Zweck

einer Neugeburt die Erklärung seines eigenen Wesens
entgegen: die Selbstopferung durcheinanderringender
Triebe zur Entbindung höchster Schaffenskraft. Aus dem
tiefen, ihm stets gegenwärtigen Gefühl eigener Krankhaftigkeit, eigenen Leidens ist seine Decadenzlehre hervorgegangen. Auch von ihr gilt, was von allen Theorien
seiner letzten Philosophie gilt: die schmerzlichen psychischen Vorgänge, die bei ihm bisher die Ursache und
Begleiterscheinung der verschiedenen Erkenntniss-
processe waren, werden nunmehr zum Erkenntniss-
inhalt selbst.

Der Gedanke einer überreich gewordenen, sich
opfernden Menschheit ist es denn auch, von dem aus
Nietzsche, zurückblickend, den ganzen Gang der Mensch-
heits-Entwicklung begreift. Um desswillen allein war jene
lange und peinvolle Zähmung ursprünglicher Thierwildheit
nöthig, obgleich sie den Menschen zum Decadenten
heranzüchtet, und er ihr schliesslich doch wieder ent-
wächst. Ihr Sinn ist es gewesen, ihn mit der ganzen
Fülle seiner Innerlichkeit zu bereichern und ihn dann
zum Herrn dieses Reichthums und seiner selbst zu
machen. Das konnte nur durch einen langen harten
Zwang geschehen, in dem sein Wille, als der eines noch
Unmündigen, gleichsam unter Schlägen und Strafen zur
Mündigkeit erzogen wurde. So lernte der Mensch einen
längeren und tieferen Willen haben, als das vergess-
liche, vom *Augenblick beherrschte*, dem *Augenblicks-
impulse* unterworfene Thier. Er lernte für sein Wollen
einstehen — er wurde »das Thier, das versprechen
darf«. Alle Menschheitserziehung ist im Grunde eine
Art von Mnemotechnik: sie löst das Problem, wie
dem unberechenbaren Willen ein Gedächtniss einzuverleiben sei. »Für sich gut sagen dürfen und mit

Stolz, also auch zu sich Ja sagen dürfen — das ist — — eine späte Frucht: — wie lange musste diese Frucht herb und sauer am Baume hängen! — — Stellen wir uns — ans Ende des ungeheuren Prozesses, dorthin, wo der Baum endlich seine Früchte zeitigt, wo die Societät und ihre Sittlichkeit der Sitte endlich zu Tage bringt, wozu sie nur das Mittel war: so finden wir als reifste Frucht — — das souveraine Individuum, das nur sich selbst gleiche, — —, kurz den Menschen des eignen unabhängigen langen Willens, der versprechen darf.« (Zur Genealogie der Moral II 1 ff.) Dieser Selbstgewissheit des freigewordenen, herrgewordenen Individuums entspricht eine neue Art von Gewissen, nachdem der Mensch den Moralvorstellungen und Idealbegriffen des Herkommens — seinen strengen, nunmehr überflüssig gewordenen Erziehern — entwachsen ist, und damit das alte Gewissen seine Wurzel und Berechtigung in ihm verloren hat.

Auch die Willenstheorie Nietzsches weist eine Verschmelzung seiner ehemaligen metaphysischen Anschauungen mit einem wissenschaftlichen Determinismus auf. Als Jünger Schopenhauers unterschied Nietzsche gleich diesem zwischen dem mysteriösen Willen »an sich«, der die Grundlage der Schopenhauerischen Metaphysik ausmacht, und dem Willen, wie er für unsere menschliche Wahrnehmung in die Erscheinung tritt. Er nannte ihn also frei, insofern die letzten Gründe seines Seins und Wesens jenseits unserer gesammten Erfahrungswelt liegen, jenseits des für diese geltenden Causalitätsgesetzes; unfrei, insofern die einzelne Willenserscheinung uns nur wahrnehmbar wird innerhalb des unzerreissbaren Netzes des allgemeinen Causalzusammenhangs. Nachdem Nietzsche dann mehrere Jahre einem consequenten

Determinismus gehuldigt hatte, hält er auch jetzt
noch an der Ansicht fest, dass der »Wille« sich am
Gängelbande der ihn bestimmenden Einflüsse sozusagen
erst seinen Namen verdiene. Aber was er als Deter-
minist hinsichtlich der mysteriösen Herkunft und Ab-
stammung des Willens leugnet, das versucht er dafür
an das Ziel und Ende der Willensentwicklung zu
stellen. Ist nämlich in Folge der von ihm geschilderten
langen Willenszüchtung durch Zwang und äussere Be-
einflussung ein reifer, selbstgewisser, dem Augenblick
entwachsener und das Leben beherrschender Wille allmählich geschaffen worden, so ist er damit in einem
Sinne frei geworden, dem gegenüber die Deterministen
Unrecht bekommen: denn nun lassen sich seine Handlungen nicht länger aus einer bestimmten Zeit und Um-
gebung ableiten, nun wird er durch nichts mehr als
durch sich selbst, d. h. durch seine gewaltig an-
gewachsene und rücksichtslos explodirende
Stärke bestimmt, — er ist reines, von der Zeit
gelöstes Machtbewusstsein. Allerdings ist dieses sein
Wesen nicht mehr metaphysischer Natur, denn es
ist geworden, es ist das Resultat einer Entwicklungs-
reihe, und die erreichte Freiheit des Willens ist die
Tochter der Nothwendigkeit und strengsten Bedingtheit
des Willens. Aber es ist dennoch etwas Mystisches
um diese Freiheit, denn sie wendet sich nunmehr
als eine unbedingte Macht umgestaltend und
umschaffend gegen eben die natürlichen Bedingungen, denen sie entsprungen. Die Welt der Wirklichkeit in ihrer uns allein zugänglichen und begreiflichen
Entwicklung hatte Nietzsche in seiner positivistischen
Zeit als das Werthvollste schätzen gelernt, indem er sich
gegen die andersgesinnten Metaphysiker mit dem Wort

kehrte: »Alles Fertige, Vollkommene wird angestaunt, alles Werdende unterschätzt,« (Menschliches, Allzumenschliches I 162) — blos weil man die Entstehungsursachen des ersteren nicht mehr nachprüfen, nicht mehr durchschauen kann. Nun gelangt er zu dem gleichen Anstaunen des Fertiggewordenen und scheinbar Vollkommenen; und alles Werdende erscheint ihm nur noch schätzenswerth, insofern es der Weg dazu ist. Die Bedingtheit aller Dinge wird von ihm auch jetzt zugestanden, aber nur, weil aus ihr heraus irgend wann einmal eine über alle Bedingtheit und Erfahrung hinausgehende mystische Bedeutsamkeit aller Dinge sich offenbaren soll. Von der Machtstärke des freigewordenen Willens hängt diese Bedeutsamkeit ab, denn von ihm wird sie in die Dinge hineinerschaffen; darum will Nietzsche an Stelle des »freien« und »unfreien« Willens der Deterministen den Ausdruck» starker und schwacher Wille« gesetzt sehen (Jenseits von Gut und Böse 21) und die gesammte Psychologie aufgefasst wissen als »Morphologie und Entwicklungslehre des Willens zur Macht«. (Ebendas. 23.)

Der Willensmächtige ist also jederzeit der im höchsten Grade »Unzeitgemässe«, er ist Derjenige, in dem Genie geworden ist, was sich durch lange Zeit hindurch in der Menschheit vorbereitet hat. Im Genie strömt frei aus, was von der Menschheit in Unfreiheit und Knechtschaft erlernt wurde. Genies sind wie »Explosiv-Stoffe, in denen eine ungeheure Kraft aufgehäuft ist; ihre Voraussetzung ist immer, historisch und physiologisch, dass lange auf sie hin gesammelt, gehäuft, gespart und bewahrt worden ist, — — — die Zeit, in der sie erscheinen, ist zufällig; dass sie fast immer über dieselbe Herr werden, liegt nur darin, dass sie stärker, dass sie älter

sind, dass länger auf sie hin gesammelt worden ist;
— — — die Zeit ist relativ immer viel jünger, dünner, unmün-
diger, unsicherer, kindischer.« — — — »Der grosse Mensch
ist ein Ende; — — — Das Genie — in Werk, in That
— ist nothwendig ein Verschwender: dass es sich
ausgiebt, ist seine Grösse ... Der Instinkt der Selbst-
erhaltung ist gleichsam ausgehängt; der übergewaltige
Druck der ausströmenden Kräfte verbietet ihm jede
solche Obhut und Vorsicht.« (Götzen-Dämmerung IX 44.)

Im Genie tritt also, wenigstens nach einer bestimmten
Richtung, in ausserordentlichem Grade das zu Tage
was den Menschen befähigen soll, von seiner Art zu
einer Ueber-Art fortzuschreiten, eine Selbstvergeudung
zu Gunsten einer Neuschöpfung, ein verschwenderischer
Reichthum, in dessen Gaben sich die ganze Vergangenheit abgelagert hat, und in dem sie zugleich ganz und
gar Fruchtbarkeit geworden ist, — Zukunftsbefruchtung.
Denke man sich nun ein Genie, das nicht, gleich
anderen Genies, seine Genialität nur auf einem oder
einigen Gebieten besitzt, sondern in Bezug auf das
gesammte Menschheitsbewusstsein, — so etwa, dass in
ihm wirksam und lebendig ausströmt, was je in
demselben gelebt und gewirkt: ein solches Genie wäre
das Bild des Menschen, aus dem der Uebermensch
geboren wird. Es würde in sich die ganze Vergangenheit überschauen und zusammenfassen, ja, es enthielte
in sich »die ganze Linie Mensch, bis zu ihm selbst
hin noch«, und deshalb müsste sich in ihm plötzlich
Weg und Ziel der Menschheitszukunft offenbaren. Zum
ersten Mal erhielte durch den Machtwillen eines solchen
Offenbarers die Menschheitsentwicklung Richtung, Ziel
und Zukunft, alle Dinge eine innere und endgiltige
Bedeutsamkeit: — mit einem Wort, zum ersten Mal er-

stände der Philosoph als der Schaffende, wie Nietzsche
ihn sich denkt: als der Willensmächtige, der Menschheitsgenius, der das Leben in sich Begreifende, an dem offenbar
wird, was Nietzsche vom Denken überhaupt sagt: es sei
»in der That viel weniger ein Entdecken, als ein Wiedererkennen, Wiedererinnern, eine Rück- und Heimkehr in
einen fernen uralten Gesammt-Haushalt der Seele, aus
dem jene Begriffe einstmals herausgewachsen sind: —
Philosophiren ist insofern eine Art von Atavismus höchsten
Ranges.« (Jenseits von Gut und Böse 20.) Alles Höchste
eine Art von Atavismus, — darin liegt der wunderlich
r e a k t i o n ä r e Charakter der ganzen letzten Philosophie
Nietzsches, der sie am schärfsten von der seiner vorhergehenden Periode unterscheidet. Es ist ein Versuch, an Stelle
der metaphysischen Verherrlichung bestimmter Dinge und
Begriffe die ihres Alters und ihrer weit zurückliegenden
Herkunft zu setzen. Er nimmt das »Wiedererinnern« und
»Wiedererkennen« nur deshalb nicht im Sinne Platos,
weil er meint, es durch die ungeheuer lange Zeitstrecke
des Bestehens alles Denkens ebenso bedeutsam und
übermenschlich fassen zu können. Deshalb gilt ihm, dass
von allem Hochgearteten nur das Aelteste das Zukunft-
bestimmende sei,*) dass Werth und Vornehmheit der Dinge

---

*) Vergleiche dagegen in Menschliches, Allzumenschliches I 147
Nietzsches Protest gegen »die Kunst als Todtenbeschwörerin«,
weil sie die Gegenwart durch die Vorstellungskreise des Vergangenen
beeinflussen will. »Sie flicht, — — —, ein Band um verschiedene
Zeitalter und macht deren Geister wiederkehren. Zwar ist es nur
ein Scheinleben wie über Gräbern, welches hierdurch entsteht,« doch
wirkt dasselbe schädlich und rückbildend. Die »Todtenerwecker«
und »Todtenbeschwörer« dieser Art betrachtete Nietzsche als »eitle
Menschen«, denn sie »schätzen ein Stück Vergangenheit von dem
Augenblick an höher, von dem an sie es nachzuempfinden vermögen«. (Morgenröthe 159.) Wir müssen, so meinte er, dem Gefühls-
überschwang möglichst entgegenwirken, der uns in verschiedenster

ausschliesslich an das Alter gebunden seien: erst am Ende angelangt, weisen sie ihren Schatz auf, weisen sie sich als Macht, Freiheit und unabhängig gewordene Kraft aus. »Wer (die guten Dinge) hat, ist ein Andrer, als wer sie erwirbt. Alles Gute ist Erbschaft: was nicht ererbt ist, ist unvollkommen, ist Anfang . . .« (Götzen-Dämmerung IX 47), vornehm ist: »was sich nicht improvisiren lässt.« Nichts ist mithin pöbelhafter, unvornehmer, als das Werdende und der Bringer des Werdenden und Neuen: der moderne Mensch und der moderne Geist, der von seiner Zeit ganz und gar bedingt und daher ganz und gar Sklavengeist ist. Herrengeist kann er erst werden, nachdem ihm Jahrhunderte und Jahrtausende einverleibt sind, und er dadurch selbst ein »Unzeitgemässer«, »zeitlose Genialität« geworden ist.

»Demokratismus war jeder Zeit die Niedergangs-Form der organisirenden Kraft: — — —. Damit es Institutionen giebt, muss es — — Wille, Instinkt, Imperativ geben,

Art von aller vergangenen Kultur allmählich überkommen ist; sich darin gehen lassen, käme einer Annäherung an Wahnsinn und Krankheit gleich: »— — — die ganze Last unsrer Kultur ist so gross geworden, dass eine Ueberreizung der Nerven- und Denkkräfte die allgemeine Gefahr ist, ja dass die kultivirten Klassen der europäischen Länder durchweg neurotisch sind und fast jede ihrer grösseren Familien in einem Gliede dem Irrsinn nahe gerückt ist. — — — dennoch macht sich eine Verminderung jener Spannung des Gefühls, jener niederdrückenden Kultur-Last nöthig, — — — — wir müssen den Geist der Wissenschaft beschwören, welcher kälter und skeptischer macht — — — — — —«. (Menschliches, Allzumenschliches I 244.) »Wird dieser Forderung der höheren Kultur nicht genügt, so ist fast mit Sicherheit vorherzusagen, welchen Verlauf die menschliche Entwicklung nehmen wird: das Interesse am Wahren hört auf, je weniger es Lust gewährt; die Illusion, der Irrthum, die Phantastik erkämpfen sich — — — ihren ehemals behaupteten Boden: der Ruin der Wissenschaften, das Zurücksinken in Barbarei ist die nächste Folge.« (I 251.)

antiliberal bis zur Bosheit: den Willen zur Tradition, zur Autorität, zur Verantwortlichkeit auf Jahrhunderte hinaus, zur S o l i d a r i t ä t von Geschlechter-Ketten vorwärts und rückwärts in infinitum.« (Götzen-Dämmerung IX 39.) Es ist interessant, durch Vergleichung der entsprechenden Stellen in Nietzsches vorhergehenden Werken zu sehen, welche Wandlung in der Auffassung einer Theorie der blosse Gefühlsumschlag bei ihm hervorzurufen vermag, und wie unversöhnlich sich dadurch die Gegensätze sofort zuspitzen.*) Jetzt geisselt er die »pöbelhafte Gleich-

---

*) Siehe z. B. in »Der Wanderer und sein Schatten«. »Die demokratischen Einrichtungen sind Quarantäne-Anstalten gegen die alte Pest tyrannenhafter Gelüste. (289.) — — — Unmöglichkeit fürderhin, dass die Fruchtfelder der Kultur wieder über Nacht von wilden und sinnlosen Bergwässern zerstört werden! Steindämme und Schutzmauern gegen Barbaren, gegen Seuchen, gegen l e i b l i c h e u n d g e i s t i g e Ve rk n e c h t u n g !« (275). Ferner in Menschliches, Allzumenschliches: » — — die wildesten Kräfte brechen Bahn, — — —, damit später eine mildere Gesittung hier ihr Haus aufschlage. Die schrecklichen Energien — Das, was man das Böse nennt — sind die cyklopischen Architekten und Wegebauer der Humanität (I 246),« bis »die guten, nützlichen Triebe, die Gewohnheiten des edleren Gemüthes so sicher und allgemein geworden, dass es — — — keiner Härten und Gewaltsamkeiten als mächtigster Bindemittel zwischen Mensch und Mensch, Volk und Volk« bedarf. (I 245.) Gerade wie später ist für Nietzsche der gewaltthätige Mensch ein Zurückgebliebener und Atavist, aber eben darum ein auszurottender Rest, kein Führer in die Zukunft. »Der unangenehme Charakter, der — — — —, gegen abweichende Meinungen gewaltthätig und aufbrausend ist, zeigt an, dass er einer früheren Stufe der Kultur zugehört, also ein Ueberbleibsel ist: denn die Art, in welcher er mit den Menschen verkehrt, war die rechte und zutreffende für die Zustände eines Faustrecht-Zeitalters; er ist ein z ur ü c k g e b l i e b e n e r Mensch. Ein anderer Charakter, welcher reich an Mitfreude ist, überall Freunde gewinnt, a l l e s W a c h s e n d e u n d W e r d e n d e l i e b e v o l l e m p f i n d e t, — — — kein Vorrecht, das Wahre allein zu erkennen, beansprucht, sondern voll eines bescheidenen Misstrauens ist, — das ist ein vorwegnehmender Mensch, welcher einer höheren Kultur der Menschen entgegenstrebt. Der unangenehme Charakter stammt aus den Zeiten, wo die rohen

macherei« aller Menschen und die zahmen Friedens-
zustände, in denen keine rohen Barbarengewalten mehr
aufkommen können, welche die gesunde Kraft alter
Zeiten in die ermattete und entkräftete Gegenwart hinüber-
tragen würden. Barbaren sind »die ganzeren Menschen
(was auf jeder Stufe auch so viel mit bedeutet, als »die
ganzeren Bestien« —).« (Jenseits von Gut und Böse 257.)
Diese ganzeren Menschen und ganzeren Bestien erscheinen in
einem solchen Gesellschaftszustand als böse und gefährlich,
sie werden zu Verbrechern gestempelt und demgemäss behandelt, — ja, sie sind kraft ihrer stärkeren Naturtriebe
die geborenen Verbrecher und Brecher der bestehenden
Ordnung. »Der Verbrecher-Typus, das ist der Typus des
starken Menschen unter ungünstigen Bedingungen, — — —.
Ihm fehlt die Wildniss, eine gewisse freiere und gefährlichere Natur und Daseinsform, in der Alles, was Waffe
und Wehr im Instinkt des starken Menschen ist, z u
R e c h t   b e s t e h t.   Seine   T u g e n d e n   sind von der
Gesellschaft in Bann gethan.« (Götzen-Dämmerung IX 45.)
Das Freiheitsideal, wonach einem J e d e n eine gewisse
Freiheit zukommt, das also auch den Schwächsten und
Geringsten zur Freiheit der Bewegung gelangen lässt,
steht dem seinen gerade entgegen: seine rücksichtslose
Auslebung fordert immer die Vergewaltigung Anderer,
seine Stärke äussert sich unwillkürlich und nothwendig
in einem Zertreten jeder ihn umgebenden Schwäche.
Der Grund aber dieser in ihm ausbrechenden Stärke der
Instinkte ist, dass er sozusagen von einer älteren Kultur-

Fundamente des menschlichen Verkehrs erst zu bauen waren; der
andere lebt auf deren h ö c h s t e n S t o c k w e r k e n, m ö g l i c h s t
e n t f e r n t   v o n   d e m   w i l d e n   T h i e r, welches in den Kellern,
unter den Fundamenten der Kultur, eingeschlossen wüthet und
heult.« (I 614.)

stufe herkommt, ein älteres Stück Menschenthum darstellt: dass er, mit einem Wort, gleich dem Willens-
mächtigen und dem Genie, im höchsten Grade atavistisch
veranlagt ist. Mag diese ihm von Alters her innewohnende
Instinktmacht an sich noch so unedler Natur sein, edel
ist sie schon dadurch, dass sie einen Durchbruch lang
angesammelter Fülle, einen starken Explosivstoff darstellt, mit welchem die Vergangenheit die Zukunft befruchtet. Wo der Verbrecher sehr stark, wo er also zugleich ein Genie seiner Art und ein »Willensfreier« ist,
da gelingt es ihm manchmal, die herrschende Zeit-
richtung seiner atavistischen Sonderart entsprechend zu
leiten und das ihm widerstrebende Zeitalter unter
seinen Tyrannenwillen zu beugen. Ein Beispiel hierfür
ist Napoleon, den Nietzsche ähnlich auffasst wie Taine.
Auch ihm erscheint es von der grössten Bedeutsamkeit,
dass Napoleon ein Nachkomme der Tyrannen-Genies der
Renaissance-Zeit ist, der, nach Corsica verpflanzt, in der
Wildheit und Ursprünglichkeit der dortigen Sitten das
Erbe seiner Vorfahren unangetastet in sich bewahren
konnte, um endlich mit der Gewalt desselben das moderne
Europa zu unterjochen, das ihm einen ganz anderen
Spielraum der Kraftentladung bot, als einst Italien seinen
Ahnen geboten hatte. Nietzsches Bewunderung für den
grossen Corsen gehört seiner letzten Geistesperiode an,
wie er auch die italienische Renaissance früher wesent-
lich anders auffasste.*)

---

*) So sagt er in Menschliches, Allzumenschliches (I 237): »Die
italienische Renaissance barg in sich alle die positiven Gewalten,
welchen man die moderne Kultur verdankt: also Befreiung
des Gedankens, Missachtung der Autoritäten, Sieg
der Bildung über den Dünkel der Abkunft, Begeisterung
für die Wissenschaft.«
Ebenso entgegengesetzt war seine Auffassung von Napoleons

In der Urgesundheit seiner gewaltthätigen Instinktkraft und seines rückhaltlosen Egoismus wurde Napoleon nun für Nietzsche das Idealbild der geborenen Herrennatur, wie sie sein soll, und wie wir sie auch heute noch brauchen, um Alles auszurotten, was durch die Sklavennatur der modernen Menschen an moralischen Rücksichten und weichlichen Regungen grossgezogen worden ist. Wir kommen damit zu Nietzsches viel besprochener und vielfach überschätzter Unterscheidung zwischen Herren-Moral und Sklaven-Moral. Anfangs ging Nietzsche auch hier von positivistischen Anregungen aus. Wie schon erwähnt, gab Rées damals im Werden begriffenes Werk »Die Entstehung des Gewissens« den

Genie und Thatendrang, wie eine Stelle desselben Werkes zeigt (I 164): »— — Es ist jedenfalls ein gefährliches Anzeichen, wenn den Menschen jener Schauder vor sich selbst überfällt, sei es nun jener berühmte Cäsaren-Schauder oder der — — GenieSchauder; — — so dass er zu schwanken und sich für etwas Uebermenschliches zu halten beginnt. — — — — — In einzelnen seltenen Fällen mag dieses Stück Wahnsinn wohl auch das Mittel gewesen sein, durch welches eine solche nach allen Seiten hin excessive Natur fest zusammengehalten wurde: auch im Leben der Individuen haben die Wahnvorstellungen häufig den Werth von Heilmitteln, welche an sich Gifte sind; doch zeigt sich endlich, bei jedem »Genie«, das an seine Göttlichkeit glaubt, das Gift in dem Grade, als das »Genie« alt wird: man möge sich zum Beispiel Napoleon's erinnern, dessen Wesen sicherlich gerade durch seinen Glauben an sich und seinen Stern und durch die aus ihm fliessende Verachtung der Menschen zu der mächtigen Einheit zusammenwuchs, welche ihn aus allen modernen Menschen heraushebt, bis endlich aber dieser selbe Glaube in einen fast wahnsinnigen Fatalismus übergieng, ihn seines Schnell- und Scharfblickes beraubte und die Ursache seines Unterganges wurde.«

In der Morgenröthe (549) führt er den rücksichtslosen Egoismus des Thatendranges in Napoleon auf dessen epileptische Krankheitsdisposition zurück, anstatt, wie später, auf die ausbrechende »Uebergesundheit« dessen, der alle Gewaltinstinkte einer vergangenen Kultur im Leibe hat.

Anlass, mit dem Freunde das ganze Material, dessen dieser für seine eigenen Zwecke bedurfte, durchzusprechen, — namentlich auch den etymologischen und historischen Zusammenhang der Begriffe vornehm-stark-gut, niedrig-schwach-schlecht in der ältesten Moral oder auf der sozusagen vormoralischen Culturstufe. Die Art, wie diese Gespräche und gemeinsamen Studien noch einmal von den beiden Freunden aufgenommen wurden, war charakteristisch für die Beziehung, in der Nietzsche auch jetzt noch zu den positivistischen Anschauungen stand: er hörte den Gedanken derselben noch einmal geduldig zu, entnahm ihnen hie und da die Anregung oder das Material zu eigenem Denken, wandte sich aber hierbei bereits feindlich gegen seine ehemaligen Genossen.

In Rées Werk wurde die historische Verschiebung des Urtheils zu Gunsten aller wohlwollenden, gleichmachenden Regungen als ein natürlicher und allmählicher Uebergang zu höher entwickelten Gesellschaftsformen aufgefasst: die anfängliche Verherrlichung der raubthierhaften Kraft und Selbstsucht weicht immer mehr der Einführung milderer Sitten und Gesetze, bis endlich in der christlichen Moral das Mitleid und die Nächstenliebe als höchstes Gebot religiös sanktionirt erscheint. In seiner persönlichen Abschätzung des moralischen Phänomens war Rée indessen weit davon entfernt, sich auf die Seite der englischen Utilitarier zu stellen, denen er in seinen wissenschaftlichen Anschauungen sonst am nächsten kommt. Für Nietzsche hingegen spitzte sich, in Folge seiner veränderten persönlichen Auffassung des Moralischen, der geschichtlich gegebene Unterschied zwischen den beiden verschiedenen Werthbestimmungen dessen, was »gut« heisst, zu zwei unversöhnlichen Gegensätzen zu: zu einem Kampf zwischen

Herren-Moral und Sklaven-Moral, der ungeschlichtet bis
in unsere Tage hineinreicht. Die ungemein grosse Bedeutung, die alles Willensmächtige und Instinktstarke für
ihn gewonnen hatte, verleitete ihn, darin die einzig
mögliche Quelle aller gesunden Moral zu erblicken, in
der Sanktionirung wohlwollender Regungen hingegen ein
tödtliches Uebel, an dem die ganze Menschheit bis heute
kranke. Seine bisherige Zurückführung aller moralischen
Werthurtheile auf den Nutzen, die Gewohnheit und das
Vergessen der ursprünglichen Nützlichkeitsgründe erschien ihm nunmehr als unrichtig: eine solche Entstehung
konnte sich höchstens für die Sklaven-Moral schicken,
für die andere musste ein vornehmerer Ursprung gefunden werden. Denn vornehm ist es, ein Ding ohne
Rücksicht auf den Nutzen gut oder schlecht zu nennen,
und so verfährt die Herrennatur: sie empfindet sich selbst
in ihrem Wesen und allen ihren Regungen als »g u t«
und sieht auf Alles, was diesen nicht entspricht, also
auf alles Schwache, Abhängige, Furchtsame, mit un-
willkürlicher und halb unbewusster Geringschätzung als
auf das »Schlechte« herab. Ganz anders entsteht die Sklaven-Moral dieser Geringgeschätzten, dieser »Schlechten«:
sie entsteht nicht spontan und von sich selbst aus,
sondern auf dem Boden des Ressentiment als eine
Art Racheakt: sie nennt alles »böse«, hassenswerth,
was den herrschenden Ständen angehört, und erst von
da aus erfindet sie, als etwas Abgeleitetes, i h r e n Begriff
»gut« für sämmtliche jenen e n t g e g e n g e s e t z t e Eigenschaften, — also für das Schwache, Unterdrückte, Leidende.
Auf der einen Seite steht mithin das »unschuldbewusste
Raubthier«, das starke, »frohlockende Ungeheuer«, das
sogar die schlimmsten Thaten, wenn es sie selbst begeht,
mit einem »Übermuthe und seelischen Gleichgewichte«

vollbringt, wie »einen Studentenstreich« (Zur Genealogie
der Moral I 11), auf der anderen Seite der Unterdrückte,
Hassgeübte, dessen Seele ohnmächtig nach Rache dürstet,
während er die Moral des Mitleids und der erbarmenden
Nächstenliebe zu predigen scheint. Zu einem vollkommenen Idealbild ist dieser letztere Typus im Christenthum ausgearbeitet worden, das Nietzsche ohne Weiteres als einen ungeheuren Racheakt des Judenthums
an der selbstherrlichen antiken Welt auffasst. Dass
die Juden den Stifter des Christenthums gekreuzigt
und seine Religion verleugnet haben, soll die eigentliche
Feinheit dieses Racheplanes gewesen sein, damit die anderen Völker unbedenklich «an diesem Köder anbeissen«.*)
Es ist aber nicht nothwendig, Nietzsche in allen seinen
Erklärungen und seiner bisweilen gewagten Geschichts-
Interpretation nachzugehen, weil die eigentliche B e d e u t-
s a m k e i t dieser Anschauung für seine Philosophie an anderer Stelle liegt, als wo man sie gemeinhin sucht. Im
Bedürfniss, Alles möglichst zu verallgemeinern und
wissenschaftlich zu begründen, hat Nietzsche versucht, Etwas, dessen Bedeutung für ihn innerhalb

---

*) Gegenüber Nietzsches späterer Verachtung des jüdischen
Charakters lese man in der Morgenröthe (205) seinen Aphorismus »Vom Volke Israel«: »— — Wohin soll auch diese Fülle
angesammelter grosser Eindrücke, — — —, diese Fülle von Leidenschaften, Tugenden, Entschlüssen, Entsagungen, Kämpfen, Siegen
aller Art, — wohin soll sie sich ausströmen, wenn nicht zuletzt in
grosse geistige Menschen und Werke! Dann, wenn die Juden auf
solche Edelsteine und goldene Gefässe als ihr Werk hinzuweisen
haben, wie sie die europäischen Völker kürzerer und weniger tiefer
Erfahrung nicht hervorzubringen vermögen —, — — — —: dann
wird jener siebente Tag wieder einmal da sein, an dem der alte
Judengott sich — — —, seiner Schöpfung und seines auserwählten
Volkes f r e u e n darf, — und wir Alle, Alle wollen uns mit ihm
freun!«

eines verborgenen seelischen Problems lag, aus der
Menschheitsgeschichte zu entwickeln und in sie hinein-
zulegen. Deshalb ist es zu bedauern, wenn das Eigen-
artige in Nietzsches Gedankengang verwischt wird, indem
man daran die falsche Seite über Gebühr betont: die der
Wissenschaftlichkeit. Auch von diesen Hypothesen Nietzsches gilt es, und ganz besonders von diesen, dass man sie
nicht theoretisch nehmen darf, um den originellen Kern
aus ihnen herauszuschälen. Nicht was die Seelengeschichte der Menschheit sei, sondern wie seine eigene
Seelengeschichte als diejenige der ganzen Menschheit aufzufassen sei, das war für ihn die Grundfrage. Im
schärfsten Gegensatz zu der philologischen Genauigkeit,
mit der er anfänglich und im Wesentlichen auch in der
vorhergehenden Periode Geschichte und Philosophie interpretirt hatte, spielt jetzt die exakte wissenschaftliche Forschung keine Rolle mehr neben seinen genialen Einfällen
und Ideen, — und sie konnte auch keine mehr spielen, weil
Nietzsche verhindert war, wissenschaftlich zu arbeiten.

Von allen Studien, die er jetzt noch streifen mochte,
gelten daher seine Worte aus der »Fröhlichen Wissenschaft« (166) — dass wir »Immer in unserer Gesellschaft« bleiben, auch wo wir wähnen, Fremdes auf-
zunehmen: »Alles, was meiner Art ist, in Natur und
Geschichte, redet zu mir, lobt mich, treibt mich vorwärts,
tröstet mich —: das Andere höre ich nicht oder vergesse
es gleich.« »Grenze unseres Hörsinns: Man hört
nur die Fragen, auf welche man im Stande ist, eine Antwort zu finden.« (Ebendaselbst 196.) »Wie gross auch die
Habsucht meiner Erkenntniss ist: ich kann aus den Dingen
nichts Anderes herausnehmen, als was mir schon gehört,
— das Besitzthum Anderer bleibt in den Dingen zurück.«
(Ebendaselbst 242.)

Bei einer so willkürlichen Behandlung des Materials zu Gunsten seiner philosophischen Hypothesen entfernte er sich viel weiter von sachlicher Beobachtung und Begründung, wurde er viel subjektiver bestimmt in seinen Schlüssen und Folgerungen, als in den Jahren, wo er sich noch bewusst auf das innerlich Erlebte beschränkte. Jetzt wurde aus dem innerlich Bedeutsamen das nach Aussen hin Bestimmende und Gesetzgebende und er selber der »grosse Gewalt-Herr«, der »gewitzte Unhold, der mit seiner Gnade und Ungnade alles Vergangene zwänge und zwängte: bis es ihm Brücke würde und Vorzeichen und Herold und Hahnenschrei.« (Also sprach Zarathustra III 74.)

Für Nietzsches seelisches Problem handelt es sich von vornherein weniger darum, den Gegensatz zwischen Herren-Moral und Sklaven-Moral geschichtlich richtig zu fixiren, als um Feststellung der Thatsache, dass der Mensch, so wie er bis heute von unten herauf geworden ist, b e i d e Gegensätze in sich trägt, dass er das leidende Resultat einer solchen Instinkt-Widersprüchlichkeit, einer solchen Einverleibung von Doppel-Werthungen ist. Wenn wir uns Nietzsches Decadenz-Schilderung entsinnen, so finden wir in ihr den Menschen als geborene Herren-Natur, d. h. in ursprünglich ungezähmter Kraft und Wildheit, aber geknechtet und zum gehorchenden Sklaven gemacht durch den socialen Zwang, durch die Thatsache der beginnenden Kultur selbst. Alle Kultur als solche beruht für Nietzsche auf einem solchen Krankmachen, Sklavischmachen des Menschen, und ausdrücklich bemerkt er, dass ohne diesen Vorgang, ohne gewaltsam gegen sich selbst gekehrt zu werden, die menschliche Seele »flach« und »dünn« geblieben wäre. Seine ursprüngliche Herren-Natur ist noch nichts als ein

herrliches Thier-Exemplar und zur Weiterentwickelung erst
befähigt durch die Wunden, die ihrer Kraft beigebracht
werden, — denn in der Qual dieser Wunden muss sie
lernen, sich selbst zu zerfleischen, sich an sich selbst zu
rächen, ihre Ohnmacht in nach Innen gekehrten Leidenschaften auszulassen: alles dies ausschliesslich auf
dem Boden des sklavischen Ressentiment.
»Das Wesentliche, — — — wie es scheint, ist, noch-
mals gesagt, dass lange und in Einer Richtung gehorcht
werde: dabei kommt — — auf die Dauer immer Etwas
heraus, dessentwillen es sich lohnt, auf Erden zu leben.«
(Jenseits von Gut und Böse 188.) Nun gilt dieser De-
cadenz-Zustand Nietzsche allerdings nicht nur als über-
windbar, sondern geradezu als die nothwendige Voraussetzung für den daraus zu züchtenden willenslangen, affekt-
starken, selbstsicheren Menschen, aber man beachte wohl:
Dieser vollendete Mensch mit seiner vertieften und individualisirten Herren-Natur soll keineswegs seinem naiven
Egoismus leben, nicht die Vorurtheile und Sklavenketten
abstreifen, um sich Selbstzweck zu sein, sondern er soll
zum Erstling einer höheren Menschengattung werden und
für ihre Neugeburt sich opfern, denn, wie wir gesehen,
stellte ja für Nietzsche der Gipfel der Entwickelung den
Untergang der Menschheit dar, indem diese nur der Uebergang zu etwas Höherem, eine Brücke, ein Mittel ist. Je
grösser daher ein Mensch ist, je mehr Genie, je mehr
Gipfel in einem jeden Sinne, um so mehr ist er auch ein
Ende, eine Selbstvergeudung, ein Ausströmen letzter Kräfte,
— »zum Vernichten bereit im Siegen!« (Also sprach Zarathustra III 91.) Er soll »etwas Vollkommenes, zu-Ende-
Gerathenes, Glückliches, Mächtiges, Triumphirendes«, nur
werden, damit er »zu Neuem, zu noch Schwererem,
Fernerem bereit« sei, »wie ein Bogen, den alle Noth immer

nur noch straffer anzieht«, (Zur Genealogie der Moral
I 12) ein Bogen, dessen Pfeil nach dem Uebermenschen
zielt. So wird er denn zu einem Kampfplatze widerstre-
bender und einander bekriegender Triebe, aus deren
schmerzlicher Fülle allein alle Entwickelung hervorgeht;
es zeigt sich in ihm wieder jenes Durcheinander von
Herrschenwollen und Dienenmüssen, von Vergewaltigung
des Einen durch den Andren, — woraus einst alle Kultur
geworden, und woraus nun eine Ueber-Kultur als letzte
und höchste Schöpfung entstehen soll. Er ist kein Fried-
voller und sich selbst Geniessender, sondern ein Kämpfender
und Selbst-Untergang. Er wiederholt also in sich und auf
Grund seiner vollkommen individualisirten und geistesfreien
Persönlichkeit genau dasselbe, was einst auf die Menschheit von Aussen her, durch Knechtung, als ein auf-
gezwungenes Erziehungsmittel wirkte. — wir finden in
ihm wieder »diese heimliche Selbst-Vergewaltigung, diese
Künstler-Grausamkeit, diese Lust, sich selbst als einem
schweren widerstrebenden leidenden Stoffe eine Form zu
geben, einen Willen, eine Kritik, einen Widerspruch,
eine Verachtung, ein Nein einzubrennen, diese unheimliche und entsetzlich-lustvolle Arbeit einer mit sich selbst
willig-zwiespältigen Seele, welche sich leiden macht, aus
Lust am Leidenmachen. (Zur Genealogie der Moral II
18.) Denn gerade die vollendetste und umfassendste Seele
muss am klarsten und unwiderruflichsten das Grundgesetz
des Lebens in sich zum Ausdruck bringen, welches heisst:
»Ich bin das, was sich immer selber überwinden
muss«. (Also sprach Zarathustra II 49.)

Es ist nicht zu verkennen, wie sehr Nietzsche seinen
eignen Seelenzustand diesen Theorien untergelegt, wie
stark er sein eignes Wesen in ihnen wiedergespiegelt,
und wie er endlich dem tiefsten Bedürfniss desselben

das Grundgesetz des Lebens selbst entnommen hat. Seine leidvolle »Seelen-Vielspältigkeit«, seine gewaltsame »Zweispaltung« in einen sich opfernden, anbetenden und in einen beherrschenden, vergöttlichten Wesenstheil liegt seinem gesammten Bilde der Menschheitsentwickelung zu Grunde. Ueberall, wo er von Herren- und Sklaven-Naturen spricht, muss man dessen eingedenk bleiben, dass er von sich selbst spricht, getrieben von der Sehnsucht einer leidenden und unharmonischen Natur nach ihrem Wesens-Gegensatz und von dem Verlangen, zu einem solchen als zu seinem Gott aufblicken zu können. Sein eigenes Ich schildert er, wenn er vom Sklaven sagt: »sein Geist liebt Schlupfwinkel, Schleichwege und Hinterthüren, alles Versteckte muthet ihn an als seine Welt, seine Sicherheit, sein Labsal«; (Zur Genealogie der Moral I 10) — und er beschreibt sein Gegenbild in der handelnden, frohen, instinktsicheren, unbekümmerten Herren-Natur, dem ursprünglichen Thatenmenschen. Aber indem er das Eine die Voraussetzung des Andren sein lässt, indem er die Menschen-Natur als solche zu dem Schauplatz macht, auf dem sich diese beiden Gegensätze immer wieder treffen, um sich gegenseitig zu überwinden, fasst er sie als Entwickelungsstufen innerhalb desselben Wesens, die, historisch betrachtet, Gegensätze bleiben, sich aber im Einzelwesen, psychologisch betrachtet, als eine Wesenstheilung innerhalb des entwickelungsfähigen Menschen erweisen. Daher ist seine Auffassung des geschichtlichen Kampfes zwischen Herren- und Sklaven-Naturen in seiner ganzen Bedeutung nichts als eine vergröberte Illustration dessen, was im höchsten Einzelmenschen vorgeht, des grausamen Seelenprozesses, durch den dieser sich in Opfergott und Opferthier spalten muss.

Erst jetzt lässt sich feststellen, was eigentlich Nietzsches »Umwerthung aller Werthe«, aller bisherigen Moral- und Idealauffassungen bedeutet, und wie sie sich zum asketischen Ideal verhält, in dem jetzt alle religiösen und moralischen Ideale für Nietzsche zusammengefasst sind. Diese Umwerthung aller Werthe beginnt allerdings damit, dass sie jeglicher Askese den Krieg erklärt, — beginnt mit einer Heiligsprechung des »Allzumenschlichen« im Menschen, das bisher geschmäht und unterdrückt wurde, weil das Natürliche und Sinnliche dem Uebernatürlichen und Uebersinnlichen im Wege stand, an das man als an eine unumstösslich gegebene Thatsache glaubte. Nietzsches Zukunftsphilosoph aber glaubt nicht länger, dass irgend ein Uebermenschenthum gegeben sei, es müsste denn erst geschaffen werden durch den Menschen selbst, und dazu verfügt er ja über kein andres Material als über die elementare Lebenskraft der Natur, wie sie ist. Es gilt also nicht mehr, das Diesseits in ein höheres Jenseits möglichst restlos zu verflüchtigen, sondern die ganze Fülle eines reichen, ungeahnt herrlichen Jenseits mitten aus dem Diesseits hervorzulocken.*) Daher giebt er den verachteten, gefürchteten,

---

*) Für diesen Zustand einer freien Auslebung der Individualität hat Nietzsche in seiner Zarathustra-Dichtung, die man das Hohe Lied modernen Individualismus' nennen könnte, die schönsten Worte gefunden. Als besonders charakteristisch können die nachfolgenden Aussprüche gelten:

»Wenn ihr Eines Willens Wollende seid, und diese Wende aller Noth euch Nothwendigkeit heisst: da ist der Ursprung eurer Tugend.

Wahrlich, ein neues Gutes und Böses ist sie! Wahrlich, ein neues tiefes Rauschen und eines neuen Quelles Stimme! — — — —

Bleibt mir der Erde treu, meine Brüder, mit der Macht eurer Tugend! — — —

Lasst sie nicht davon fliegen vom Irdischen und mit den

misshandelten Trieben, den Leidenschaften des »natürlichen« noch von keiner Moral zurechtgestutzten Menschen ihr Existenzrecht wieder. Mit der Ueberzeugung, dass es

Flügeln gegen ewige Wände schlagen! Ach, es gab immer so viel verflogene Tugend!

Führt, gleich mir, die verflogene Tugend zur Erde zurück — ja, zurück zu Leib und Leben: dass sie der Erde ihren Sinn gebe, einen Menschen-Sinn! — — — —

Tausend Pfade giebt es, die nie noch gegangen sind; tausend Gesundheiten und verborgene Eilande des Lebens. Unerschöpft und unentdeckt ist immer noch Mensch und Menschen-Erde.« (I 109 f.)

»— — Willst du den Weg zu dir selber suchen? — — — —

— — — So zeige mir dein Recht und deine Kraft dazu! —

— — —

Frei nennst du dich? Deinen herrschenden Gedanken will ich hören und nicht, dass du einem Joche entronnen bist. — — — —

Frei wovon? Was schiert das Zarathustra! Hell aber soll mir dein Auge künden: frei w o z u?

Kannst du dir selber dein Böses und dein Gutes geben und deinen Willen über dich aufhängen wie ein Gesetz? — — — « (I 87 f.)

»— — Dass e u e r Selbst in der Handlung sei, wie die Mutter im Kinde ist: das sei mir e u e r Wort von Tugend!« (II 21.)

»Es ist euer liebstes Selbst, eure Tugend.« (II 18.)

»— von Grund aus liebt man nur sein Kind und Werk; und wo grosse Liebe zu sich selber ist, da ist sie der Schwangerschaft Wahrzeichen: so fand ich's.« (III 14.)

»Mein Bruder, wenn du eine Tugend hast, und es deine Tugend ist, so hast du sie mit Niemandem gemeinsam. — — — — — —

So sprich und stammle: »— — — —

Nicht will ich es als eines Gottes Gesetz, nicht will ich es als eine Menschen-Satzung und -Nothdurft: — — — — — —

Aber dieser Vogel baute bei mir sich das Nest: darum liebe und herze ich ihn, — nun sitzt er bei mir auf seinen goldnen Eiern.« — —

Einst hattest du Leidenschaften und nanntest sie böse. Aber jetzt hast du nur noch deine Tugenden: die wuchsen aus deinen Leidenschaften.

Du legtest dein höchstes Ziel diesen Leidenschaften ans Herz: da wurden sie deine Tugenden und Freudenschaften.

Und ob du aus dem Geschlechte der Jähzornigen wärest oder

nicht auf eine Scheidung von guten und bösen Kräften ankomme, sondern auf eine Stärkung und äusserste Steigerung der Lebenskraft überhaupt, damit das Leben aus sich selbst heraus seinen höchsten Zweck verwirklichen könne, ist es gegeben, »dass dem Menschen sein Bösestes nöthig ist zu seinem Besten, — dass alles Böseste seine beste Kraft ist und der härteste Stein dem höchsten Schaffenden; und dass der Mensch besser und böser werden muss«. (Also sprach Zarathustra III 97.)

Als ein Fürsprecher des Lebens soll der Mensch sich in seiner Tugend ausgeben, preisgeben, verschwenden: aber indem er sein eigenes Selbst zu seiner Tugend umtauft, soll er sie zu einer Machtfülle in sich steigern, die ihn endlich zersprengt gleich einem zu engen Gefäss: er soll sie nur besitzen, um von ihr besessen zu werden. Zu einem so kraftquellenden Uebermaass anwachsend, verschlingt sie endlich ihn und seinen Einzelwillen in der Gluth und Empfindung des Ganzen, — wandelt sie sich ihm zur Brücke, auf welcher er dem Untergange zuschreitet: »Der Mensch ist Etwas, das überwunden werden muss: und darum sollst du deine Tugenden lieben, — denn du wirst an ihnen zu Grunde gehen«. (Ebendaselbst I 47.) »Ich liebe Den, dessen Seele übervoll ist, so dass er sich selber vergisst, und alle Dinge in ihm sind: so werden alle Dinge sein Untergang.« (Ebendaselbst I 14.)

So gleichbedeutend hiernach egoistische Kraftauslebung und Tugend im ersten Augenblick erscheinen mögen, so tief bleiben sie doch in Wahrheit von einander geschieden. Wohl ist der Werthunterschied zwischen

aus dem der Wollüstigen oder der Glaubens-Wüthigen oder der Rachsüchtigen:

Am Ende wurden alle deine Leidenschaften zu Tugenden und alle deine Teufel zu Engeln.« (I 45 f.)

den menschlichen Kräften und Eigenschaften, den alle
Moral als einen qualitativen auffasst, im Grunde völlig ins
Quantitative verlegt, aber die willige und begeisterte Hingabe an diese das Selbst zerstörende Kraftsteigerung
begreift darum nicht minder einen Werthunterschied
der Gesinnung in sich. Die Verwerflichkeit der Gesinnung wird betont, wenn es heisst, dass nicht das
Böse der Menschengrösse schlimmster Feind sei, sondern
»— dass sein Bösestes so gar klein ist! Ach dass sein Bestes
so gar klein ist!« (Ebendaselbst III 97.) Das Uebermaass
ist der Weg zum Uebermenschlichen, deshalb geht
diesem der Ruf voran: »Wo ist doch der Blitz, der euch mit
seiner Zunge lecke? Wo ist der Wahnsinn, mit dem ihr
geimpft werden müsstet? — Seht, ich lehre euch den Übermenschen: der ist dieser Blitz, der ist dieser Wahnsinn!
—« (Ebendaselbst I 11.)

Daher darf man den Weg, den Nietzsche zur Er-
reichung seines Idealzieles wählt, nicht mit diesem
Ziele selbst verwechseln; er betrachtet die Herrschaft der
»furchtbaren Instinkte« nur als ein Mittel, dessen er für
den höchsten Endzweck bedarf. Ganz mit Unrecht und in
grobem Missverständniss ist ihm vorgeworfen worden,
sein »Uebermensch« trage statt der Züge eines Jesus die
eines Cesare Borgia, oder sonst eines lasterhaften Un-
menschen. In Wahrheit ist der »Unmensch« dem »Uebermenschen nicht Vorbild, sondern nur Sockel; er stellt
sozusagen den unbehauenen Granitblock dar, der gefordert
wird, um auf demselben eine Götterstatue aufzurichten.
Und diese Götterstatue des Uebermenschen-Ideals ist in
Art und Wesen nicht nur von ihm verschieden, sondern
ihm geradezu entgegengesetzt. Dabei wird der Gegensatz
so tief und scharf gefasst, wie es selbst in der asketischesten
Moral nicht der Fall ist. Alle Moral strebt nur eine Ver-

besserung und Verschönerung des Menschlichen an, während Nietzsche davon ausgeht, dass eine ganz neue Species, eine Ueberart, geschaffen werden müsse. Was bisher als ein Uebergang von Niederem zu Höherem galt, unter Beibehaltung des charakteristisch Menschlichen im Ideal-bilde, das fasst Nietzsche als einen vollständigen Bruch, als den Kampf sich befehdender Gegensätze auf; was bisher nur ein Gradesunterschied zwischen dem »natür-lichen« und dem »moralischen« Menschen innerhalb des bei-den gemeinsamen Menschseins war, das wird bei Nietzsche zu einem absoluten Wesensgegensatz zwischen dem Natur-menschen und dem Uebermenschen. Deshalb kann man sagen: Betrachtet man den Moral-Weg, den Nietzsche einschlägt, so ist für denselben allerdings das Anti-Aske-tische bezeichnend, indem er nicht dem steilen und steini-gen Pfade der Selbstentsagung gleicht, sondern mitten in eine tropische Wildniss unbekümmerten Selbstgenusses führt. Fasst man hingegen Nietzsches Moral-Ziel ge-nauer ins Auge, so erweist es sich als völlig asketischer Natur, indem es den Menschen nicht nur erheben, sondern vollständig über ihn hinausgehen, ihn nicht nur läutern, sondern ihn vollständig aufheben will. Einerseits also be-kämpft Nietzsche die übliche Moral wegen ihres aske-tischen Grundcharakters, wegen ihrer Geringachtung und Verdammung der untermenschlichen Begierden, denen er, als der Kraftquelle im Menschen, so hohen Werth zuspricht; andrerseits aber bekämpft er die herr-schende Moral nicht minder heftig in dem, worin sie ihm nicht asketisch genug ist. Er wendet sich grundsätzlich gegen ihren optimistischen Glauben, als ob auf dem Wege einer bestimmten Läuterung der Mensch einem Idealziele nahegebracht werden könne: denn der Mensch ist nach Nietzsches Meinung unfähig hierzu, und daher beruht alle sogenannte Veredelung auf einer blossen Schwächung der elementaren Lebenskraft. »Nackt hatte ich einst Beide gesehn, den grössten Menschen und den kleinsten Menschen: allzuähnlich einander, — allzumenschlich auch den Grössten noch!« (Also sprach Zarathustra III 98.) Der Versuch aller Moral, das Menschenwesen einem Idealwesen anzuähneln, ergiebt nur eine unwirkliche Nachahmung auf Kosten der wirklichen Kraft, und alle moralische Umwandlung ist deshalb nur eine Art von ästhetischer Verschleierung des geschwächten, aber sonst völlig unveränderten menschlichen Wesens. »Wie? Ein grosser Mann? Ich sehe immer nur den Schauspieler seines eignen Ideals.« (Jenseits von Gut und Böse 97.) »Ich suchte nach grossen Menschen, ich fand immer nur die Affen ihres Ideals.« (Götzen-Dämmerung I 39.)

Aus dieser pessimistischen Auffassung des Menschlichen entspringt der extrem-asketische Grundzug, den das Idealziel in Nietzsches Philosophie erhält; dasselbe ist nur erreichbar durch den Untergang des Menschen. Und dieser Grundzug tritt in der Folge um so extremer hervor, je prinzipieller Nietzsche alles Asketische zu verleugnen und auszumerzen bemüht ist. Je ausschliesslicher am Anfang die Steigerung der egoistischen Kraft gefordert wird, desto ungeheurer erscheint am Ende der Entwickelung die Forderung, das eigene Selbst aufzugeben, damit Raum für den Uebermenschen geschafft werde. Hiess es zuerst: Der Mensch ist Etwas, das böse, wild und grausam werden muss, so heisst es schliesslich: »Der Mensch ist Etwas, das überwunden werden muss«, — alle erlangte Grausamkeit und Wildheit ist letzten Endes nur dazu da, um sich gegen den Menschen selbst zu kehren und ihn zu vernichten.

So unversöhnlich fallen die beiden Seiten von Nietzsches Ethik auseinander, die er in ein und demselben Gebot zusammenfasst, — in dem ersten und einzigen Moralgesetz, das in die neuen Werthtafeln eingegraben wird: »Werdet hart!« (Also sprach Zarathustra III 90 = Götzen-Dämmerung, Schluss.) Aus dem Wort: »Werdet hart!« blickt in der That deutlich das Doppelantlitz der Nietzsche-Moral, mit seinen Zügen voll tyrannischer Grausamkeit und asketischer Entsagung. Denn hart werden bedeutet einmal die Widerstandskraft gegen alle weichen und wohlwollenden Regungen, die Versteinerung im egoistischen Selbstgenuss, kurz: Härte gegen Andere, guten Willen zur Ausübung herrischer Macht; das andere Mal aber bedeutet es die Härte gegen sich selbst, als den Untergehenden, der zermalmt werden muss, — es bedeutet: Euch adelt die Härte in demselben Sinne, wie sie den Stein adelt, den der Künstler zu einem hohen Kunstwerk verarbeiten will. Alles dürft ihr, nur Eines nicht, nicht nachgeben, nicht zerbröckeln während seiner Arbeit, sonst ist all euer Menschliches, wie hoch es auch in den Augen der alten Moral dastehen mag, nur noch gut für den Kehrichthaufen, den man hinweg fegt; es ist Abfall und verdorbenes Material. Einer solchen Bestimmung gegenüber erscheint als das Verwerflichste die ängstliche Weichlichkeit des Gefühls, die zagende Bedenklichkeit angesichts des Furchtbaren, des Entscheidenden. Denn, so singt Zarathustra, der Zukunftsschöpfer, »— zum Menschen treibt er mich stets von Neuem, mein inbrünstiger Schaffens-Wille; so treibt's den Hammer hin zum Steine. Ach, ihr Menschen, im Steine schläft mir ein Bild, das Bild meiner Bilder! Ach, dass es im härtesten, hässlichsten Steine schlafen muss! Nun wüthet mein Hammer grausam gegen sein Gefängniss. Vom Steine stäuben Stücke: was schiert mich das?« (Also sprach Zarathustra II 8.)

Hiermit stehen wir vor dem Räthsel und Geheimniss in den Lehren Nietzsches, — vor der Frage: Wie denn die Entstehung des Uebermenschlichen aus dem Unmenschlichen überhaupt möglich sei, wenn Beide als unversöhnliche Gegensätze zu denken sind. Die Beantwortung dieser Frage erinnert unwillkürlich an ein altes moralisches Heilrezept, welches ungefähr so lautet: »Um einen Fehler loszuwerden, gebe man ihm nach und übertreibe ihn so lange, bis er durch seine Uebertreibung und sein Uebermaass abschreckend wirkt. Das moralische Heilrezept, das Nietzsche für die Menschheit schrieb, weil er für sich selbst kein probateres wusste, besitzt eine gewisse Aehnlichkeit damit. Er wollte in der That den Menschen durch die Entfesselung aller wildesten Triebe in einen Zustand bringen, in dem der egoistische Selbstgenuss durch das Uebermaass und die Uebertreibung zu einem Leiden am eignen Selbst wird. Aus der Qual eines solchen Leidens heraus sollte dann eine grenzenlose übermächtige Sehnsucht nach dem eignen Gegensatz erwachsen, — die Sehnsucht des Starken, Unmässigen, Heftigen nach dem Zarten, Maassvollen, Milden; die Sehnsucht der Hässlichkeit und dunklen Begierde nach der Schönheit und lichten Reinheit, — die Sehnsucht des gequälten, von seinen wilden Trieben besessenen Menschen nach seinem Gott. Nietzsche hielt es für möglich, dass aus einem solchen Gemüthszustand thatsächlich dessen Gegensatz durch die Uebergewalt eines Affektes hervorbrechen könne. So erscheint ihm einmal der Grossmüthige »als ein Mensch des äussersten Rachedurstes, dem eine Befriedigung sich in der Nähe zeigt und der sie so reichlich, gründlich und bis zum letzten Tropfen schon in der Vorstellung austrinkt, dass ein ungeheurer schneller Ekel dieser

schnellen Ausschweifung folgt, — er erhebt sich nunmehr
»über sich«, wie man sagt, und verzeiht seinem Feinde,
ja segnet und ehrt ihn. Mit dieser Vergewaltigung seiner
selber, mit dieser Verhöhnung seines eben noch so mächtigen Rachetriebes giebt er aber nur dem neuen Triebe
nach.« (Die fröhliche Wissenschaft 49.) Die Grundbedingung für eine solche Darstellung des scheinbar Uebermenschlichen durch das eigne Selbst ist aber, dass dieses
die wilde Kraft seines qualvollen Uebermaasses bewahre,
— dass es sie nicht schwäche, zügele, mässige, »läutere«,
um den Gegensätzen ihre schmerzliche Spannung zu
nehmen. Je höher hinauf, zu den zartesten Blüthen des
Schönen und Göttlichen es gelangen will, desto tiefer
hinab in das schwärzeste Erdreich, in sein Unmenschliches, Untermenschliches muss es die Wurzeln seiner
Kraft senken. Dadurch wird freilich das Uebermenschliche, das der Mensch erzeugt, zur Darstellung eines
blossen, göttlichen Scheines, sozusagen eines Momentbildes, nicht zu der seines wirklichen, eignen Wesens,
— aber nur in dieser Weise ist es überhaupt realisirbar.
Da keine allmähliche Entwickelung, kein Uebergang die
Gegensätze einander nähert, da sie sich vielmehr gerade
kraft ihrer Gegensätzlichkeit bedingen und erzeugen, so
bleibt ewig ein unüberbrückbarer Abgrund zwischen
ihnen bestehen; auf der einen Seite die bis zum
Furchtbaren gesteigerte, bis zum Chaotischen aufgewühlte
Lebenswirklichkeit der menschlichen Triebe, — auf der
andren Seite ein blosses Scheinbild, eine leichte Wesenswiderspiegelung, gewissermaassen eine göttliche Maske,
der gar keine selbständige Wirklichkeit innewohnt.
Und somit liesse sich gegen diese Theorie Nietzsches im
allerhöchsten Grade derselbe Vorwurf erheben, den er
der üblichen Moralauffassung macht, nämlich, dass es

genüge, den Menschen einem vorgehaltenen Idealbilde anzuähneln: der Vorwurf, dass nur eine ästhetische Verschleierung, nicht aber eine durchgreifende Umwandlung erzielt werde, dass also der Mensch zu einem blossen »Schauspieler seines Ideals« herabsinke. Wir begegnen hier genau derselben Erscheinung, die uns an Nietzsches Stellung zum Asketischen überraschte: was Nietzsche am grundsätzlichsten zu bekämpfen scheint, das nimmt er schliesslich selbst am grundsätzlichsten in seine Theorien auf, — aber nur in den äussersten Consequenzen und im extremsten Sinn. Was er auf seinem Wege als Mittel zum Zweck am entschiedensten verwirft, das benutzt er schliesslich, um es seinem Endzweck, seinem Ziele selbst einzuverleiben. Ja, man kann überall da, wo Nietzsche irgend etwas mit ganz besonderem Hasse verfolgt und erniedrigt, mit Sicherheit annehmen, dass es irgendwie tief — tief im Herzen seiner eigenen Philosophie oder seines eigenen Lebens steckt. Dies gilt sowohl von Personen wie von Theorien.

Meistens giebt Nietzsche in solchen Fällen selber zu, dass der von ihm bekämpfte Gegenstand eine Art von Werth besessen habe als Moment der Entwickelung zu seiner neuen Auffassung hin. Im vorliegenden Falle gesteht er: der Mensch habe seine Fähigkeit zur Uebermenschen-Darstellung erst allmählich gewonnen durch seine Entwickelung innerhalb der herrschenden Moral, Kunst und Religion.

Erst indem diese ihn an die Möglichkeit seiner Wesensveredelung glauben liess, lehrte sie ihn »so sehr Kunst, Oberfläche, Farbenspiel — — werden, dass man an seinem Anblicke nicht mehr leidet«; (Jenseits von Gut und Böse 59) sie hat »uns die Schätzung des Helden, der in jedem von allen diesen Alltagsmenschen verborgen ist, und die Kunst gelehrt, wie man sich selber als Held, aus der Ferne und gleichsam vereinfacht und verklärt ansehen könne, — die Kunst, sich vor sich selber »in Scene zu setzen«. So allein kommen wir über einige niedrige Details an uns hinweg!« (Die fröhliche Wissenschaft 78.) Der Unterschied zwischen dem bisherigen Menschen und dem von Nietzsche angestrebten bestände demnach darin, dass letzterer sich nicht dem Glauben hingiebt, sein Wesen habe sich umgewandelt und verändert, seitdem er moralische, künstlerische und religiöse Züge in sich entwickelt; er bleibt sich dessen bewusst, dass er sozusagen nur als Dichter oder Schauspieler schafft, wenn er das Ideale zur Erscheinung bringt. Aber diese Einsicht darf ihm erst kommen, wenn er das von Nietzsche vorausgesetzte Kraftmaass erreicht hat, wenn er »stark genug, hart genug, Künstler genug geworden ist«. Sonst würde er die Wahrheit nicht ertragen, dass sein Wesen unabänderlich, sein übermenschliches Ideal nur ein geschautes Bild, sein höchstes sittliches Werk nur ein Kunstwerk ist. So ist es zu verstehen, wenn Nietzsche sagt: »— — man könnte die homines religiosi mit unter die Künstler rechnen, als ihren höchsten Rang.« (Jenseits von Gut und Böse 59.) Denn das künstlerische Prinzip ist es, aus dem die lebendigen höchsten ethischen und religiösen Werthunterschiede fliessen, und Nietzsches »Jenseits von Gut und Böse«, wie auch sein »Jenseits von wahr und falsch«, macht Halt vor dem »Jenseits von schön und hässlich« und dringt nicht bis zu diesem durch. Der Uebermensch ist nur möglich und begreiflich als das Kunstwerk des Menschen. Und wollen wir uns davon ein Bild machen, so giebt es dafür vielleicht kein besseres, als das von Nietzsche in seiner »Geburt der Tragödie aus dem Geiste der Musik«

gebrauchte, wenn er vom Verhältniss des Dionysischen zum Apollinischen in der Kunstschöpfung redet. Er vergleicht dort die apollinischen Visionen, welche aus dem orgiastischen Kraftleben des Dionysischen entstanden sind, jener bekannten optischen Erscheinung, bei welcher durch das Hineinstarren ins volle Gluthmeer der Sonne dunkle farbige Flecken gleichsam als Heilmittel vor unseren geblendeten Augen erzeugt werden, indem er das Phänomen in seiner Umkehrung benutzt: durch das Hinabtauchen in das schmerzvolle Dunkel entfesselten Uebermaasses, sich selbst verschlingender Urkräfte ersteht vor uns in gleicher Heilwirkung ein zartes strahlendes Lichtbild des Uebermenschlichen. Und wie in der griechischen Tragödie, auf die Nietzsche sein Gleichniss anwendet, die apollinischen Lichtbilder, d. h. die Heldengestalten der hellenischen Bühne, im Grunde nur Masken des Einen Gottes Dionysos waren, so verkörpert auch dieses im Ueberdrang des Schöpferischen erzeugte Bild des Uebermenschen im Grunde nur einen göttlichen Schein, ein Symbol im künstlerischen Sinn. Hinter ihm, abgründig tief und in »purpurner Finsterniss«, ruht das dionysische Sein selber, die Elementargewalt des Lebens, deren es zu seiner Erzeugung immer wieder von neuem bedarf.

So sehen wir, dass in Nietzsches Philosophie die Ethik unmerklich in die Aesthetik überfliesst, — in eine Art von religiöser Aesthetik, — und dass die Lehre vom Guten ermöglicht wird durch die Göttlichkeit des Schönen. Die feine Grenze, auf der sich der Schein dem Sein vermählen muss, um das Ideal zu gestalten, macht die Welt des Schönen und ihrer phantastischen Selbsttäuschung zum »eigentlichen Mutterschoss idealer und imaginativer Ereignisse«, zu denen der tiefste Impuls gerade dadurch gegeben wird, dass sie ewig unrealisirbar bleiben, dass die Sehnsucht ihnen keine wesenhafte Wahrheit und Wirklichkeit zu verleihen vermag. Es ist derselbe Zustand, den Nietzsche schildert, wenn er von einem Künstler sagt, er habe viel mehr »von seinem — Unvermögen, als von seiner reichen Kraft. — — — eine ungeheure Lüsternheit nach dieser Vision ist in seiner Seele zurückgeblieben, und aus ihr nimmt er seine ebenso ungeheure Beredtsamkeit des Verlangens und Heisshungers.« (Die fröhliche Wissenschaft 79.) Man muss sich also die Entstehung des übermenschlichen Scheines, das Mysterium von der plötzlichen Selbstentsagung und Selbstaufhebung, diese asketische Grundvorstellung, auf welche Nietzsches Ethik hinausläuft, — als ein ästhetisches Phänomen denken, als eine so intensive Versenkung in die Qual des Uebermaasses, dass aus ihr die Sehnsucht den Gegensatz als eine geschaute und nachgelebte Vision hervortreibt. » — von Niemandem will ich so als von dir gerade Schönheit, du Gewaltiger:« heisst es von dem starken, mit übermächtigen Affekten geladenen Menschen, »aber gerade dem Helden ist das Schöne aller Dinge Schwerstes. Unerringbar ist das Schöne allem heftigen Willen. — — Diess nämlich ist das Geheimniss der Seele: erst, wenn sie der Held verlassen hat, naht ihr, im Traume, — der Über-Held« (Uebermensch). (Also sprach Zarathustra II 54 f.) In seligem Traume stammelt sie dann: » — ein Schatten kam zu mir — aller Dinge Stillstes und Leichtestes kam — zu mir! Des Übermenschen Schönheit kam zu mir als Schatten.« (II 8.) Denn »Alles Göttliche läuft auf zarten Füssen!« — »Was wäre denn schön, wenn nicht erst der Widerspruch sich selbst zum Bewusstsein gekommen wäre, wenn nicht erst das Hässliche zu sich selbst gesagt hätte: ich bin hässlich?« In der Hässlichkeit jenes chaotischen Uebermaasses, bis zu welchem der Mensch seine wildesten Kräfte entfesseln soll, bricht er zuletzt den Stab über sich selbst, als über den von Wesensgrund aus hässlichen. »Ein Hass springt da hervor: — — Er hasst da aus dem tiefsten Instinkte der Gattung heraus; in diesem Hass ist Schauder, Vorsicht, Tiefe, Fernblick, — es ist der tiefste Hass, den es giebt. Um seinetwillen ist die Kunst tief ...« (Götzen-Dämmerung IX 20.) Sie ist tief, weil sie durch diesen Hass dem Menschen die grenzenlose Sehnsucht nach dem Schönen lehrt und so die Erzeugung des schönen Scheines aus der entfesselten Ueberfülle des wirklichen Seins ermöglicht; sie ist tief, weil sie einen ungeheuren Idealisirungsdrang weckt und den Menschenwillen durch die Vision der Schönheit zur »Zeugung« reizt, sodass er in leidenschaftlicher Begeisterung sich seinem eigenen Wesensgegensatz vermählt. So wird die zügellose Kraft bis zum höchsten Uebermaass nur gesteigert, um in einen Rauschzustand der Begeisterung überzuströmen, der die Bedingung zur schöpferischen Erzeugung des Schönen ist. »Das Wesentliche am Rausch ist das Gefühl der Kraftsteigerung und Fülle. Aus diesem Gefühle giebt man an die Dinge ab, man zwingt sie von uns zu nehmen, man vergewaltigt sie, — man heisst diesen Vorgang Idealisiren.« (Götzen-Dämmerung IX 8.) »Man bereichert in diesem Zustande Alles aus seiner eignen Fülle: was man sieht, was man will, man sieht es geschwellt, gedrängt, stark, überladen mit Kraft. Der Mensch dieses Zustandes verwandelt die Dinge, bis sie seine Macht wiederspiegeln, — . Dies Verwandeln-müssen in's Vollkommne ist — Kunst.« (Ebendaselbst IX 9.)

Trägt Nietzsches Ethik einen vorwiegend ästhetisirenden Charakter, indem die Verwandlung ins Vollkommne nur einen schönen Schein ergiebt, so nähert sich dafür seine Aesthetik sehr stark dem Religiös-Symbolischen, insofern sie aus dem Drang entsteht, die Menschen und Dinge zu vergöttlichen, sie ins Gotthafte aufzulösen, um sie zu ertragen. Ueber diesen psychischen Vorgang hat Nietzsche nicht bloss eine Theorie aufgestellt und in zerstreuten Aphorismen angedeutet, sondern er hat auch den Versuch gemacht, selbst das grundlegende Erstlingswerk zu schaffen, in dem jene hohe Schöpferthat des Menschen, die Erzeugung des Uebermenschlichen, — zum ersten Mal vollbracht wird. Dieses Werk ist seine Dichtung »Also sprach Zarathustra«. Die Zarathustra-Gestalt, als eine Selbstverklärung Nietzsches, als eine Widerspiegelung und Verwandlung seiner Wesensfülle in einem gottartigen Lichtbilde, soll ein vollständiges Analogon bilden zu der von ihm geträumten Entstehung des Uebermenschlichen aus dem Menschlichen. Zarathustra ist sozusagen der Nietzsche-Uebermensch, er ist der »Ueber-Nietzsche«. Infolgedessen trägt das Werk einen täuschenden Doppel-Charakter: es ist einerseits eine Dichtung in rein ästhetischem Sinn und kann als solche von rein ästhetischem Standpunkt aus verstanden und beurtheilt werden; andererseits aber will es nur in einem rein-mystischen Sinn Dichtung sein, — im Sinn eines religiösen Schöpfungsaktes, in dem die höchste Forderung der Ethik Nietzsches zum ersten Mal ihre Erfüllung findet. Daraus erklärt es sich, dass das Zarathustra-Werk das am besten missverstandene unter allen Büchern Nietzsches geblieben ist, um so mehr, als meistens angenommen worden ist, es enthalte in dichterischer Form eine Popularisirung dessen, was die übrigen Schriften in strengerer philosophischer Form geben. In Wahrheit aber ist es das am wenigsten populär gemeinte seiner Werke; denn wenn es bei Nietzsche jemals eine »esoterische« Philosophie gab, die Niemandem völlig zugänglich werden sollte, so liegt sie hier, und dem gegenüber gehört Alles, was er sonst geschrieben, dem mehr exoterischen Theil seiner Lehre an. Daher erschliesst sich das tiefste Verständniss des »Zarathustra« weniger auf dem Wege der Nietzsche-Philosophie, als auf dem der Nietzsche-Psychologie, indem man den verborgenen Seelenregungen nachspürt, die Nietzsches ethische und religiöse Vorstellungen bedingen und seiner seltsamen Mystik zu Grunde liegen. Dann zeigt es sich, dass die Theorien Nietzsches alle aus dem Bedürfniss der eigenen Selbsterlösung geflossen sind, — aus dem Sehnen, seiner tief bewegten und leidvollen Innerlichkeit jenen Halt zu geben, den der Gläubige in seinem Gott besitzt. Dieses gewaltige Wünschen und Verlangen erzwang sich schliesslich Befriedigung: es schuf den Gott oder doch ein gotthaftes Ueberwesen, in dem das Gegenbild des eigenen Wesens veräusserlicht und verklärt wurde. Die Doppelgestalt, die Nietzsche sich damit selbst gab, und in der er sich als einen »Zweiten« anschaute, ist in seinem Zarathustra verkörpert, wandelt in ihm gleichsam auf eigenen Füssen. Seltsam schimmert an einzelnen Stellen der Dichtung das heimliche Eingeständniss durch, dass Zarathustra keine eigene Wesenswahrheit habe, sondern nur ein Dichtergeschöpf sei. und selbst ein Dichter und Erdichtender: »— was sagte dir einst Zarathustra? Dass die Dichter zuviel lügen? — Aber auch Zarathustra ist ein Dichter.« (II 68.) Doch es liegt ja schon in Nietzsches Auffassung des höchsten Ideals, dass der Schein das Recht hat, sich als Sein und Wesen zu geben, — ja, dass alle höchste Wahrheit in der Scheinwirkung, im Effekt auf Andere besteht. Der Mensch, in seiner mystischen Wesenswandlung,

sucht ganz und gar zu einem lockenden, sehnsucht-
weckenden und erziehenden Scheinbilde zu werden, dem
nichts Hochgeartetes zu widerstehen vermag. Von ihm
gilt das Wort: »Wer von Grund aus Lehrer ist, nimmt
alle Dinge nur in Bezug auf seine Schüler ernst, — sogar
sich selbst.« (Jenseits von Gut und Böse 63.)

Damit ist in bewusster Weise eine Rechtferti-
gung der »heiligen Täuschung« gegeben, und nicht umsonst sagt Nietzsche wiederholt, dass es das Problem von
der »pia fraus« sei, dem er am längsten und tiefsten
nachgegangen. Auch die Redlichkeit, als eine verhältniss-
mässig späte Tugend des modernen Wahrheitsmenschen,
hat der grosse »Unzeitgemässe«, der frei über die Tugenden
aller Kulturen verfügt, in sich zu überwinden um seiner
Zwecke willen, die ein weiches Gewissen nicht vertragen. In
bezeichnender Weise steht schon in der »fröhlichen Wissenschaft« (159): »Wer jetzt unbeugsam ist, dem macht seine
Redlichkeit oft Gewissensbisse: denn die Unbeugsamkeit ist
die Tugend eines anderen Zeitalters, als die Redlichkeit.«
Zu Zarathustra aber spricht der kluge Bucklichte, der
ihm zuhört und ihm seine Gedanken abliest: »— warum
redet Zarathustra anders zu seinen Schülern — als zu
sich selber?« (II 91.) Und Zarathustra selber ruft diesen
zu: »Wahrlich, ich rathe euch: geht fort von mir und
wehrt euch gegen Zarathustra! Und besser noch: schämt
euch seiner! Vielleicht betrog er euch. — — — —
Ihr verehrt mich; aber wie, wenn eure Verehrung eines
Tages umfällt? Hütet euch, dass euch nicht eine Bild-
säule erschlage!« (I 111.)

Je vollständiger aber nach dieser Seite hin alle Wirklichkeit und Wahrheit entschwand, je bewusster das Ideal
als Scheinbild gedacht wurde, desto grösser Nietzsches
Verlangen, ihm religiös eine Wahrheit zuzugestehen,

es zu einer mystischen Selbstvergottung zu machen. Und
hier sehen wir, wie sein Gedanke einen wunderlichen
Kreis um sich selbst beschreibt: um der asketischen
Selbstvernichtung aller Moral zu entgehen, löst er das
moralische Phänomen in ein ästhetisches auf, in dem die
Grundnatur des Menschen neben seiner ästhetischen Licht-
gestalt unverändert bestehen bleibt; um aber dieser Licht-
gestalt eine positive Bedeutung zu verleihen, erhebt er
sie ins Mystische, Religiöse und ist dann, um diesen
lichten Gegensatz herauszubringen, gezwungen, die wirkliche menschliche Grundnatur möglichst dunkel und leid-
voll zu malen. Damit das erlösende Ueberwesen glaub-
haft würde, mussten die Gegensätze möglichst verschärft,
musste es vom natürlich-menschlichen Wesen möglichst
unterschieden werden. Jeder vermittelnde Uebergang
hätte die mystische Illusion zerstört und den Menschen
auf sich selbst zurückgeworfen; das Ueberwesen wäre
dann zu einer blossen Wesensentwickelung in ihm selbst
geworden. Die Schatten mussten auf der einen — der
menschlichen — Seite in demselben Maasse vertieft
werden, als auf der anderen — der übermenschlichen —
das Licht heller hervortreten und den Glauben erzwingen
sollte, dass es völlig anderer Art sei. So entstand die
Lehre, dass zur Erzeugung des Uebermenschen der Unmensch nöthig sei, und dass nur aus dem Uebermaass der
wildesten Begierden die sich selbst preisgebende Sehnsucht nach dem eigenen Gegensatz hervorgehe. Gegen
diese mystische Gottschöpfung lässt sich derselbe Vorwurf richten, den Nietzsche der christlich-aske-
tischen Gottschöpfung gemacht hat: es sei in
ihr des Menschen Wille gewesen, »ein Ideal aufzurichten — — — —, um angesichts desselben seiner
absoluten Unwürdigkeit handgreiflich gewiss zu sein.«

Und dann: »Dies Alles ist interessant bis zum Über-
maass, aber auch von einer schwarzen düsteren ent-
nervenden Traurigkeit, — — — —. Hier ist Krankheit, es ist kein Zweifel, die furchtbarste Krankheit, die bis jetzt im Menschen gewüthet hat: — und
wer es noch zu hören vermag — — — wie in dieser
Nacht von Marter und Widersinn der Schrei Liebe,
der Schrei des sehnsüchtigsten Entzückens, der Erlösung
in der Liebe geklungen hat, der wendet sich ab, von
einem unbesieglichen Grausen erfasst . . . . Im Menschen
ist so viel Entsetzliches! . . .« (Zur Genealogie der Moral
II 22.)

Dieser Zug zum Asketischen und Mystischen, der
sich, inmitten des Kampfes wider das Asketische und
Mystische, so stark als der geheime Grundzug der
Philosophie Nietzsches ausweist, zeigt am deutlichsten
die Rückwendung zu seiner ersten philosophischen
Weltanschauung, der Schopenhauerisch-Wagnerischen.
Aber indem er sich im Prinzip gegen alle bisherige
Mystik und Askese auflehnt, giebt er in nicht geringerem Grade dem Einflusse nach, den die Erfahrungswissenschaft und die positivistische Theorie auf
ihn ausgeübt haben, — und so treten denn auch hier
die beiden Hauptlinien seiner letzten Philosophie unver-
kennbar hervor. Die mystische und asketische Bedeutung
des Aesthetischen ist in seinem System keine geringere als
in dem Schopenhauers; bei Beiden fällt sie zusammen
mit dem tiefsten ethischen und religiösen Erleben, und
nicht umsonst greift Nietzsche, um diese Bedeutung zu
erläutern, auf Gedanken und Bilder seiner »Geburt der
Tragödie« zurück. Aber bei Schopenhauer wird das ästhetische Schauen aufgefasst als ein mystischer Durchblick
in den metaphysischen Hintergrund der Dinge, in das

Wesen des »Dinges an sich«, und setzt deshalb die Beschwichtigung des gesammten Seelenlebens, gewissermaassen die Abstreifung alles Irdischen, voraus. Bei Nietzsche hingegen, wo der metaphysische Hintergrund fehlt, und wo es gilt, dafür einen Ersatz mitten aus dem Ueberschwang irdischer Lebenskräfte heraus zu s c h a f f e n, ist die psychische Voraussetzung die gerade e n t g e g e n g e s e t z t e: das Schöne soll das Willensleben im Tiefsten erregen, es soll alle Kräfte entfesseln, »brünstig machen und zur Zeugung reizen«, denn es handelt sich nicht um die metaphysische Offenbarung von etwas ewig Seiendem, sondern um die mystische Schöpfung von etwas nicht Vorhandenem; das »Mystische« bei Nietzsche ist daher stets so viel wie ins Ungeheure und folglich Uebermenschliche gesteigerte Lebenskraft. Genau aber so, wie bei Schopenhauer das Ueberirdische aus der asketischen Vernichtung des Irdischen resultirt, ist bei Nietzsche der mystische Lebensüberschwang nur möglich als eine Folge des Unterganges alles Menschlichen und Gegebenen durch das Uebermaass. Und hier liegt der Haupt-Berührungspunkt beider Anschauungen: beide gehen durch das T r a g i s c h e in das Selige ihrer Mystik ein. »Die Geburt der Tragödie aus dem Geiste der Musik«*) hat sich verwandelt in eine Geburt der Tragödie aus dem Geiste des Lebens. Das Leben, als »das, w a s s i c h i m m e r s e l b e r ü b e r w i n d e n m u s s«, fordert immer wieder als Grundbedingung immer höherer Schöpfungen den Untergang. Was tragisch erscheint vom Standpunkte dessen, der zu einem solchen Untergang bestimmt ist, wird als Seligkeit unerschöpflicher Lebensfülle empfunden vom Standpunkte des Daseins selbst oder dessen, der sich mit

---

*) Musik nach Schopenhauer gefasst als das tönende Abbild des Dinges an sich.

diesem identificirt, über sich selbst siegt, indem er es in
sich bis zum Uebermaass steigert. In charakteristischer
Weise zeigt sich diese veränderte Auffassung des Tragischen in der »Götzen-Dämmerung«, wo Nietzsche
noch einmal sein altes Problem aus der »Geburt der
Tragödie«, die Bedeutung der dionysischen Mysterien
und des tragischen Gefühls der Griechen, bespricht.
Ursprünglich war ihm der dionysische Orgiasmus das
Entladungsmittel der Affekte, wodurch die für das Schauen
der apollinischen Bilder erforderliche Seelenstille herge-
stellt wurde, — jetzt ist er ihm der Schöpfungsakt des
Lebens selbst, das der Raserei und des Schmerzes bedarf, um aus ihnen heraus das Lichte und Göttliche zu
gestalten.*) Ursprünglich war er ihm ein Zeugniss für die —
in Schopenhauerischem Sinne — tief pessimistische Natur
der Griechen, indem im Orgiasmus das Innerste des
Lebens sich als Dunkel, Schmerz und Chaos enthüllte:
jetzt erscheint er ihm als der lebensdurstige hellenische
Instinkt, der sich nur im Uebermaass genug thun konnte,
und der auch noch in Schmerz, Tod und Chaos der
triumphirenden Unerschöpflichkeit des Lebens froh ward:
— — — — in den dionysischen Mysterien — — —
spricht sich die Grundthatsache des hellenischen
Instinkts aus — sein »Wille zum Leben«. Was ver-
bürgte sich der Hellene mit diesen Mysterien? Das ewige

---

*) Ein verwandter Gedanke klingt in der »fröhlichen Wissen-
schaft« (84) an, wenn Nietzsche die Wirkung der orgiastischen Culte
darin sieht, dass die Menschen besänftigt und von ihren Leidenschaften befreit wurden, indem »man den Taumel und die Ausgelassenheit ihrer Affekte auf's Höchste trieb, also den Rasenden
toll, den Rachsüchtigen rachetrunken machte: — alle orgiastischen
Culte wollen die ferocia einer Gottheit auf Ein Mal entladen und
zur Orgie machen, damit sie hinterher sich freier und ruhiger
fühle«.

Leben, die ewige Wiederkehr des Lebens; die Zukunft in der Vergangenheit verheissen und geweiht; das triumphirende Ja zum Leben über Tod und Wandel hinaus; — — — — — — In der Mysterienlehre ist der Schmerz heilig gesprochen: die »Wehen der Gebärerin« heiligen den Schmerz überhaupt, — — — Damit es die ewige Lust des Schaffens giebt, damit der Wille zum Leben sich ewig selbst bejaht, muss es auch ewig die »Qual der Gebärerin« geben . . . Dies Alles bedeutet das Wort Dionysos: — — —«. (Götzen-Dämmerung X 4.) »Dass alle Schönheit zur Zeugung reize« (IX 22), ist das Religiöse an der Kunst, denn diese lehrt das Vollkommene schaffen. Die höchste, d. h. religiöseste Kunst ist die tragische, denn in ihr zeugt der Künstler aus dem Furchtbaren das Schöne. »Was theilt der tragische Künstler von sich mit? Ist es nicht gerade der Zustand ohne Furcht vor dem Furchtbaren und Fragwürdigen, das er zeigt? — — — — Die Tapferkeit und Freiheit des Gefühls vor einem mächtigen Feinde, vor einem erhabenen Ungemach, vor einem Problem, das Grauen erweckt — dieser siegreiche Zustand ist es, den der tragische Künstler auswählt, den er verherrlicht. Vor der Tragödie feiert das Kriegerische in unserer Seele seine Saturnalien: wer Leid gewohnt ist, wer Leid aufsucht, der heroische Mensch preist mit der Tragödie sein Dasein, — ihm allein kredenzt der Tragiker den Trunk dieser süssesten Grausamkeit. —« (IX 24.)

»Die Psychologie des Orgiasmus als eines überströmenden Lebens- und Kraftgefühls, innerhalb dessen selbst der Schmerz noch als Stimulans wirkt, gab mir den Schlüssel zum Begriff des tragischen Gefühls, — — — Das Jasagen zum Leben selbst noch in seinen fremdesten und härtesten Problemen; der Wille zum

Leben, im Opfer seiner höchsten Typen der eignen Unerschöpflichkeit frohwerdend — das nannte ich dionysisch, das errieth ich als die Brücke zur Psychologie des tragischen Dichters. Nicht um von Schrecken und Mitleiden loszukommen, — — —: sondern um, über Schrecken und Mitleid hinaus, die ewige Lust des Werdens selbst zu sein, — jene Lust, die auch noch die Lust am Vernichten in sich schliesst . . . — — — —« (X 5.)

Diese Auffassung des Tragischen und des durch dasselbe bedingten Lebensgefühls machte es möglich, dass Nietzsche gerade bei seiner Rückkehr zur Schopenhauerischen Philosophie des Pessimismus und der Askese seine lebensfreudigste Lehre schuf, — seine Lehre von der ewigen Wiederkunft aller Dinge. So sehr Nietzsches System philosophisch wie psychologisch einen asketischen Grundzug forderte, ebensosehr erforderte es dessen Gegensatz, die Apotheose des Lebens, denn in Ermanglung eines metaphysischen Glaubens gab es ja nichts anderes als das leidende und leidvolle Leben selbst, das glorificirt und vergöttlicht werden konnte. Nietzsches Lehre von der ewigen Wiederkunft ist niemals genügend betont und gewürdigt worden, obwohl sie gewissermaassen in seinem Gedankengebäude sowohl das Fundament, als auch die Krönung bildet und diejenige Idee gewesen ist, von der er bei der Conception seiner Zukunftsphilosophie ausgegangen ist, und mit der er sie auch abschliesst. Wenn sie erst hier ihre Stelle findet, so geschieht dies, weil sie nur im Zusammenhange des Ganzen verständlich wird, und weil in der That Nietzsches Logik, Ethik und Aesthetik als Bausteine für die Wiederkunftslehre gelten müssen. Den Gedanken einer möglichen Wiederkehr aller Dinge im ewigen Kreislauf des Seins hat Nietzsche schon in der

»fröhlichen Wissenschaft«, im vorletzten Aphorismus des Buches »Das grösste Schwergewicht«, als eine Vermuthung ausgesprochen: »Wie, wenn dir eines Tages oder Nachts, ein Dämon in deine einsamste Einsamkeit nachschliche und dir sagte: »Dieses Leben, wie du es jetzt lebst und gelebt hast, wirst du noch einmal und noch unzählige Male leben müssen: und es wird nichts Neues daran sein, sondern jeder Schmerz und jede Lust und jeder Gedanke und Seufzer und alles unsäglich Kleine und Grosse deines Lebens muss dir wiederkommen, und Alles in der selben Reihe und Folge — und ebenso diese Spinne und dieses Mondlicht zwischen den Bäumen, und ebenso dieser Augenblick und ich selber. Die ewige Sanduhr des Daseins wird immer wieder umgedreht und du mit ihr, Stäubchen vom Staube!« — Würdest du dich nicht niederwerfen und mit den Zähnen knirschen und den Dämon verfluchen, der so redete? Oder hast du einmal einen ungeheuren Augenblick erlebt, wo du ihm antworten würdest: »du bist ein Gott und nie hörte ich Göttlicheres!« Wenn jener Gedanke über dich Gewalt bekäme, er würde dich, wie du bist, verwandeln und vielleicht zermalmen; die Frage bei Allem und Jedem »willst du diess noch einmal und noch unzählige Male?« würde als das grösste Schwergewicht auf deinem Handeln liegen! Oder wie müsstest du dir selber und dem Leben gut werden, um nach Nichts mehr zu verlangen, als nach dieser letzten ewigen Bestätigung und Besiegelung?—«

Hier tritt der Grundgedanke deutlich hervor — fast deutlicher und unumwundener als irgendwann später, denn Nietzsche ertrug es nicht, ganz über das zu schweigen, was seinen Geist erfüllte und erregte. Aber es erschütterte ihn noch so sehr, von dieser neuen Erkenntniss zu sprechen, dass er seinen Wiederkunftsgedanken ganz unauffällig wie einen harmlosen Einfall zwischen andere Einfälle hineinschob, so dass wer darüber hinliest, den Zusammenhang mit der ernsten Schlussbetrachtung »Incipit tragoedia« nicht merkt, — »so heimlich, dass alle Welt es überhört, dass alle Welt u n s überhört!« (Einführende Vorrede zur neuen Ausgabe der Morgenröthe 5.) So steht er denn da, inmitten der übrigen Gedanken, gerade als der Verhüllteste unter den Verhüllten, und an dem feinen Maskenscherz, Etwas dadurch am besten zu verstecken, dass man es offen und nackt hinstellt, hat der an Heimlichkeiten so reiche und aller Heimlichkeit so frohe Geist Nietzsches trotz aller tiefen Seelenbewegung seinen Spass gehabt.

Thatsächlich trug er sich schon damals mit jenem Gedanken wie mit einem unentrinnbaren Verhängniss, das ihn »verwandeln und zermalmen« wollte: er rang nach dem Muth, ihn sich selbst und den Menschen als unumstössliche Wahrheit in seiner ganzen Tragweite zu gestehen. Unvergesslich sind mir die Stunden, in denen er ihn mir zuerst, als ein Geheimniss, als Etwas, vor dessen Bewahrheitung und Bestätigung ihm unsagbar graute, anvertraut hat: nur mit leiser Stimme und mit allen Zeichen des tiefsten Entsetzens sprach er davon. Und er litt in der That so tief am Leben, dass die Gewissheit der ewigen Lebenswiederkehr für ihn etwas Grauenvolles haben musste. Die Quintessenz der Wiederkunftslehre, die strahlende Lebensapotheose, welche Nietzsche nachmals aufstellte, bildet einen so tiefen Gegensatz zu seiner eigenen qualvollen Lebensempfindung, dass sie uns anmuthet wie eine unheimliche Maske.

Verkündiger einer Lehre zu werden, die nur in dem Maasse erträglich ist, als die Liebe zum Leben überwiegt, die nur da erhebend zu wirken vermag, wo der Gedanke

des Menschen sich bis zur Vergötterung des Lebens auf-
schwingt, das musste in Wahrheit einen furchtbaren Widerspruch zu seinem innersten Empfinden bilden, — einen
Widerspruch, der ihn endlich zermalmt hat. Alles, was
Nietzsche seit der Entstehung seines Wiederkunfts-Ge-
dankens gedacht, gefühlt, gelebt hat, entspringt diesem
Zwiespalt in seinem Inneren, bewegt sich zwischen dem
»mit knirschenden Zähnen dem Dämon der Lebensewigkeit fluchen« und der Erwartung jenes »ungeheuren Augen-
blicks«, der zu den Worten die Kraft giebt: »du bist ein
Gott und nie hörte ich Göttlicheres!«

Je höher er sich, als Philosoph, zur vollen Exaltation
der Lebensverherrlichung erhob, je tiefer litt er, als Mensch,
unter seiner eigenen Lebenslehre. Dieser Seelenkampf,
die wahre Quelle seiner ganzen letzten Philosophie, den
seine Bücher und Worte nur unvollkommen ahnen lassen,
klingt vielleicht am ergreifendsten durch in Nietzsches Musik
zu meinem »Hymnus an das Leben«, die er im Sommer
1882 componirte, während er mit mir in Thüringen,
bei Dornburg, weilte. Mitten in der Arbeit an dieser
Musik wurde er durch einen seiner Krankheitsanfälle
unterbrochen, und immer wieder wandelte sich ihm der
»Gott« in den »Dämon«, die Begeisterung für das Leben
in die Qual am Leben. »Zu Bett. Heftiger Anfall. I c h
v e r a c h t e d a s L e b e n. F. N.« So lautete einer der
Zettel, die er mir zuschickte, wenn er an sein Lager
gefesselt war. Und dieselbe Stimmung spricht sich in
einem Briefe aus, den er kurz nach Vollendung jener
Composition schrieb:

»Meine liebe Lou,

Alles was Sie mir melden, thut mir sehr wohl.
Uebrigens b e d a r f ich etwas des Wohlthuenden!

Mein Venediger Kunstrichter hat einen Brief über meine Musik zu Ihrem Gedichte geschrieben; ich lege ihn bei — Sie werden Ihre Nebengedanken dabei haben. Es kostet mich immerfort noch den grössten Entschluss, das Leben zu acceptiren. Ich habe viel vor mir, auf mir, hinter mir; — — — — — — — — — — — — Vorwärts — — — und aufwärts! — —«

Damals war, wie gesagt, die Wiederkunfts-Idee für Nietzsche noch keine Ueberzeugung geworden, sondern erst eine Befürchtung. Er hatte die Absicht, ihre Verkündigung davon abhängig zu machen, ob und wie weit sie sich wissenschaftlich werde begründen lassen. Wir wechselten eine Reihe von Briefen über diesen Gegenstand, und immer ging aus Nietzsches Aeusserungen die irrthümliche Meinung hervor, als sei es möglich, auf Grund physikalischer Studien und der Atomenlehre, eine wissenschaftlich unverrückbare Basis dafür zu gewinnen. Damals war es, wo er beschloss, an der Wiener oder Pariser Universität zehn Jahre ausschliesslich Naturwissenschaften zu studiren. Erst nach Jahren absoluten Schweigens wollte er dann, im Fall des gefürchteten Erfolges, als der Lehrer der ewigen Wiederkunft unter die Menschen treten.

Es kam bekanntlich ganz anders. Innere und äussere Gründe machten Nietzsche die geplante Arbeit unmöglich, trieben ihn wieder nach dem Süden und in die Einsamkeit zurück. Das Jahrzehnt des Schweigens aber wurde zum beredtesten und fruchtbarsten seines ganzen Lebens. Schon ein oberflächliches Studium zeigte ihm bald, dass die wissenschaftliche Fundamentirung der Wiederkunftslehre auf Grund der atomistischen Theorie nicht durchführbar sei; er fand also seine Befürchtung, der verhängnissvolle Gedanke werde sich unwiderleglich als richtig beweisen lassen, nicht bestätigt und schien damit von der Aufgabe seiner Verkündigung, von diesem mit Grauen erwarteten Schicksal befreit zu sein. Aber nun trat etwas Eigenthümliches ein: weit davon entfernt, sich durch die gewonnene Einsicht erlöst zu fühlen, verhielt sich Nietzsche gerade entgegengesetzt dazu; von dem Augenblick an, wo das gefürchtete Verhängniss von ihm zu weichen schien, nahm er es entschlossen auf sich und trug seine Lehre unter die Menschen; in dem Augenblick, wo seine bange Vermuthung unbeweisbar und unhaltbar wird, erhärtet sie sich ihm, wie durch einen Zauberspruch, zu einer unwiderlegbaren Ueberzeugung. Was wissenschaftlich erwiesene Wahrheit werden sollte, nimmt den Charakter einer mystischen Offenbarung an, und fürderhin giebt Nietzsche seiner Philosophie überhaupt als endgiltige Grundlage, anstatt der wissenschaftlichen Basis, die innere Eingebung — seine eigene persönliche Eingebung.

Was war es, das trotz des widerstrebenden Grauens auf der einen und des mangelnden Beweises auf der anderen Seite einen so umwandelnden Einfluss auf ihn ausübte? Erst die Lösung dieses Räthsels gewährt uns einen Einblick in das verborgene Geistesleben Nietzsches, in die Entstehungsursache seiner Theorien. Eine neue tiefere Bedeutsamkeit der Dinge, ein neues Suchen und Fragen nach den letzten und höchsten Problemen — dies alles, was Nietzsche als Metaphysiker gekannt, als Empiriker aber schmerzlich vermisst hatte, das war es, was ihn in die Mystik seiner Wiederkunftslehre hineintrieb. Mochte auch diese Lehre mit neuen Seelenqualen für ihn verbunden sein, mochte sie ihn sogar zermalmen, lieber nahm er das Leiden am Leben auf sich, als in der Entgötterung und Entgeistung des-

selben zu beharren. Ausser mit diesem Leiden konnte er
mit allen anderen Leiden fertig werden, — ja er ertrug sie
nicht nur, sondern wusste noch seinen Geist an ihnen zu
spornen und zu stacheln, indem sie ihn lehrten, nach einem
S i n n, nach dem tiefsten Geheimsinn des Lebens unablässig zu suchen und zu forschen. »Hat man sein w a r u m ?
des Lebens, so verträgt man sich fast mit jedem w i e ?«
sagt Nietzsche in der »Götzen-Dämmerung« (I 12). Aber
sein warum? als die Grundsehnsucht seines Lebens, verlangte nach einer ausgiebigen Beantwortung und vertrug
keine Selbstbescheidung.

So begehrte der Philosoph in ihm auch hier nicht
danach, von der Qual einer gefürchteten Lehre errettet,
sondern nur, an ihr fruchtbar, an ihr zum Wissenden
und Wahrseher zu werden, — und er begehrte dies so in-
brünstig, dass, selbst mit dem Hinfälligwerden der wissenschaftlichen Beweisgründe, jener innere Grund Macht genug
besass, um eine schwankende Muthmaassung zu begeister-
ter Ueberzeugung zu steigern.

Daher wird auch der theoretische Umriss des Wieder-
kunfts-Gedankens eigentlich niemals mit klaren Strichen
gezeichnet; er bleibt blass und undeutlich und tritt vollständig zurück hinter den praktischen Folgerungen, den
ethischen und religiösen Consequenzen, die Nietzsche
scheinbar aus ihm ableitet, während sie in Wirklichkeit
die innere Voraussetzung für ihn bilden.

In einem seiner frühesten Werke, in der zweiten
der »Unzeitgemässen Betrachtungen« (Vom Nutzen und
Nachtheil der Historie für das Leben), erwähnt Nietzsche
einmal (23), vorübergehend, der Wiederkehrs-Philosophie
der Pythagoräer, als eines geeigneten Mittels, um »jedes
Factum in seiner genau gebildeten Eigenthümlichkeit und
Einzigkeit« zu unverlierbarer Bedeutung zu erheben, fügt

aber hinzu, dass eine solche Lehre in unserem Denken nicht eher Raum beanspruchen könne, als bis die Astronomie wieder zu Astrologie geworden sei. Gewiss sind ihm die theoretischen Schwierigkeiten einer modernen Neubelebung dieser alten Idee in späteren Jahren nicht geringer erschienen, als zur Zeit seines Glaubens an Schopenhauers Metaphysik. Aber eben diese Metaphysik deutete ihm damals die Dinge des Lebens in erhebender Weise und machte damit jede mystische Grübelei überflüssig. Das ewige Sein hinter dem ungeheuren Werdeprozess der Erscheinungswelt, das sich in einer jeden Gestaltung derselben objektivirt, gewissermaassen durch eine jede, als ihr höherer Sinn, hindurchschimmert, liess nicht die Sehnsucht aufkommen, diesem Werdeprozess selbst, durch eine ewige Wiederholung desselben im Kreislauf des Seins, eine über das Ephemere hinausgehende Bedeutung zuzuschreiben. Erst später, als Nietzsche von einer metaphysischen Welterklärung absah und unwillkürlich nach einem Ersatz dafür verlangte, drängte sich ihm jener Gedanke wieder auf. Scheinbar freilich schwächt derselbe den Pessimismus der positivistischen Lebensauffassung um nichts ab, ja, eher verschärft er ihn noch; denn die Sinnlosigkeit einer ins Unendliche verlaufenden Werde-Linie erscheint wegen ihrer unzählbaren verhüllten Zukunftsmöglichkeiten weniger niederdrückend, als eine stete Wiederholung des Sinnlosen in sich selbst. Aber charakteristischer Weise entsprang hieraus die neue Erlösungsphilosophie Nietzsches. Gerade durch die Verschärfung des Niederdrückenden und Trostlosen, das in einer nüchternen und kalten Betrachtungsweise des Lebens liegt, gerade durch den harten Zwang, immer wieder zu einem solchen Leben zurückkehren zu müssen, sollte der Menschengeist zu seiner höchsten That angespornt werden: er sollte, gleichsam gepeitscht von Verdruss und Grauen, mit gewaltigem Willen dem sinnlosen Leben einen Sinn, dem zufälligen Werdeprozess des Ganzen ein Ziel geben und damit die thatsächlich nicht vorhandenen Lebenswerthe aus sich heraus erschaffen.

So kann man sagen, dass Nietzsche, anstatt sich vom Pessimismus seiner »Freigeisterei« abzuwenden und zur tröstlicheren Metaphysik zurückzukehren, diesen Pessimismus bis auf das Aeusserste steigert, — dass er es aber nur thut, um den äussersten Ueberdruss und Lebensschmerz als ein Sprungbrett zu benutzen, von dem er sich in die Tiefen seiner Mystik hinabstürzen will.

In der That schien der Wiederkunftsgedanke besonders dazu geeignet, eine solche Wirkung auszuüben, insofern er sich auf das wirkliche Leben eines jeden Einzelnen bezieht und sich nicht nur an das philosophirende Denken, sondern mehr noch an den schaffenden Willen richtet. Dem Lebensganzen, als einem sinnlosen und zufälligen Ganzen, denkend gegenüber zu stehen, ist etwas Anderes, als es im Einzelleben immer aufs neue sinnlos wiederholen zu müssen, ohne ihm jemals entrinnen zu können; — damit gewinnt die rein abstrakte Betrachtungsweise eine Richtung auf das Persönliche, und die philosophische Theorie wird in das empfindliche lebendige Fleisch hineingedrückt, gleich einem schmerzenden Sporn, der dazu antreiben soll, um jeden Preis eine neue Hoffnung, einen neuen Lebenssinn, ein neues Lebensziel zu schaffen.

In Bezug auf diesen Optimismus ist Nietzsche's letzte Philosophie das genaue Gegenbild seiner ersten philosophischen Weltanschauung, der Schopenhauerischen Metaphysik mit ihrer Verherrlichung des buddhistischen Ideals der Askese, der Willensverneinung und Lebens-Abkehr.

Die alte indische Lehre von einer ewigen Wiedergeburt in der Seelenwanderung, als des Fluches, dem ein jeder verfällt, der nicht bis zur Selbstverneinung durchgedrungen, ist von Nietzsche geradezu umgekehrt worden. Nicht Befreiung von dem Wiederkunftszwange, sondern freudige Bekehrung zu ihm ist das Ziel des höchsten sittlichen Strebens, nicht Nirwâna, sondern Sansâra der Name für das höchste Ideal. Diese Korrektur vom Pessimistischen ins Optimistische ist der eigentliche Unterschied zwischen Nietzsches ursprünglichem und späterem Denken und stellt in der Entwickelung dieses einsamen Leidenden einen heldenmüthigen Sieg der Selbstüberwindung dar. Philosophisch aber ist sie durch die dazwischen liegende positivistische Geistesperiode Nietzsches vorbereitet worden, in der dieser das Dasein allerdings erst recht pessimistisch betrachten, zugleich aber sich auf die Lebenswirklichkeit beschränken und allen metaphysischen Nebendeutungen derselben entsagen lernte. Denn sein Optimismus folgt, als philosophische Lebenslehre, aus der Betonung und Verewigung der Lebensthatsache selbst, als des obersten Prinzips; durch den gewaltsam bis ins Mystische gesteigerten Accent, den er ihr gab, schuf er sich ihre Vergöttlichung. In den Kreislauf des Lebens unerbittlich verstrickt, auf ewig an ihn gebunden, müssen wir »Ja« sagen lernen zu allen seinen Gestaltungen, um sie zu ertragen; nur durch die Kraft und Freudigkeit eines solchen »Ja« versöhnen wir uns mit dem Leben, indem wir uns mit ihm identificiren. Dann fühlen wir uns als einen schöpferischen Theil seines Wesens, ja, als dieses Wesen selbst in seiner unersättlichen überquellenden Macht und Fülle. Die auf Lebenskraft gegründete rückhaltlose Lebensliebe ist deshalb das einzige heilige Moralgesetz des neuen Gesetzgebers; die bis zum Rausch entfesselte

Lebens-Exaltation nimmt die Stelle ein der religiösen Erhebung, ja, eines Gottes-Kultus.

Ueber diesen Umschlag von Pessimismus in Optimismus und über das neue Ideal der Weltbejahung spricht sich Nietzsche, in »Jenseits von Gut und Böse« (56), folgendermaassen aus: »Wer, gleich mir, mit irgend einer räthselhaften Begierde sich lange darum bemüht hat, den Pessimismus in die Tiefe zu denken und aus der halb christlichen, halb deutschen Enge und Einfalt zu erlösen, mit der er sich diesem Jahrhundert zuletzt dargestellt hat, nämlich in Gestalt der Schopenhauerischen Philosophie; wer wirklich einmal — — — in die weltverneinendste aller möglichen Denkweisen hinein und hinunter geblickt hat — — — —, der hat vielleicht ebendamit, ohne dass er es eigentlich wollte, sich die Augen für das umgekehrte Ideal aufgemacht: für das Ideal des übermüthigsten, lebendigsten und weltbejahendsten Menschen, der sich nicht nur mit dem, was war und ist, abgefunden und vertragen gelernt hat, sondern es, so wie es war und ist, wieder haben will, in alle Ewigkeit hinaus, unersättlich da capo rufend, nicht nur zu sich, sondern zum ganzen Stücke und Schauspiele, und nicht nur zu einem Schauspiele, sondern im Grunde zu Dem, der gerade dies Schauspiel nöthig hat — und nöthig macht: weil er immer wieder sich nöthig hat — und nöthig macht — — Wie? Und dies wäre nicht — circulus vitiosus deus?«

In diesen Worten ist nicht nur angedeutet, wie ganz für Nietzsche der Optimismus aus der Verschärfung und Uebertreibung des Pessimismus hervorgesprungen ist, sondern auch inwiefern seiner neuen Philosophie ein Charakter religiöser Erhebung eigen ist.

Der Mensch fühlt sich einerseits zum Weltganzen, zum Lebensganzen mystisch erweitert, sodass sein eigener

Untergang, sowie seine eigene Lebenstragödie gar nicht
mehr für ihn vorhanden ist, — und andererseits wieder verleiht er diesem, an sich zufälligen und sinnlosen, Lebensganzen eine Verpersönlichung und Vergeistigung, durch die
es zur Gottheit erhoben wird. Welt, Gott und Ich verschmelzen zu einem einzigen Begriff, aus dem sich nun
für das Einzelwesen ebenso gut, wie aus irgend einer
Metaphysik, Ethik oder Religion, ableiten lassen: eine
Norm des Handelns und eine höchste Anbetung. Den
Hintergrund der ganzen Vorstellung aber bildet der Gedanke, dass das Weltganze eine Fiktion des Menschen
sei, der es schafft und, in seinem Gottsein, d. h. in
seiner Wesenseinheit mit der Lebensfülle, es von sich und
seinem schöpferischen und wertheprägenden Willen abhängig weiss. So erklärt sich das geheimnissvolle Wort
in »Jenseits von Gut und Böse« (150): »Um den Helden
herum wird Alles zur Tragödie« (das heisst: der Mensch
als solcher ist gerade in seiner höchsten Entwickelung der
Untergehende und Geopferte), »um den Halbgott herum
Alles zum Satyrspiel« (das heisst: in seiner vollen Hingebung an das Lebensganze lächelt er als ein Erhobener
auf sein eigenes Schicksal herab); »und um Gott herum
wird Alles — wie? vielleicht zur »Welt«? —« (das heisst:
durch die vollkommene Identificirung des Menschen mit
dem Leben wird nicht nur er selbst versöhnt in das Lebensganze aufgenommen, sondern wird auch dieses absolut
in ihn hineingezogen, sodass er zum Gott wird, der die
Welt aus sich entlässt und im Weltschaffen unausgesetzt
sein Wesen äussert).

Und hier stossen wir wieder auf den Grundgedanken
in Nietzsches Philosophie, der die Wiederkunftslehre, wie
alle seine Lehren, in ihm hat entstehen lassen: auf jene
ungeheure Vergöttlichung des Schöpfer-Philosophen. In

ihm ruhen Anfang und Ende dieser Philosophie, und man
kann sagen, dass auch der abstrakteste Zug des Systems
ein Versuch ist, seine gewaltigen Uebermenschen-Züge
zu zeichnen. Wir haben gesehen, dass er, sowohl innerhalb der Logik wie der Ethik, zu einem Inbegriff des
Lebensganzen erhoben wurde, als das Ueber-Genie, das
alles Andere in sich trägt. Wir haben ferner gesehen,
wie, in Nietzsches Aesthetik, seine Bedeutung ins Religiös-
Mystische derart zugespitzt wurde, dass er sich vom Bloss-
Menschlichen unterschied und als Gotteswesen das Menschenwesen mit umfasste. Aber erst auf Grund der Wiederkunftslehre wächst Alles zu einer einzigen gigantischen
Gestalt zusammen, denn nur der Umstand, dass der
Weltverlauf kein unendlicher, sondern ein sich in
seiner Begrenzung stetig wiederholender ist, macht
es möglich, ein Ueberwesen zu construiren, in dem der
ganze Weltverlauf ruht und sich abschliesst. Nur durch
ein solches gewinnt derselbe endgiltig Sinn und Ziel und
die Richtung auf die erlösende Schöpfung des Uebermenschen, — nur so wird diese letztere zu mehr als einer
Hypothese, — wird sie zu einer That. Daher sehen wir
auch, dass Nietzsche diese seine fundamentalste und zugleich
mystischeste Lehre sozusagen nicht in seinem eigenen
Namen vorträgt, sondern in dem seines Zarathustra; nicht
der Denker und Mensch soll sie vortragen, sondern Der,
dem Gewalt verliehen ist, sie in beseligende Erlösung
umzusetzen.*) Streift aber Nietzsche je einmal in seinen

---

*) Im Zusammenhange dieser Gedanken lese man die Schilde-
rung der ewigen Wiederkunft in Also sprach Zarathustra (III 9 ff.)
»Vom Gesicht und Räthsel«.

»Siehe diesen Thorweg! — — —: der hat zwei Gesichter.
Zwei Wege kommen hier zusammen: die gieng noch Niemand
zu Ende.

Aphorismen den Wiederkunfts-Gedanken, dann verstummt
er mit einer Geberde des Schreckens und der Ehrfurcht:

Diese lange Gasse zurück: die währt eine Ewigkeit. Und jene
lange Gasse hinaus — das ist eine andre Ewigkeit.

Sie widersprechen sich, diese Wege; sie stossen sich gerade
vor den Kopf: — und hier, an diesem Thorwege, ist es, wo sie zusammen kommen. Der Name des Thorwegs steht oben geschrieben:
» Augenblick.«

Aber wer Einen von ihnen weiter gienge — und immer weiter
und immer ferner: glaubst du, — dass diese Wege sich ewig widersprechen?« — — —

Muss nicht, was laufen kann von allen Dingen, schon einmal
diese Gasse gelaufen sein? Muss nicht, was geschehn kann von
allen Dingen, schon einmal geschehn, gethan, vorübergelaufen sein?

Und wenn Alles schon dagewesen ist: was hältst du — von diesem
Augenblick? Muss auch dieser Thorweg nicht schon — dagewesen sein?

Und sind nicht solchermaassen fest alle Dinge verknotet, dass
dieser Augenblick alle kommenden Dinge nach sich zieht? Also
— — sich selber noch?

Denn, was laufen kann von allen Dingen: auch in dieser
langen Gasse hinaus — muss es einmal noch laufen! —

Und diese langsame Spinne, die im Mondscheine kriecht, und
dieser Mondschein selber, und ich und du im Thorwege, zusammen-
flüsternd, von ewigen Dingen flüsternd — müssen wir nicht Alle
schon dagewesen sein?

— und wiederkommen und in jener anderen Gasse laufen,
hinaus, vor uns, in dieser langen schaurigen Gasse — müssen wir
nicht ewig wiederkommen? —

Also redete ich, und immer leiser: denn ich fürchtete mich vor
meinen eignen Gedanken und Hintergedanken. — — —

Hieran schliesst die Erzählung vom heulenden Hunde, der für
einen Menschen um Hilfe ruft. Dem Menschen, einem jungen Hirten,
ist eine Schlange in den Schlund gekrochen und hat sich dort fest-
gebissen.

»Meine Hand riss die Schlange und riss: — umsonst! sie riss
die Schlange nicht aus dem Schlunde. Da schrie es aus mir: »Beiss
zu! Beiss zu! Den Kopf ab! Beiss zu!« — so schrie es aus mir, mein
Grauen, mein Hass, mein Ekel, mein Erbarmen, all mein Gutes und
Schlimmes schrie mit Einem Schrei aus mir. — — —

— Der Hirt aber biss, wie mein Schrei ihm rieth; er biss mit

» — Aber was rede ich da? Genug! Genug! An dieser Stelle geziemt mir nur Eins, zu schweigen: ich vergriffe mich sonst an dem, was einem Jüngeren allein freisteht, einem »Zukünftigeren«, einem Stärkeren, als ich bin, — was allein Zarathustra freisteht, Zarathustra dem Gottlosen . . .« (Zur Genealogie der Moral II 25.)

Und die seelische Bedeutung der Zarathustra-Gestalt für Nietzsches Wesen selbst wird ebenfalls erst völlig deutlich hier, wo sie als Träger der Wiederkunftslehre auftritt. Er glaubte sie in sich enthalten wie ein mystisches Wesen, aber unterschieden von seiner natürlichen und menschlichen Existenzform als Nietzsche. In seiner zufälligen Zeiterscheinung, körperlich und geistig bedingt durch die Umstände und Wechselfälle seines vorübergehenden Lebens, betrachtete Nietzsche sich als einen »Dekadenten«, gleich den Anderen, nur wert und dazu bestimmt unterzugehen.

gutem Bisse! Weit weg spie er den Kopf der Schlange —: und sprang empor. —

Nicht mehr Hirt, nicht mehr Mensch, — ein Verwandelter, ein Umleuchteter, welcher lachte! Niemals noch auf Erden lachte je ein Mensch, wie er lachte!

Oh meine Brüder, ich hörte ein Lachen, das keines Menschen Lachen war, — — und nun frisst ein Durst an mir, eine Sehnsucht, die nimmer stille wird.«

Die Schlange der im Kreise verlaufenden ewigen Wiederkehr ist es, von der Zarathustra den Menschen erlöst, indem er ihr den Kopf abbeisst: indem er das Sinnlose und Grauenhafte an ihr aufhebt und den Menschen zu ihrem Herrn macht — zum Verwandelten, Umleuchteten, lachenden Uebermenschen:

»So rathet mir doch das Räthsel, das ich damals schaute, so deutet mir doch das Gesicht des Einsamsten!

Denn ein Gesicht war's und ein Vorhersehn: — was sah ich damals im Gleichnisse? Und wer ist, der einst noch kommen muss?«

Vgl. (III 96): » — — wie jenes Unthier mir in den Schlund kroch und mich würgte! Aber ich biss ihm den Kopf ab und spie ihn weg von mir.«

Aber andererseits hielt Nietzsche sich für das, nothwendig krankhaft disponirte, Medium, durch welches die Ewigkeit aller Zeiten sich ihrer selbst und ihres Sinnes bewusst wird, — für den fleischgewordenen Menschheitsgenius selbst, in dem die Vergangenheit der Gegenwart das Räthsel aller Zukunft löst. So glaubte er das in sich zu verkörpern, was er als höchste Bedeutung menschlicher Dekadenzform geschildert hatte: er fühlte sich krank in den Geburtswehen, die einem übermenschlichen Wesen galten, er fühlte sich als einen Untergehenden und Zerbrechenden zu Gunsten einer höchsten Neuschöpfung, welche die Welt erlösen sollte: — »Dass der Schaffende selber das Kind sei, das neu geboren werde, dazu muss er auch die Gebärerin sein wollen und der Schmerz der Gebärerin.« (Also sprach Zarathustra II 7.)

Zarathustra ist also das Kind, sowie gleichzeitig der Gott Nietzsches, sowohl die That oder Kunstschöpfung eines Einzelnen, als auch die Zusammenfassung dieses Einzelmenschen mit der ganzen Linie Mensch, mit dem Menschheitssinn selbst. Er ist »Geschöpf und Schöpfer«, der »Stärkere, Zukünftigere«, der die leidende menschliche Nietzsche-Erscheinung überragt, — er ist der »Ueber-Nietzsche«. Aus ihm spricht deshalb auch nicht das Erleben und Verstehen eines Einzelnen, sondern das Menschheitsbewusstsein selbst von seinen fernsten Ursprüngen an, — daher seine Worte: »Ich gehöre nicht zu Denen, welche man nach ihrem Warum fragen darf. Ist denn mein Erleben von Gestern? Das ist lange her, dass ich die Gründe meiner Meinungen erlebte. Müsste ich nicht ein Fass sein von Gedächtniss, wenn ich auch meine Gründe bei mir haben wollte?« (Also sprach Zarathustra II 68.)

So entsteht ein wundersames Gedankenspiel, in dem Nietzsche und sein Zarathustra unablässig in einander überzugehen und sich wieder von einander zu lösen scheinen. Vollständig durchsichtig wird dies für den, der weiss, in wie vielen kleinen, rein persönlichen Zügen Nietzsche sich selbst in seinen Zarathustra hineingeheimnisst hat, und bis zu welch visionärer Verzückung sich ihm dieses ganze Mysterium steigerte. Hieraus erklärt sich auch das unerhörte Selbstbewusstsein, mit dem er von seinem Buche spricht, und das ihn einmal in die Worte ausbrechen lässt: »ein Buch, so tief, so fremd, dass sechs Sätze daraus verstanden, d. h. erlebt haben, in eine höhere Ordnung der Sterblichen erhebt!«

War seine Zarathustra-Dichtung für ihn das Werk, durch das aus einem Menschlichen ein Uebermenschliches herausgeboren wurde, so mag er sein unveröffentlichtes, nur im ersten Theile vollendetes Hauptwerk »Der Wille zur Macht« gewissermaassen als von der Zarathustra-Gestalt geschaffen gedacht haben, — d. h. von einem Ewigen und Freien, dem allein eine »Umwerthung aller Werthe« gelingen kann, weil er ausser jeder Zeit und jedes Einflusses dasteht, als ein schlechthin Unabhängiger, Alles in sich Begreifender und Umfassender. Nur so ist Nietzsches Behauptung in der »Götzen-Dämmerung« (IX 51) zu verstehen: »Ich habe der Menschheit das tiefste Buch gegeben, das sie besitzt, meinen Zarathustra: ich gebe ihr über kurzem das unabhängigste. —« Im ersten Falle soll das Uebermenschliche den Tiefen des Nietzsche-Menschenthums entstiegen sein, im zweiten schwebt es bereits frei schaffend über demselben.

So mystisch-geheimnissvoll diese Zarathustra-Figur auch in ihrer Weltbedeutung gefasst ist, so streng logisch schliesst sie sich doch in ihrer Gestaltung an Nietzsches Ausführungen über das Wesen des Genialen, des Willens-freien und des Atavistischen, als des Zukunftbedingenden, an. Die Betrachtung dieser Theorien hat gezeigt, dass sie alle auf die mögliche Erschaffung eines Ueberwesens hinzielen; und es ist interessant zu verfolgen, wie früh schon sich in Nietzsche verwandte Gedanken geregt haben, die sich später, aus seiner ersten philosophischen Periode herübergenommen, durch seine positivistische Weltanschauung hindurchgearbeitet haben, um schliesslich in seiner letzten Philosophie zu neuem Leben erweckt zu werden. Das Genie der Ethik und Aesthetik umfasst bereits bei Schopenhauer Sinn und Wesensgrund der ganzen Welt und Menschheit und thut dies in einem jeden solchen Genius gleichwerthig aufs neue, aber Sinn und Wesensgrund bedeuten bei diesem das hindurchleuchtende ewige Sein, das metaphysische Ding an sich, ganz losgelöst von der thatsächlichen Entwickelungsgeschichte von Welt und Menschheit. Nietzsche aber, der von diesen metaphysischen Vorstellungen absieht, braucht das Auftreten des Genius in einem einzigen, isolirten Ueberwesen, das eine Mehrzahl von seinesgleichen ausschliesst und die thatsächlich gegebene Erscheinung von Welt und Menschheit in sich begreift. In »Menschliches, Allzumenschliches« (II 185) sagt er noch im Hinblick auf den Schopenhauerischen Gedanken, den er in positivistischem Sinne modificirt: »Wenn Genialität, nach Schopenhauer's Beobachtung, in der zusammenhängenden und lebendigen Erinnerung an das Selbst-Erlebte besteht, so möchte im Streben nach Erkenntniss des gesammten historischen Gewordenseins — — — ein Streben nach Genialität der Menschheit im Ganzen zu erkennen sein. Die vollendet gedachte Historie wäre kosmisches Selbstbewusstsein.« Dazu stelle man auch die nachfolgenden Aeusserungen in der »fröhlichen Wissenschaft«, so (34) den Aphorismus Historia abscondita: »Jeder grosse Mensch hat eine

rückwirkende Kraft: alle Geschichte wird um seinetwillen
wieder auf die Wage gestellt, und tausend Geheimnisse
der Vergangenheit kriechen aus ihren Schlupfwinkeln
— hinein in seine Sonne.« Ferner (337): »— — — wer
die Geschichte der Menschen insgesammt als eigene
Geschichte zu fühlen weiss, der empfindet in einer ungeheuren Verallgemeinerung allen jenen Gram des Kranken,
der an die Gesundheit, des Greises, der an den Jugend-
traum denkt, des Liebenden, der der Geliebten beraubt
wird, des Märtyrers, dem sein Ideal zu Grunde geht, des
Helden am Abend der Schlacht, welche Nichts entschieden
hat und doch ihm Wunden und den Verlust des Freundes
brachte —: aber diese ungeheure Summe von Gram
aller Art tragen, tragen können und nun doch noch der
Held sein, der beim Anbruch eines zweiten Schlachttages
die Morgenröthe und sein Glück begrüsst, als der Mensch
eines Horizontes von Jahrtausenden vor sich und hinter
sich, als der Erbe aller Vornehmheit, alles vergangenen
Geistes und der verpflichtete Erbe, als der Adeligste aller
alten Edlen und zugleich der Erstling eines neuen Adels,
dessen Gleichen noch keine Zeit sah und träumte: diess
Alles auf seine Seele nehmen, Aeltestes, Neuestes, Verluste,
Hoffnungen, Eroberungen, Siege der Menschheit: diess
Alles endlich in Einer Seele haben und in Ein Gefühl
zusammendrängen: — diess müsste doch ein Glück ergeben,
das bisher der Mensch noch nicht kannte, — eines Gottes
Glück voller Macht und Liebe, voller Thränen und voll
Lachens, ein Glück, welches, wie die Sonne am Abend,
fortwährend aus seinem unerschöpflichen Reichthume
wegschenkt und in's Meer schüttet und, wie sie, sich erst
dann am reichsten fühlt, wenn auch der ärmste Fischer
noch mit goldenem Ruder rudert! Dieses göttliche Gefühl
hiesse dann — Menschlichkeit!«

Aber die menschliche Genialität wird für Nietzsche in immer geringerem Grade durch das Erkennen oder das erworbene Nachempfinden des historisch Gewordenen ausgelöst, denn die Fülle des Gewordenen liegt im Menschen selbst bereit und kann durch tiefere Selbstversenkung hervorgeholt und zum Bewusstsein gebracht werden. Schon in »Menschliches, Allzumenschliches« (I 14) weist er auf die Eigenschaft des Affektes hin, rückwirkend Schlummerndes in uns zu wecken, das vergangenen Zuständen angehört: »Alle stärkeren Stimmungen bringen ein Miterklingen verwandter Empfindungen und Stimmungen mit sich; sie wühlen gleichsam das Gedächtniss auf.« Aber nicht nur hinsichtlich der individuellen Vergangenheit mit ihren Affekten, sondern gleichzeitig auch dessen, was sich an Gedanken und Empfindungen im Laufe der Menschheits-Entwickelung abgesetzt hat, — denn der Einzelne ist ein Erzeugniss derselben und enthält ihre verschiedenen Stufen noch fortdauernd in sich. Hierauf ist in der »fröhlichen Wissenschaft« (54) Bezug genommen, in dem Aphorismus »Das Bewusstsein vom Scheine«: »Wie wundervoll und neu und zugleich wie schauerlich und ironisch fühle ich mich mit meiner Erkenntniss zum gesammten Dasein gestellt! Ich habe für mich entdeckt, dass die alte Mensch- und Thierheit, ja die gesammte Urzeit und Vergangenheit alles empfindenden Seins in mir fortdichtet, fortliebt, forthasst, fortschliesst, — ich bin plötzlich mitten in diesem Traume erwacht, aber nur zum Bewusstsein, dass ich eben träume und dass ich weiterträumen muss, um nicht zu Grunde zu gehen: wie der Nachtwandler weiterträumen muss, um nicht hinabzustürzen. Was ist mir jetzt »Schein«! Wahrlich nicht der Gegensatz irgend eines Wesens, — was weiss ich von irgend welchem Wesen auszusagen, als eben nur die

Prädikate seines Scheines! Wahrlich nicht eine todte Maske, die man einem unbekannten aufsetzen und auch wohl abnehmen könnte! Schein ist für mich das Wirkende und Lebende selber, das soweit in seiner Selbstverspottung geht, mich fühlen zu lassen, dass hier Schein und Irrlicht und Geistertanz und nichts Mehr ist, — dass unter allen diesen Träumenden auch ich, der »Erkennende«, meinen Tanz tanze, dass der Erkennende ein Mittel ist, den irdischen Tanz in die Länge zu ziehen und insofern zu den Festordnern des Daseins gehört, und dass die erhabene Consequenz und Verbundenheit aller Erkenntnisse vielleicht das höchste Mittel ist und sein wird, die Allgemeinheit der Träumerei und die Allverständlichkeit aller dieser Träumenden unter einander und eben damit die Dauer des Traumes aufrecht zu erhalten.«

Hier hat Nietzsche schon die Wendung gemacht, die den Uebergang zu seiner späteren Mystik bildet. In dieser ist die Welt ihm zu einer Fiktion des Erkennenden geworden, der, wenn er, wie aus nachtwandelndem Traume, zum Bewusstsein der Fiktion erwacht, sich wohl als Herr und Schöpfer fühlen kann, der den Sinn dieses Scheines, dieses Traumes gebieterisch bestimmt. Umgestaltet durch die mystische Vorstellung, dass das Erwachen aus dem Traume des Alllebens zugleich zu einer schöpferischen welterlösenden That wird, kehrt derselbe Gedanke später in wundervoll dichterischer Einkleidung in dem Lied der »alten Brumm-Glocke« (Also sprach Zarathustra III 110 f.) wieder, die in tiefer Mitternacht den beginnenden Tag des Erwachenden durch zwölf Schläge verkündet:

Eins!

Oh Mensch! gieb Acht!

Zwei!

Was spricht die tiefe Mitternacht?

Drei!

»Ich schlief, ich schlief —,

Vier!

»Aus tiefem Traum bin ich erwacht: —

Fünf!

»Die Welt ist tief,

Sechs!

»Und tiefer als der Tag gedacht.

Sieben!

»Tief ist ihr Weh —,

Acht!

»Lust — tiefer noch als Herzeleid:

Neun!

»Weh spricht: Vergeh!

Zehn!

»Doch alle Lust will Ewigkeit —,

Elf!

»— will tiefe, tiefe Ewigkeit!

Zwölf!

Die schliessliche Ausgestaltung dieser Vorstellungen
enthält wiederum starke Anklänge an Nietzsches Schopenhauerische Periode und an die indische Philosophie, jedoch
immer mit der charakteristischen Modifikation, dass das
Endziel sowie der dahin führende Weg, anstatt im Lebens-
erlöschen, in der Lebenssteigerung zu suchen sei.
Aber wie sehr sich trotzdem diese beiden Gefühlsauf-
fassungen des Daseinsproblems einander nähern, ergiebt
sich nicht zum wenigsten daraus, dass, nach neuerer
Auffassung, selbst die indische Lebensabkehr, dieser
extremste Ausdruck der weltverneinenden Philosophie.

eigentlich nicht die Befreiung vom Leben anstrebt, sondern nur die Erlösung vom Immer-wieder-sterben-müssen infolge der Seelenwanderung. Es ist schliesslich nichts als eine andere Form der Todesfurcht, die in den übrigen Religionen das Motiv des Unsterblichkeitsglaubens abgegeben hat; — es ist eine Furcht, deren Beschwichtigung ebenso wohl erreicht werden kann durch ein Aufgehobensein in die Lebensewigkeit, bei voller Identificirung des Einzelnen mit der Kraft und Fülle des Lebensganzen, als auch durch ein Abstreifen und Verflüchtigen aller Lebenstriebe, mit denen Tod, Erlöschen, Vergehen unabtrennbar verknüpft sind.*)

Aber der Reiz, den für Nietzsche eine mystische Auslegung von Traumzuständen und die Auffassung des Weltbewusstseins als eines Traumbewusstseins besass,

---

*) Der Zufall wollte, dass eines der vermuthlich letzten wissenschaftlichen Werke, mit denen Nietzsche sich ganz eingehend beschäftigt hat, dasjenige eines Schopenhauerianers strengster Observanz über indische Philosophie war, und dieses ihn dem Ideenkreis seiner eigenen ehemaligen Weltanschauung noch einmal nahe brachte. Es ist das vortreffliche Buch von Paul Deussen »Das System des Vedânta nach den Brahma-Sûtra's des Bâdarâyana und dem Commentare des Çankara über dieselben.« (Leipzig. Brockhaus 1883), in dem der Verfasser seinen Gegenstand zwar objektiv darstellt und interpretirt, ihn aber zugleich von seinem eigenen Standpunkte aus beurtheilt. Es ist unmöglich, in Nietzsches seit 1883 verfassten Schriften den Einfluss dieses Buches zu verkennen, besonders hinsichtlich der Vergöttlichung des Schöpfer-Philosophen und dessen Gleichsetzung mit dem höchsten, allesumfassenden Lebensprinzip, sowie hinsichtlich der Vorstellung, dass dieser das Nacheinander alles Gewordenen gewissermaassen in einem seelischen Nebeneinander in sich enthalte, in einer räumlichen anstatt einer zeitlichen Seelenwanderung. Manchmal ist man versucht, wenn man die zerstreuten Ausführungen Nietzsches über einzelne Seelenzustände in ihrer halb mystischen Bedeutung zusammenhält, »Âtman« und »Brahman« zur Erklärung an den Rand zu schreiben.

hatte noch einen persönlichen Grund. In der That handelte es sich dabei für ihn um mehr als nur um ein Gleichniss oder Analogon, — denn er war überzeugt, dass speciell in den Zuständen des Rausches und Traumes eine Fülle von Vergangenheit im Menschen zur Gegenwart wieder erweckt werden könne. Träume spielten stets eine grosse Rolle in seinem Leben und Denken, und in seinen letzten Jahren entnahm er ihnen oft, wie einer Räthsellösung, den Inhalt seiner Lehre. In dieser Weise verwendet er zum Beispiel den in »Also sprach Zarathustra« (II 80 ff.) erzählten Traum, den er im Herbst 1882 in Leipzig gehabt hatte; er wurde nicht müde, ihn deutend mit sich herumzutragen. Eine geistreiche oder dem Gefühl des Träumenden glücklich angepasste Interpretation konnte ihn dann beglücken und förmlich erlösen. So erklärt es sich, dass er schon früh sich mit diesem Gegenstande beschäftigt hat, aber indem er noch gewagte Deutungen abwies, wie er sie später bevorzugte. Er hat über ihn an verschiedenen Stellen von »Menschliches, Allzumenschliches« gesprochen. (Man vergleiche beispielsweise den Aphorismus I 12 »Traum und Kultur« und I 13 »Logik der Traumes«.) Dort meint er noch, dass die Verworrenheit und das Ungeordnete der Vorstellungen im Traume, der Mangel an Klarheit und Logik und an richtigem Kausalzusammenhang, der im Schlafe unsere Art zu urtheilen und zu schliessen kennzeichne, an die Zustände der frühesten Menschheit erinnern, die, ebenso wie noch heute die Wilden, auch im Wachen so verfahren habe, wie wir jetzt im Traume. In der »Morgenröthe« hingegen spricht er schon nicht mehr von einer derartigen Analogie, sondern geradezu von der möglichen Reproducirung eines Stückes Vergangenheit im Traume. Und in der »fröhlichen Wissenschaft« steigert sich ihm hier

und da der Traum schon zu einem positiven Abbild des
Lebens und der Weltvergangenheit im Einzelmenschen.
Von hier war es nur noch ein Schritt zu einem dritten
Gedanken, der die beiden vorhergehenden zusammen-
fasste: den einen, dass im Traume die Vergangenheit
reproducirt werde, — den anderen, dass das Weltganze
und die Lebensentwickelung philosophisch einer Traum-
fiktion zu vergleichen sei, — aus deren Verbindung sich
dann ergab, dass der Traum, unter gewissen Umständen,
die Wiederbelebung alles gewesenen Lebens sei, — das
Leben hinwiederum in seinem tiefsten Wesen ein Traum,
dessen Sinn und Bedeutung wir, als Erwachende, zu bestimmen haben. Das Nämliche gilt von allen dem Traume
verwandten Zuständen, von allen, die tief genug hinab-
führen könnten in das Chaotische, Dunkle, Unergründliche
des Lebens-Untergrundes, — nicht nur der gewesenen
Menschheit, sondern noch unter diese hinab bis zu Dem,
woraus auch sie erst geworden ist. Denn der friedliche Traum
reicht hierfür nicht aus; es bedarf eines viel wirklicheren
und selbst furchtbareren Erlebens: das Chaos aufwühlen-
der Leidenschaften und orgiastischer Dionysos-Zustände,
— ja, der Wahnsinn selbst, als ein Zurücksinken in
die Unentwirrbarkeit aller Gefühle und Vorstellungen,
erschien ihm als der letzte Weg zu den in uns ruhenden
Urtiefen vergangener Menschheitsschichten.

Schon früh hatte er über die Bedeutung des Wahnsinns als einer möglichen Erkenntnissquelle gegrübelt,
und über den Sinn, der darin gelegen haben möge, dass
die Alten ihn als ein Zeichen der Erwählung ansahen.
In der »fröhlichen Wissenschaft« sagt er in Bezug darauf: »Nur wer schreckt — führt«, und in der »Morgenröthe« (312) stehen die folgenden, merkwürdigen Worte, die
an seine spätere Vorstellung eines die gesammte Menschheits-

vergangenheit verkörpernden Zukunftsgenius erinnern:
»In den Ausbrüchen der Leidenschaft und im Phantasiren
des Traumes und des Irrsinns entdeckt der Mensch seine
und der Menschheit Vorgeschichte wieder: — — —; sein
Gedächtniss greift einmal weit genug rückwärts,
während sein civilisirter Zustand sich aus dem Vergessen
dieser Urerfahrungen, also aus dem Nachlassen jenes
Gedächtnisses entwickelt. Wer als ein Vergesslicher
höchster Gattung allem Diesen immerdar sehr fern geblieben ist, versteht die Menschen nicht.« Damals
wünschte jedoch Nietzsche, selbst ein solcher »Vergesslicher« zu sein, da er die menschliche Grösse noch im »affekt-
losen Erkennenden« suchte und in dem, was »von der
Vernunft geboren« ist. Damals nannte er es noch eine
grausige Verwirrung ehemaliger Zeiten, dass ihnen von
neuen grossen Erkenntnissen der Wahnsinn so oft unabtrennbar erschienen sei: »— — — wenn — trotzdem neue und
abweichende Gedanken, Werthschätzungen, Triebe immer
wieder herausbrachen, so geschah diess unter einer schauder-
haften Geleitschaft: fast überall ist es der Wahnsinn,
welcher dem neuen Gedanken den Weg bahnt, welcher
den Bann eines verehrten Brauches und Aberglaubens
bricht. Begreift ihr es, wesshalb es der Wahnsinn sein
musste? Etwas in Stimme und Gebärde so Grausenhaftes
und Unberechenbares — — —? Etwas, das so sichtbar
das Zeichen völliger Unfreiwilligkeit trug, — — —, das
den Wahnsinnigen dergestalt als Maske und Schallrohr
einer Gottheit zu kennzeichnen schien? — — — Gehen
wir noch einen Schritt weiter: allen jenen überlegenen
Menschen, welche es unwiderstehlich dahin zog, das Joch
irgend einer Sittlichkeit zu brechen und neue Gesetze zu
geben, blieb, wenn sie nicht wirklich wahnsinnig
waren, Nichts übrig, als sich wahnsinnig zu machen oder

zu stellen — — —. »Wie macht man sich wahnsinnig,
wenn man es nicht ist — — —?« diesem entsetzlichen
Gedankengange haben fast alle bedeutenden Menschen
der älteren Civilisation nachgehangen; — — — Wer
wagt es, einen Blick in die Wildniss bitterster und über-
flüssigster Seelennöthe zu thun, in welchen wahrscheinlich
gerade die fruchtbarsten Menschen aller Zeiten geschmachtet
haben! Jene Seufzer der Einsamen und Verstörten zu
hören: »Ach, so gebt doch Wahnsinn, ihr Himmlischen!
Wahnsinn, dass ich endlich an mich selber glaube! Gebt
Delirien und Zuckungen, plötzliche Lichter und Finster-
nisse, schreckt mich mit Frost und Gluth, wie sie kein
Sterblicher noch empfand, mit Getöse und umgehenden
Gestalten, lasst mich heulen und winseln und wie ein
Thier kriechen: nur dass ich bei mir selber Glauben
finde! Der Zweifel frisst mich auf, ich habe das Gesetz
getödtet, das Gesetz ängstigt mich wie ein Leichnam einen
Lebendigen; wenn ich nicht mehr bin als das Gesetz,
so bin ich der Verworfenste von Allen. — — — —.«
(Morgenröthe 14.)

Wie in der »Morgenröthe« so oft gerade Gedanken,
die schon heimlich auf Nietzsche zu wirken begonnen
hatten, erklärt oder widerlegt werden, so zeigt auch diese
Schilderung, in welcher Weise ihm später Rauschzustände
als Beweise besonderer Erwählung galten. Er ging aus
von der Trostlosigkeit und dem Grauenhaften alles Bestehenden, von einem Zerrbilde der Wirklichkeit, das aus
einer Karikirung des Positivismus in ihm entstanden war,
und wollte an dessen Stelle ein Neues und Herrliches
schaffen. Aber da dieses Geschaffene ganz ausschliesslich auf ihm beruhte, so stand und fiel es mit seiner
eigenen Zuversicht, — an sich war es ja gar nicht vorhanden. Tausendfältig müssen daher die Zweifel, die ihn

quälten, gewesen sein, sobald die Stimmung auch nur
auf einen Augenblick sank; unerbittlich das Verlangen,
in dieser schwankenden, zweifelnden Menschlichkeit sich
selbst von einem selbstsicheren, ewiggewissen Wesen,
Nietzsche zu unterscheiden von Zarathustra. Mochte dann
jenem auch das Schauerlichste als Loos im zeitlich gegebenen Selbstuntergang zufallen, — für diesen blieb es
ein Zeichen der Erwählung und Erhöhung; mochte jener
im Zustande des Schauerlich-Chaotischen selbst bis zu
seiner Thierwerdung hinabsteigen müssen, — für diesen
war es nur der Ausdruck des Allumfassens, das auch das
Niederste und Tiefste in sich aufnimmt. In diesem Sinne
heisst es in der »Götzen-Dämmerung« (I 3) vom Philosophen
höchsten Ranges, dass er eine Art Verbindung von Thier
und Gott sei, und ein verwandter Gedanke liegt auch in
dem Ausspruch über den Erkennenden als Schöpfer-
Philosophen (Jenseits von Gut und Böse 101): »Heute
möchte sich ein Erkennender leicht als Thierwerdung
Gottes fühlen.« Ja, diese Maske des Niedersten könnte
vor den Menschen die passendste Darstellungsform des
Höchsten sein, denn in ihr beschämt er sie nicht und
verbirgt auf wirksame Weise seinen Glanz: »Sollte nicht
erst der Gegensatz die rechte Verkleidung sein, in der
die Scham eines Gottes einhergienge?« (Jenseits von Gut
und Böse 40). Hierin tritt uns der letzte Versuch des Sich-
Verbergens bei Nietzsche entgegen, ein letztes Mal sein
Verlangen nach der Maske. Scheinbar soll sie den Gott
in ein allzumenschliches Gewand hüllen, während ihr in
Wahrheit das erschütternde Bedürfniss zu Grunde liegt,
das furchtbare Schicksal, das Nietzsches Menschengeist
drohte, ins Göttliche umzudeuten, um es zu ertragen.
In dem Aphorismus »Hier ist die Aussicht frei«
(Götzen-Dämmerung IX 46) giebt er eine Andeutung, dass

es Grösse der Seele sein könne, »dem Unwürdigsten«
ohne Furcht entgegenzugehen: »Ein Weib, das liebt,
opfert seine Ehre; ein Erkennender, welcher »liebt«, opfert
vielleicht seine Menschlichkeit; ein Gott, welcher liebte,
ward Jude . . .«

So sehen wir die Selbstopferung und Selbstvergewaltigung, die gewollte Qual der Zwiespältigkeit nicht nur
gesteigert bis hinauf in das Geistigste, sondern auch
hineingetragen bis in das Persönlichste. Immer deutlicher spitzt sich der ganze Gedankengang zu in einer
selbstvernichtenden That, durch welche, in persön-
lichem Handeln und Erdulden, die Erlösung vollendet
wird. Liess es sich deutlich verfolgen, wie Nietzsches
Innenleben sich in seiner Zukunftslehre in philosophischen
Formen ausspricht, so sind wir hier an den Punkt gelangt, wo seine Philosophie sich in ein allerpersönlichstes
Erleben zurückverwandelt, — entsprechend dem Wort:
»ich trinke die Flammen in mich zurück, die aus mir
brechen« (Also sprach Zarathustra II 35). Und waren die
Grundzüge seines Denkens nur Linien, die sich, anstatt
zu einem abstrakten System, zu den ungeheuren Um-
rissen einer Gottes-Gestalt, einer mystischen Selbst-Apo-
theose, zusammenschlossen, so schlägt jetzt die Beseligung
der Selbstvergöttlichung um in die rein menschliche
Lebenstragödie. Zarathustras erlösende Weltthat ist
zugleich Nietzsches Untergang, Zarathustras göttliches
Recht der Lebensdeutung und der Umwerthung aller
Werthe wird nur um den Preis erlangt, einzugehen in
jenen Urgrund des Lebens, der sich in Nietzsches Men-
schendasein darstellt als die dunkle Tiefe des Wahnsinns.
»Wer aber meiner Art ist«, sagt Zarathustra (III 2), »der
entgeht einer solchen Stunde nicht: der Stunde, die zu
ihm redet: »Jetzo erst gehst du deinen Weg der Grösse!

Gipfel und Abgrund — das ist jetzt in Eins beschlossen!« Das Grauen Zarathustras vor diesem unergründlichen Versinken, vor diesem »Abgrunds-Gedanken«, ist daher zugleich Nietzsches Grauen vor seinem persönlichen Schicksal; ununterscheidbar verschmilzt beides in der Dichtung, die ja nichts ist als die Schilderung des verklärten Nietzsche-Lebens, des Ueber-Nietzschethums.

»Also rief mir Alles in Zeichen zu: »es ist Zeit!« Aber ich — hörte nicht: bis endlich mein Abgrund sich rührte und mein Gedanke mich biss. Ach, abgründlicher Gedanke, der du m e i n Gedanke bist! Wann finde ich die Stärke, dich graben zu hören und nicht mehr zu zittern? Bis zur Kehle hinauf klopft mir das Herz, wenn ich dich graben höre! Dein Schweigen noch will mich würgen, du abgründlich Schweigender! Noch wagte ich niemals, dich h e r a u f zu rufen: genug schon, dass ich dich mit mir — trug!« (Also sprach Zarathustra III 16). Dieser erschütternden Worte muss man eingedenk sein, wenn man in Nietzsches Dichtung die Beschreibung der »stillsten Stunde« liest, in der ihm das Leben selbst befiehlt, seinen Gedanken zu erleben und zu verkünden, — das lachende selbstselige Leben, welches über das Leid des Einzelnen hinweglacht, weil es in seiner eigenen Fülle Seligkeit ist:

»Bis in die Zehen hinein erschrickt er, darob, dass ihm der Boden weicht und der Traum beginnt. Dieses sage ich euch zum Gleichniss. Gestern, zur stillsten Stunde, wich mir der Boden: der Traum begann. Der Zeiger rückte, die Uhr meines Lebens holte Athem —, nie hörte ich solche Stille um mich: also dass mein Herz erschrak. Dann sprach es ohne Stimme zu mir: »D u w e i s s t es, Z a r a t h u s t r a?« — Und ich schrie vor Schrecken bei diesem Flüstern, und das Blut wich aus meinem Gesichte: — — — — — — — — — — — —

— — — — — — Da geschah ein Lachen um mich. Wehe, wie diess Lachen mir die Eingeweide zerriss und das Herz aufschlitzte! — — — — — — — Und wieder lachte es und floh: dann wurde es stille um mich wie mit einer zwiefachen Stille. Ich aber lag am Boden, und der Schweiss floss mir von den Gliedern. — — — — — « (Also sprach Zarathustra II 97 ff.)

Hieran schliesst sich (III 92 ff.) das Kapitel »Der Genesende«:

»Eines Morgens, — — —, sprang Zarathustra von seinem Lager auf wie ein Toller, schrie mit furchtbarer Stimme und gebärdete sich, als ob noch Einer*) auf dem Lager läge, der nicht davon aufstehn wolle: —

— — — — — Zarathustra aber redete diese Worte:

Herauf, abgründlicher Gedanke, aus meiner Tiefe! Ich bin dein Hahn und Morgen-Grauen, verschlafener Wurm: auf! auf! Meine Stimme soll dich schon wach krähen!

Knüpfe die Fessel deiner Ohren los: horche! Denn ich will dich hören! Auf! Auf! Hier ist Donners genug, dass auch Gräber horchen lernen!**)

Und wische den Schlaf und alles Blöde, Blinde aus deinen Augen! Höre mich auch mit deinen Augen: meine Stimme ist ein Heilmittel noch für Blindgeborne.

Und bist du erst wach, sollst du mir ewig wach bleiben. Nicht ist das meine Art, Urgrossmütter aus dem Schlafe wecken, dass ich sie heisse — weiterschlafen!***)

*) Nietzsche — Zarathustra.
**) Die Gräber des Vergangenen, alles Gewesenen.
***) Im Gegensatz zum blossen Erforschen und gedanklichen Erkennen des Vergangenen durch die Wissenschaft, die Nichts zu erlösen vermag.

Du regst dich, dehnst dich, röchelst? Auf! Auf! Nicht röcheln — reden sollst du mir! Zarathustra ruft dich, der Gottlose!

Ich, Zarathustra, der Fürsprecher des Lebens, der Fürsprecher des Leidens, der Fürsprecher des Kreises — dich rufe ich, meinen abgründlichsten Gedanken!

Heil mir! Du kommst — ich höre dich! Mein Abgrund redet, meine letzte Tiefe habe ich an's Licht gestülpt!

Heil mir! Heran! Gieb die Hand — — ha! lass! Haha! — — Ekel, Ekel, Ekel — — — wehe mir!«

Das Bild des Wahnsinns steht am Ende der Philosophie Nietzsches als eine grelle und furchtbare Illustration zu den erkenntnisstheoretischen Ausführungen, von denen er in seiner Zukunftsphilosophie ausgeht. Denn den Ausgangspunkt bildete die Auflösung alles Intellektuellen durch die Herrschaft des Chaotisch-Triebartigen, das jenem Grundlage und Sinn ist, — die Folgerung aber der Erkenntnisstheorie Nietzsches läuft hinaus auf den Untergang des Erkennenden zum Behufe der Erfassung einer höchsten Lebensoffenbarung, auf das »mit Wahnsinn sollst du geimpft werden« alles Verstandeserkennens. In ergreifender Weise mischen sich die Ahnung des ihm bevorstehenden persönlichen Schicksals und die mystische Auffassung des Geisteslebens und seiner Bedeutung überhaupt in den Worten Zarathustras (II 33): »Geist ist das Leben, das selber ins Leben schneidet: an der eignen Qual mehrt es sich das eigne Wissen, — wusstet ihr das schon? Und des Geistes Glück ist diess: gesalbt zu sein und durch Thränen geweiht zum Opferthier, — wusstet ihr das schon? Und die Blindheit des Blinden und sein Suchen und Tappen soll noch von der Macht der Sonne zeugen, in die er schaute, — wusstet ihr das schon?«

So sollte der Wahnsinn noch zeugen von der Macht der Lebenswahrheit, an deren Glanz der Menschengeist erblindet. Denn kein Verstand führt in die Tiefe der Lebensfülle selbst hinein, — nicht hineinklettern lässt es sich in diese Fülle, Stufe um Stufe, Gedanke um Gedanke: »Und wenn dir nunmehr alle Leitern fehlen, so musst du verstehen, noch auf deinen eigenen Kopf zu steigen: wie wolltest du anders aufwärts steigen? — — — — — Du aber, oh Zarathustra, wolltest aller Dinge Grund schaun und Hintergrund: so musst du schon über dich selber steigen, — hinan, hinauf, bis du auch deine Sterne noch unter dir hast!« (Also sprach Zarathustra III 2 f.)

Hiermit scheint ein Ende erreicht und die Entwickelung des Ganzen nothwendig abgeschlossen zu sein: der unersättliche leidenschaftliche Drang, der diesen Geist trieb und steigerte, hat ihn zuletzt aufgezehrt und in sich zurückverschlungen. Für uns, die Draussenstehenden, umnachtet ihn von jetzt an völliges Dunkel, tritt er ein in eine Welt allerindividuellsten inneren Erlebens, vor der die Gedanken, die ihn begleiteten, Halt machen müssen: ein tief erschütterndes Schweigen breitet sich für uns darüber aus. Aber nicht nur können wir seinem Geiste in die letzte Verwandlung hinein nicht mehr folgen, welche er mit Darangabe seiner selbst erreicht, wir sollen ihm auch nicht folgen: darin eben ruht ihm der Beweis seiner Wahrheit, die völlig eins geworden ist mit allen Geheimnissen und Verborgenheiten seiner Innerlichkeit. In seine letzte Einsamkeit hat er sich vor uns zurückgezogen und die Pforte hinter sich geschlossen. An ihrem Eingang aber leuchten uns die Worte entgegen: »— — — nun ist deine letzte Zuflucht worden, was bisher deine letzte Gefahr hiess! — — das muss nun dein bester Muth sein, dass es hinter dir keinen Weg mehr giebt! — — hier soll dir Keiner nachschleichen! Dein Fuss selber löschte hinter dir den Weg aus, und über ihm steht geschrieben: Unmöglichkeit.« (Also sprach Zarathustra III 2.)

Und als einzige Kunde, dass auch noch hinter dieser Pforte eine uns unzugängliche Welt der Geisteswandlungen liegt, verhallt von innen her leise die Klage: »Ach, meinen härtesten Weg muss ich hinan! Ach, ich begann meine einsamste Wanderung! — — — Eben begann meine letzte Einsamkeit. Ach, diese schwarze traurige See unter mir! Ach, diese schwangere nächtliche Verdrossenheit! Ach, Schicksal und See! Zu euch muss ich nun hinab steigen! — — — tiefer hinab in den Schmerz als ich jemals stieg, bis hinein in seine schwärzeste Fluth! So will es mein Schicksal: Wohlan! ich bin bereit.

Woher kommen die höchsten Berge? so fragte ich einst. Da lernte ich, dass sie aus dem Meere kommen. Diess Zeugniss ist in ihr Gestein geschrieben und in die Wände ihrer Gipfel. Aus dem Tiefsten muss das Höchste zu seiner Höhe kommen. —« (III 2 ff.)

So sind Tiefe und Höhe, Abgrund des Wahnsinns und Gipfel des Wahrheitssinns ineinander verschlungen: »Vor meinem höchsten Berge stehe ich — — —: darum muss ich erst tiefer hinab als ich jemals stieg« (III 3). Und so feiert die höchste Selbstvergöttlichung erst ihren vollen mystischen Sieg in der tiefsten Vernichtung, im Erliegen und Untergang des Erkennenden. Von den beiden symbolischen Thieren, die um Zarathustra sind, der Schlange der Erkenntniss und Klugheit und dem Adler des aufstrebenden königlichen Stolzes, bleibt nur dieser ihm treu: »Möchte ich klüger sein! Möchte ich klug von Grund aus sein, gleich meiner Schlange! Aber Unmögliches bitte ich da: so bitte ich denn meinen Stolz, dass er immer mit meiner Klugheit gehe! Und wenn mich einst meine Klugheit verlässt: — — möge mein Stolz dann noch mit meiner Thorheit fliegen!

— Also begann Zarathustra's Untergang.« (I 26.)

So entschwindet uns Nietzsches Geist in einem Geheimniss von Untergang und Erhebung: in einer von Adlern umflogenen Dunkelheit.

Es liegt hierin etwas Rührendes und Ergreifendes, wie in der Rückkehr eines müden Kindes in seine ursprüngliche Glaubensheimat, in der es noch keines Verstandes bedurfte, um der höchsten Segnungen und Offenbarungen theilhaftig zu werden. Nachdem der Geist alle Kreise durchlaufen und alle Möglichkeiten erschöpft hat, ohne Genüge zu finden, erkauft er sie sich endlich mit dem höchsten Opfer, der Opferung seiner selbst. Wir werden an jenes im zweiten Abschnitt (S. 49) erwähnte Wort Nietzsches erinnert: »wenn Alles durchlaufen ist, — wohin läuft man alsdann? wie? müsste man nicht wieder beim Glauben anlangen? Vielleicht bei einem katholischen Glauben? In jedem Fall könnte der Kreis wahrscheinlicher sein, als der Stillstand.« In der That beschreibt er in seiner Selbstwiederholung einen Kreis. Und es ist interessant, dass, in dem Maasse als er sich seinem ursprünglichen Ausgangspunkt nähert, und der Verstand als solcher bedeutungslos erscheint gegenüber einem mystischen glaubenheischenden Ueberwesen, seine Philosophie immer absolutere und reaktionärere Züge annimmt, indem er dem eigenen ehemaligen Individualismus die Wiederherstellung einer absolut geltenden Tradition entgegensetzt und die Selbstvergottung in religiösen Absolutismus ausmünden lässt. Es ist deshalb so interessant, weil dieser Verlauf, trotz seiner pathologischen Voraussetzungen, psychologisch etwas geradezu Typisches hat: Wenn der religiöse Trieb, vom freien Denken genöthigt, sich streng individuell auszuleben, sich zuletzt, wie bei Nietzsche, aus dem eigenen Selbst etwas Göttliches erschafft, dann erzwingt er sich damit sofort wieder die absolutesten und reaktionärsten Machtbefugnisse, die je einem objektiv gedachten Gotte zustanden, — bis er den Verstand selbst, dessen Erkenntnissdrang ihm ursprünglich die Richtung gab, absetzt und ihm jeden ferneren Einspruch abschneidet. Aus dem Menschen soll der Gott erstehen, auch wenn der Mensch dies erst durch eine Rückkehr zu Kindheit und Unmündigkeit ermöglichen müsste. Erst in dieser Zweitheilung, die er um jeden Preis in sich vollzieht, feiert er seine Erlösung und mystische Selbstvereinigung im Glauben:

»— —   — —   — —   —   — —   — —   — —

Um Mittag war's, da wurde Eins zu Zwei.....

Nun feiern wir, vereinten Siegs gewiss,
Das Fest der Feste:
Freund Zarathustra kam, der Gast der Gäste!
Nun lacht die Welt, der grause Vorhang riss,
Die Hochzeit kam für Licht und Finsterniss.....«

wie es, am Schlusse von »Jenseits von Gut und Böse«, in dem wundervollen Nachgesang »Aus hohen Bergen« heisst.

Das persönliche Schicksal Nietzsches fügt sich, als Schlussstein, diesem ganzen Gedankengebäude derartig ein, dass man nicht an dem Einflusse zweifeln kann, den seine trüben Vorahnungen auf die Gestaltung seiner Zukunftsphilosophie gehabt haben. Mit gewaltiger Hand hat

er das, was ihn erwartete, hereingezwungen in den Plan
des Ganzen und dienstbar gemacht dem letzten Geheimsinn seiner Philosophie. Von hier aus hat er, rückwärts
blickend, zum ersten Mal sein Leben und Denken in dem
Wechsel seiner Wandlungen als Ganzes überschaut und
dem Werdegang seines Selbst nachträglich einen einheitlichen Sinn von mystischer Bedeutung untergelegt, —
gerade so wie der Schöpfer-Philosoph dies in Bezug auf
das Lebensganze der Menschheit thut. So ward er sich
selbst zum deutenden Gott, der, wenn auch ein wenig
gewaltsam, alle vergangenen Dinge zum Besten, d. h. zum
höchsten Endziel, wendet. »Das Vergangene zukunft-
deutend« zu machen, ist jetzt sein Wahlspruch, also das
gerade Gegentheil dessen, was er vordem, inmitten seiner
Wandlungen, angestrebt hatte, nämlich: das Vergangene
immer wieder rasch abzustossen, um es möglichst vollkommen von einer immer neuen Zukunft zu trennen.

Hierin ist auch schon der starke Einfluss seiner
früheren Standpunkte auf die Gedanken seiner Zukunftsphilosophie begründet. Ehemals sah er den Beweis geistiger Unabhängigkeit in der Fähigkeit, sich
stets wieder von den ergriffenen Wahrheiten loslösen
zu können, und es erschien ihm daher unwesentlich, ob
er im Ergreifen derselben sich an Andere angelehnt hatte.
Jetzt fordert seine allumfassende Unabhängigkeit, dass in
allen vergangenen und widerlegten Gedanken sein eigenes
Selbst und dessen Sinn festgehalten werde, — aber deshalb dürfen sie nunmehr auch nur von diesem Selbst allein,
nicht von Anderen, angeregt worden sein. Daher hat
man Nietzsches letzten Werken gegenüber, in denen er
anscheinend am unabhängigsten ein eigenes System errichtet, so häufig die Empfindung, als stehe er mit rückwärts gewendetem Blick und Antlitz da, als nähere er

sich wieder den verlassenen Stätten seiner alten Wandlungen, während er sich doch in der Selbstständigkeit
seiner ganz individuell gewonnenen Hypothesen am
weitesten von ihnen entfernt. Die Lösung dieses Wider-
spruches liegt darin, dass er seinen früheren Ueberzeugungen nur dasjenige entnimmt, worin sein individuelles
Wesen, sein verborgenes Wollen zum Ausdruck kommt, dasjenige, was diesem leidenschaftlichen Geiste in allen, andern
Denkern entnommenen Theorien im Grunde nur als unbewusster Vorwand, als unwillkürliche Gelegenheitsursache
für seine innere Entwickelung hatte dienen müssen.
Am Ende der Entwickelung angelangt, fasst er sich in
der Einheitlichkeit seines ganzen Innenlebens zusammen,
durchschaut und überschaut er dasselbe und betont nun
die allen Wandlungen zu Grunde liegende Einheitlichkeit ebenso nachdrücklich, wie er ehemals ausschliesslich
seine Wandlungsfähigkeit betont hatte. Wie jemand, der
im Begriff steht, eine Reise anzutreten, von der es eine
Wiederkehr nicht mehr giebt, wie jemand, der Abschied
nehmen will und dazu Alles um sich sammelt, was einst
sein Eigen war, so sehen wir Nietzsche jetzt das Seine
zurücksammeln aus den verschiedenen Geistesphasen, die
er durchlaufen hat. Er unternimmt ein »Abschätzen des
Erreichten und Gewollten, eine Summirung des Lebens«
(Götzen-Dämmerung IX 36), mit dem Bewusstsein: »Es
kehrt nur zurück, es kommt mir endlich heim — mein
eigen Selbst, und was von ihm lange in der Fremde war
und zerstreut unter alle Dinge und Zufälle.« (Also sprach
Zarathustra III 1.)

Dies machte ihn ungerecht gegen seine ehemaligen
Genossen und deren Ueberzeugungen; er wollte vergessen, wie oft sie die Richtung seines Denkens bestimmt
hatten: »Man soll die Gerüste wegnehmen, wenn das

Haus gebaut ist« (Der Wanderer und sein Schatten 335).
Das ist die »Moral für Häuserbauer«, so dachte er und
ignorirte, dass es für seinen Bau je der Gerüste bedurft
hatte. Diese Ungerechtigkeit ist also jener früheren gerade
entgegengesetzt, die dem leidenschaftlichen Wechsel der
Gedanken entsprang, der Energie, mit der er jedesmal
die abgelöste Gedankenhaut vernichtete. Jetzt will er
nicht mehr daran glauben, dass eine ihm fremde Haut
ihm je habe fest anwachsen können. Dem Positivismus
gegenüber spricht sich diese Ungerechtigkeit ganz besonders in der Vorrede seines Buches »Zur Genealogie
der Moral« sowie an vereinzelten Stellen der übrigen
Werke aus, — Wagner gegenüber in der kleinen Schrift
»Der Fall Wagner«. Die letztere fordert zu einem interessanten Vergleich auf zwischen der Art, wie Wagner in ihr,
und wie er in »Menschliches, Allzumenschliches« bekämpft
wird, zwischen dem Hass, mit dem er damals das Wagnerthum von sich schleuderte, und dem Hass, mit dem er
jetzt sich ihm wieder nähert, um daraus sein geistiges
Eigenthum herauszuholen, ohne seine Selbständigkeit
preiszugeben.

Zuletzt führte ihn sein Verlangen, schon von Anfang
an als selbständig und einheitlich zu gelten, so weit, dass
er, in der Vorrede (vom September 1886) zu dem zweiten
Bande der zweiten Auflage von »Menschliches, Allzumenschliches« (1), erklärte, alle seine früheren Schriften
seien »zurückzudatiren«, sie redeten nur von dem,
was er zur Zeit ihrer Entstehung bereits überwunden,
was bereits hinter ihm gelegen; der Autor, der überlegen über ihnen gestanden, habe sich in einer absicht-
lichen Verkleidung gezeigt. So soll die vierte Unzeitgemässe Betrachtung »Richard Wagner in Bayreuth« in
ihrer Verherrlichung Wagners nur »eine Huldigung und

Dankbarkeit gegen ein Stück Vergangenheit« gewesen
sein, und auch die positivistischen Schriften sollen in
ihrem Eingehen auf Rées Anschauungen nur die nach-
trägliche Darstellung eines bereits Ueberlebten geben.
Auf diesen Versuch Nietzsches, den Sinn seiner Werke
umzuprägen, sie gleichsam mit einer neuen Jahreszahl zu
überprägen, lässt sich sein eigenes Wort anwenden (Vorrede, vom Frühling 1886, zum ersten Bande der zweiten
Auflage von »Menschliches, Allzumenschliches« 1): »Vielleicht, dass man mir in diesem Betrachte mancherlei
»Kunst«, mancherlei feinere Falschmünzerei vorrücken
könnte«. Es gehörte auch dies mit zu den vielen Mas-
kirungen dieses Einsiedlers, dass er sich endlich eine
Maske zuschrieb, die er nie getragen; aber begreiflich ist
es und verzeihlich, meinte er doch auch hier in seinem
Herzen mit jener Maske nur sich selbst, d. h. den
Menschen Nietzsche, im Gegensatze zu Zarathustra, als dem
mystischen Ueber-Nietzsche. Der menschliche Nietzsche
konnte ja dann freilich bei seiner jedesmaligen Wandlung
nichts von seinem eigenen Maskencharakter wissen, —
das vermochte nur der Ueber-Nietzsche, den Nietzsche
hinterher von Anbeginn in sich geahnt und empfunden
haben wollte. Somit wäre der Ueber-Nietzsche nichts als
eine mystische Interpretirung des innersten Wesens und
Verlangens Nietzsches, jenes verborgenen »Grundwillens«,
der, wie wir sahen, ihm selbst völlig unbewusst, die
Theorien Anderer zurechtschnitt, um sich in ihnen schliesslich mit voller Kraft selber durchzusetzen.

Im Herbst 1888, nach Vollendung des ersten Buches
der »Umwerthung aller Werthe« (»des Willens zur
Macht«), das noch nicht veröffentlicht worden ist, glaubte
Nietzsche sein Werk, wenigstens vorläufig, abgeschlossen zu
haben. Denn die »Götzen-Dämmerung«, deren Vorrede vom

30. September 1888 datirt ist, ist augenscheinlich aus einer Stimmung des Fertiggewordenseins und des Wartens auf das Letzte heraus geschrieben worden. In bezeichnender Weise lautete ihr erster Titel »Müssiggang eines Psychologen«, und in dem Vorwort nennt er sie geradezu »eine Erholung«. Sie ist indessen ein überaus interessanter Müssiggang, weil sie eines von denjenigen Büchern Nietzsches ist, in denen er sich am öftesten selber verräth und aus dem Geheimen seiner Seele plaudert. In dieser Beziehung ähnelt sie, obschon stofflich viel unbedeutender, dem »Menschlichen, Allzumenschlichen« und der »Morgenröthe«. Legt Nietzsche in dem ersten dieser beiden Werke etwas von seinem Innenleben bloss durch die Art, wie er sich mit einer plötzlichen, aber endgiltig vollzogenen Wandlung seelisch abfindet, — und lässt er uns in dem zweiten dadurch einen Blick in sein Inneres thun, dass er neu auftauchende Wünsche und Gedanken analysirt und bekämpft, bevor er sich von ihnen in seine neue Philosophie fortreissen lässt, so wird in der »Götzen-Dämmerung« ein völlig verschiedener Gemüthszustand zum Verräther an ihm: der nachzitternde Affekt eines ungeheuren Vollbringens, eine Erschöpfung, in die sich die Erwartung des Kommenden mischt.*) In dieser Erschütterung sehen

---

*) Unverhüllter noch spiegelt sich dieser Gemüthszustand in den um dieselbe Zeit (Herbst 1888) entstandenen und hinter dem vierten Theile von »Also sprach Zarathustra« gedruckten »Dionysos-Dithyramben«. Besonders bezeichnend sind u. a. die nachfolgenden Verse (5 ff.):

> Jetzt —
> einsam mit dir,
> zwiesam im eignen Wissen.
> zwischen hundert Spiegeln
> vor dir selber falsch,
> zwischen hundert Erinnerungen
> ungewiss.

wir ihn aus der »Götzen-Dämmerung« gleichsam in die
eigene Geistesdämmerung hinübergleiten.

Dieselbe Stimmung kennzeichnet auch den bereits im
Jahre 1885 entstandenen vierten und letzten Theil der Zarathustra-Dichtung, der aber erst 1891 allgemein zugänglich
gemacht worden ist. Aus seinen Seiten klingt das Lachen
des Uebermenschen, doch hier und da schon schrill und
in unheimlichen Dissonanzen. Diese letzten Reden Zarathustras sind, rein persönlich betrachtet, vielleicht das
Ergreifendste, das Nietzsche geschrieben, weil sie ihn als
den Untergehenden zeigen, der seinen Untergang hinter
einem Lachen verbirgt. Durch diesen Ausgang erst wird
uns in seiner ganzen Grossartigkeit der unversöhnliche

an jeder Wunde müd,
an jedem Froste kalt,
in eignen Stricken gewürgt,
Selbstkenner!
Selbsthenker!

Ein Kranker nun,
der an Schlangengift krank ist;
ein Gefangner nun,
der das härteste Loos zog:
im eignen Schachte
gebückt arbeitend,
in dich selber eingehöhlt,
dich selber angrabend,
unbehülflich,
steif,
ein Leichnam —,

— — — — — — — — — — — — —

— — — — — — — — — — — — —

Lauernd,
kauernd,
Einer, der schon nicht mehr aufrecht steht!
Du verwächst mir noch mit deinem Grabe,
verwachsener Geist!...

Widerspruch klar, der darin lag, dass Nietzsche seine Zukunftsphilosophie mit einer »fröhlichen Wissenschaft« einleitete, dass er sie eine frohe Botschaft nannte, dazu bestimmt, das Leben in seiner ganzen Kraft, Fülle und Ewigkeit für immer zu rechtfertigen, — und dass er als ihren höchsten Gedanken die ewige Wiederkunft des Lebens aufstellte. Erst jetzt erkennen wir völlig den sieghaften Optimismus, der über seinen letzten Werken ruht, wie das rührende Lächeln eines Kindes, der aber als Kehrseite das Antlitz eines Helden zeigt, der seine von Grauen entstellten Züge verhüllt. »Ist alles Weinen nicht ein Klagen? Und alles Klagen nicht ein Anklagen? Also redest du zu dir selber, und darum willst du, oh meine Seele, lieber lächeln, als dein Leid ausschütten«, singt Zarathustra (Also sprach Zarathustra III 104), und daher geht er einher als »der scharlachne Prinz jedes Übermuths« (Dionysos-Dithyramben 7). »Diese Krone des Lachenden, diese Rosenkranz-Krone: ich selber setzte mir diese Krone auf, ich selber sprach heilig mein Gelächter.« (Also sprach Zarathustra IV 87.)

Das Grosse ist: er wusste, dass er unterging, und doch schied er — lachenden Mundes, »rosenumkränzt« — das Leben entschuldigend, rechtfertigend, verklärend —. In dionysischen Dithyramben klang sein Geistesleben aus, und was sie in ihrem Jubel übertönen sollten, war ein Schmerzensschrei. Sie sind die letzte Vergewaltigung Nietzsches durch Zarathustra.

Nietzsche hat einmal das paradoxe Wort ausgesprochen: »Lachen heisst: schadenfroh sein, aber mit gutem Gewissen« (Fröhliche Wissenschaft 200). Eine solche überlegene Schadenfreude, die des eigenen Schadens froh zu werden, ja, ihn sich selbst zuzufügen imstande ist, geht als ein heroischer Selbstwiderspruch und ein heroisches Lachen durch Nietzsches ganzes Leben und Leiden. In der gewaltigen Seelenkraft aber, durch die er sich so hoch über sich selbst zu stellen vermochte, lag, psychologisch betrachtet, für ihn eine innere Berechtigung, sich als mystisches Doppelwesen anzusehen, und liegt für uns der tiefste Sinn und Werth seiner Werke.

Denn auch uns tönt ein erschütternder Doppelklang aus seinem Lachen entgegen: das Gelächter eines Irrenden — und das Lächeln des Ueberwinders.